Publication collective de la Société Académique de l'Oise et de la Société Historique du Vexin
DOCUMENTS : Tome VI

Docteur V. LEBLOND

Président de la Société Académique de l'Oise
Membre non résidant du Comité des Travaux Historiques
Lauréat de l'Institut

L'ART ET LES ARTISTES

EN ILE-DE-FRANCE

AU XVIᵉ SIÈCLE

(BEAUVAIS & BEAUVAISIS)

D'APRÈS LES MINUTES NOTARIALES

avec 7 phototypies
et 80 marques, signatures et monogrammes

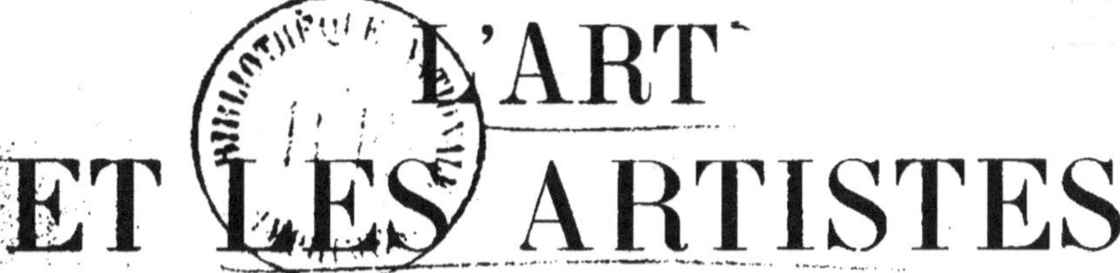

PARIS	BEAUVAIS
É. CHAMPION	**IMPRIMERIE DÉPARTEMENTALE**
Éditeur d'Histoire et des Anciennes Provinces	DE L'OISE
5, Quai Malaquais, 5	26, rue de Malherbe, 26

1921

L'ART & LES ARTISTES

AU XVIᵉ SIÈCLE

Publication collective de la Société Académique de l'Oise et de la Société Historique du Vexin

DOCUMENTS : Tome VI

Docteur V. LEBLOND

Président de la Société Académique de l'Oise
Membre non résidant du Comité des Travaux Historiques
Lauréat de l'Institut

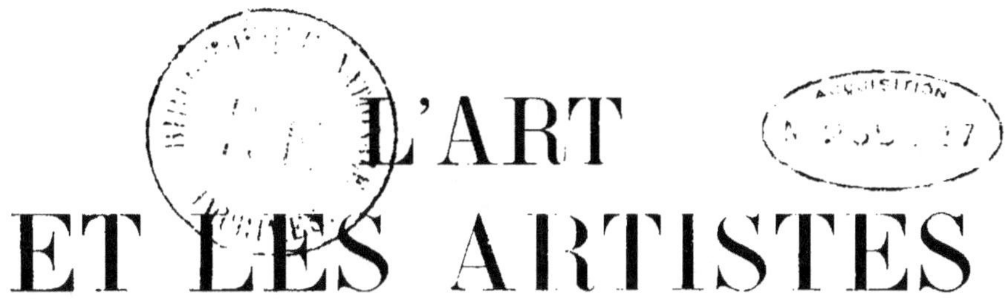

L'ART ET LES ARTISTES

EN ILE-DE-FRANCE

AU XVIe SIÈCLE

(BEAUVAIS & BEAUVAISIS)

D'APRÈS LES MINUTES NOTARIALES

avec 7 phototypies
et 80 marques, signatures et monogrammes

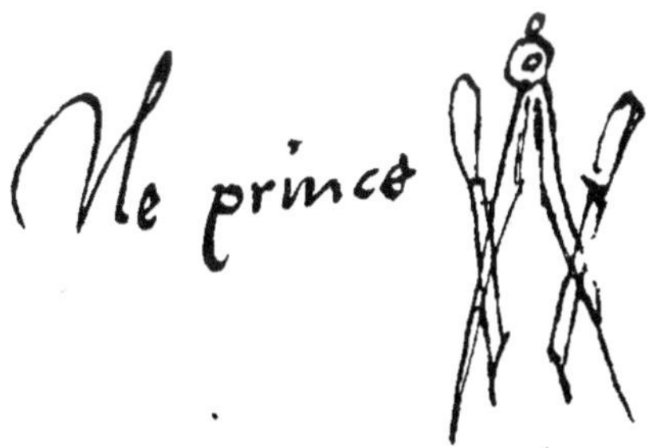

PARIS	BEAUVAIS
E. CHAMPION	IMPRIMERIE DÉPARTEMENTALE
Librairie d'Histoire et des Anciennes Provinces	DE L'OISE
5, Quai Malaquais, 5	26, rue de Malherbe, 26

1921

A

Mes Jouan et Recullet, notaires

ce travail est dédié

avec l'expression de ma reconnaissance

V. L.

DU MÊME AUTEUR

Le Pays des Bellovaques. *Congrès archéologique*. Beauvais, 1905.

Le Balnéaire gallo-romain de Saint-Etienne de Beauvais, *Ibidem*, 1905.

Marque de verriers sur un barillet gallo-romain trouvé à Beauvais. *Bulletin archéologique*, 1906.

Monnaies gauloises recueillies dans l'arrondissement de Clermont-de-l'Oise. *Revue numismatique*, 1906.

Inventaire sommaire de la Collection Bucquet..... sur Beauvais et le Beauvaisis, 1 vol. 360 p., 1906.

Monnaies gauloises recueillies dans l'arrondissement de Beauvais. *Revue numismatique*, 1908.

L'Oppidum Bratuspantium des Bellovaques, Beauvais, 1909.

Recueil mémorable d'aucuns cas advenus depuis 1573, tant à Beauvais qu'ailleurs. 1 vol., Beauvais, 1909.

Cercueils de plomb gallo-romains avec bâtons perlés et rosaces, 1909.

Notes pour le Nobiliaire du Beauvaisis, 3 vol. 1910-1914. (Couronné par l'Académie des Inscriptions. Prix La Fons Mélicocq, 1914).

Six inventaires et testaments beauvaisins (1391-1451). *Bulletin archéologique*, 1911.

L'Eglise et la Paroisse Saint-Etienne de Beauvais au XVᵉ siècle, d'après les comptes des marguilliers. *Bulletin philologique et historique*, 1913.

La topographie romaine de Beauvais et son enceinte du IVᵉ siècle. *Bulletin archéologique*. 1915.

Les plus anciens comptes de l'Hôtel-Dieu de Beauvais (1377-1380). *Bulletin philologique et historique*. 1914.

Obituaire de l'Hôtel-Dieu de Beauvais (1292) et Censier de l'Hôtel-Dieu (1316). *Bulletin philologique et historique*, 1917.

Cartulaire de l'Hôtel-Dieu de Beauvais, 1 vol. 853 p., 1919. (Prix La Fons Mélicocq, 1920).

L'Hôtel-Dieu de Beauvais et le Siège de cette ville par les Bourguignons en 1472. *Mémoires de la Société Académique de l'Oise*, 1921.

POUR PARAITRE EN 1922 :

Cartulaire de la Maladrerie Saint-Lazare de Beauvais.

INTRODUCTION

La dédicace inscrite en tête de ce travail dit quelle gratitude je dois aux deux notaires de Beauvais, dont les minutes sont les plus anciennes de cette ville.

Si maître Jouan n'en conserve pas d'antérieures à l'année 1554, chez maître Recullet les plus vieilles datent de 1547, et c'est un bonheur inespéré de les posséder encore, puisque le grenier qui les garde est à quelques mètres de l'habitation du notaire, détruite en une nuit de juin 1918 par la bombe d'un avion allemand (1).

La plupart des minutes Recullet sont assez bien conservées, classées par années, et l'on ne saurait trop louer et remercier les titulaires de cette étude qui donnèrent de tels soins à ces dossiers; mais celles de maître Jouan. empilées et serrées sous le toit du grenier, disparaissant sous d'épaisses couches de poussière, très éprouvées par l'humidité, bouleversées par des remaniements et des déménagements successifs, ont beaucoup souffert : la con-

(1) Une note inscrite dans l'ancienne *Collection de Troussures* indique chez maître Recullet des titres de 1531 : malgré toutes les recherches, je n'ai rien trouvé.

sultation en est malaisée, la lecture plus difficile encore (1).

Et pourtant, quelles ressources elles offrent au chercheur, dont la curiosité, encore incertaine de la route qu'elle prendra, veut se répandre de tous les côtés à la fois. Désire-t-il étudier l'histoire régionale ou les transformations de la vie sociale? Commerce, industrie, législation, mœurs urbaines et rurales, coutumes et traditions, fortune publique ou privée, variations de la valeur des choses, etc. : tout est là, exprimé et traduit en des actes authentiques où rien n'est dissimulé; c'est ici de l'histoire vraie. Pour l'y trouver, il suffit d'avoir un peu de patience et de bons yeux, et l'on sort de là tout imprégné, pour ainsi dire, des sentiments et des pensées de l'époque qu'on vient de revivre.

Mais d'un ensemble de 3.000 pages de notes que j'ai pu rassembler ainsi, il fallait faire un choix. Je ne donne aujourd'hui que les documents concernant les manifestations artistiques pendant cinquante ans, de 1547 à 1595, notamment les marchés conclus pour toute œuvre d'art, pour les constructions et décorations d'églises ou d'habitations privées. Tantôt les actes seront résumés; parfois on n'en citera que les passages essentiels, ou bien le texte intégral en sera transcrit, si l'œuvre est importante par sa valeur, sa destination ou la qualité des parties contractantes. En un mot, on a voulu suivre ici la méthode de M. Coyecque en son *Recueil d'Actes notariés de*

____

(1) Les actes conservés dans ces deux dépôts proviennent de plusieurs études dont les fonds furent rassemblés et fusionnés.

Paris, ouvrage capital, à la fois excellent instrument de travail, parfait exemple à imiter, démonstration péremptoire de l'intérêt offert par les Minutes notariales (1).

Notre dossier comprend plus de 400 pièces relatives à l'art de l'Ile-de-France, aux marchés d'artistes, la plupart beauvaisins, à leurs contrats d'apprentissage : maçons bâtisseurs d'églises, peintres, tailleurs d'images de bois, de pierre ou d'albâtre, verriers, fondeurs de cloches, chasubliers, brodeurs, orfèvres, horlogers, facteurs d'orgues. C'est dire ce que donnerait pour chaque région française, au XVI° siècle, l'exploration méthodique et minutieuse des Minutes notariales. Ce serait vraiment une *Collection des Archives Provinciales de l'Art.*

L'examen des actes d'apprentissage fera voir les clauses sévères et minutieuses que s'imposaient les trois parties en présence : le jeune apprenti, son répondant et le maître acceptant; l'apprenti, obligé de demeurer chez son maître pour le servir fidèlement jusqu'à la fin du contrat; le maître, tenu de lui fournir logement, chauffage et nourriture et de lui enseigner son métier; le répondant, caution « de la loyauté et preudhomie » du jeune homme, promettant de payer une indemnité, variable selon la profession et la qualité du maître, s'engageant à faire terminer, sans restriction, le temps d'apprentissage, à bailler même quelque dédit en argent ou nature, si l'apprenti change d'atelier ou d' « ouvroir » avant l'expiration de son contrat.

(1) E. Coyecque, *Recueil d'actes notariés relatifs à l'Histoire de Paris et de ses environs au* XVI° *siècle,* Paris, Impr. Nat., 1905.

Après 1561, les signatures des parties s'échangeaient à la fin des actes; avant cette date, les notaires seuls ont signé.

Et ces titres de nos deux minutiers peuvent être éclairés, corroborés et commentés par des documents tirés de nos Collections publiques ou privées : *Archives départementales de l'Oise* et leurs Comptes de marguilliers, *Archives communales de Beauvais* et leurs Registres paroissiaux, *Archives hospitalières de l'Hôtel-Dieu et de Saint-Lazare*, et leurs Comptes d'administration, *Archives de l'Eglise Saint-Etienne*, ancienne *Collection de Troussures* avec ses *Liasses*, ses *Mélanges* et les extraits des *Registres capitulaires de la cathédrale* (1), *Collection Bucquet* à la Bibliothèque Municipale et *Collection de Bretizel* au château du Vieux-Rouen.

Ainsi l'on verra qu'avant l'époque, aujourd'hui révélée par les Minutes notariales, les artistes furent nombreux à Beauvais et leurs productions très variées. Il m'a semblé qu'un exposé rapide de ces manifestations serait à ce Répertoire de documents notariés une excellente INTRODUCTION : cette esquisse, j'ai tenté de la faire, en combinant les textes, groupant les références et notant, le long du chemin, toutes les sources où j'ai puisé.

Ce n'est pas ici une histoire du mouvement artistique dans l'Ile-de-France et le Beauvaisis; ce sont les trouvailles d'un fouilleur de vieux papiers, qui essaie de faire connaître et de situer avec précision, en leur temps et leur

---

(1) Depuis janvier 1914, cette ancienne *Collection de Troussures* est entrée dans ma bibliothèque.

milieu, des artisans la plupart inconnus et leurs œuvres souvent ignorées ou disparues, disséminées par toute cette Province. Et le plus vif plaisir d'un chercheur n'est-il pas dans l'espérance du travail que d'autres pourront faire après lui sur les documents qu'il aura recueillis (1).

* *
*

MAÇONS. TAILLEURS DE PIERRE (2).

Au XIVe siècle, parmi les maçons de la cathédrale qu'aucun auteur n'a cités encore, voici maître Bernard, qui succède, en décembre 1371, à Pierre Romain, décédé (3); puis, c'est Guillaume Gobert, en mars 1380, qui prête aux chanoines le serment accoutumé (4) et vit encore en août 1387 (5); il est remplacé par Jean Richer (6).

(1) Cf. DE LA FONS MÉLICOCQ, *Les artistes et les ouvriers du Nord de la France aux XIVe-XVIe siècles*, 1 vol. Béthune, 1848.

(2) Des vingt-quatre églises paroissiales, collégiales ou de monastères, que comptait Beauvais au XVIe siècle, il n'en reste que deux aujourd'hui : la cathédrale Saint-Pierre et Saint-Etienne.

(3) « Magister Bernardus lathomus, positus loco Petri Romani, lathomi quondam ecclesie Belvacensis defuncti... » Collection Leblond, *Mélanges Troussures*, t. III, p. 45 (Registres capitulaires).

(4) *Ibidem*, III, 67.

(5) « Magistro Guillelmo lathomo... » *Arch. départ. de l'Oise*, série G (non coté), Comptes du chapitre de Beauvais.

(6) « Johanni Richerii, pro duobus pileriis, factis et positis contra aulogiam ecclesie, per forum cum eo factum, XXVI s. » *Ibidem*, Comptes du chapitre de Beauvais.

On trouve, en avril 1403, Jean le Caron, qui existe encore en 1408 (1). Puis Benoît le Caron, habitant rue aux Chinchers, est convoqué à la cathédrale en septembre 1421, avec plusieurs charpentiers, afin de visiter les fossés et cours d'eau de cette ville et faire un rapport sur l'urgente nécessité de leur nettoyage (2); il est encore cité en 1426 et 1452 (3); mort en 1459 (4).

(1) « Johanni le Caron, lathomo capituli, concessa est licentia operandi per quindenam apud Sanctum Hippolytum, in capella domini cancellarii. » *Mélanges Troussures*, III, 133. — Il s'agit de la chapelle Arnaud de Corbie, vis-à-vis l'église Saint-Hippolyte, qui fut détruite pendant le siège de 1472.

(2) Ancienne *Collection de Troussures*, Grand Cartulaire de Beauvais, fol. 107. — Un rapport semblable fut demandé, en 1512, à Martin Chambiges et à Jean Vast. Le texte de ce document, avec les signatures des deux maîtres maçons, est à la fin de ce travail. Voyez : APPENDICE, I.

(3) « A Benoist le Caron, maistre masson, pour avoir ouvré par VI jours à la Porte Saint Hippolyte en refaisant les arches du pont, par chacun jour IIII s. VIII d. » Il avait sous ses ordres, pour exécuter ce travail, les maçons Marc Amourettes, Jean de Macy, Jean le Vacher et Jean Béguin, gagnant chacun 4 s. par jour. Comptes de la Ville de 1426. *Collection Bucquet*, t. LXIX.

En 1433, un Louis Béguin, maçon de Beauvais, et sa femme, se donnaient, eux et leurs biens, à l'abbaye de Froidmont, avec une somme de 140 saluts d'or, pour être nourris, leur vie durant. L'accord fut rompu quelques années après, « vigentibus guerris et vigente caristia victualium », et, pour rembourser la somme, les religieux durent vendre, en 1438, aux marguilliers de Saint-Etienne de Beauvais, un reliquaire d'argent de sainte Marguerite. Original, parchemin, Archives de l'église Saint-Etienne, dans les combles de cette église.

(4) Comptes de la Chapelle Notre-Dame de la Haute-Œuvre, *Arch. de l'Oise*, G 760.

Jean Vaast, maçon de la cathédrale, au mois d'octobre 1494, « estoit préposé pour poser les pierres dures dont on vouloit la paver (1) ».

« Par les comptes, commençans en 1500, de maistre Jean Thourin, de la croisée ou Nouvel Œuvre entre-prise en ceste année ,il paroit que le chapitre de la cathédrale prit résolution d'élever la croisée, pour obvier à la ruine du chœur, qui est de long temps étayé de pierre, lequel est dangereux, au moien qu'il n'y a ne croisée, ne nef, qui l'appuie et soustienne. Et ceste résolution fut prise le 19ᵉ aoust 1499 (2) ».

« Neuf de messieurs [du chapitre] furent nommez, dont deux seront toujours présens, ne operarii vacent. C'est pourquoi le 21 septembre ensuivant, on dit une messe solemnelle du Saint Esprit et on commença à faire les trous pour voir les fondemens, de la profondeur de 32 pieds du côté du midy au dernier pillier de la chapelle de sainte Cécile, et l'on fut 23 jours à vuider les terreaux et l'eau, et de plus on perça des puits derrière le chœur, de 10 toises de profondeur, pour voir les fondemens. L'église s'est trouvée bâtie sur terre ferme et non sur pilotis; après quoy, on fit venir de Paris Martin Cambiche. et d'Amiens Pierre Tharisel, lesquels avec Jean Vaast, maître maçon de l'église, firent leur rapport au chapitre. de sorte que, le 20 mai 1500, le terrain aiant été trouvé bon et suffisant pour jetter les fondemens de la croisée, sans pilliers, le chapitre conclud que le lendemain se feroit procession et messe solemnelle de saint Pierre pour

(1) Registres capitulaires, *Mélanges Troussures*, IV, 62.
(2) *Ibidem*, IV, 85.

poser la première pierre, et pour ce furent députez quelques chanoines à messire Louis de Villiers, évesque, pour en faire la cérémonie; et pour ce fut faite procession depuis le chœur, en allant par emprès l'église Notre-Dame du Chastel, au lieu signé et marqué pour faire ladite croisée... et la première pierre par luy assise, en laquelle y a entaillié une croix et les armes de l'église et celles dudit seigneur (1) ».

Le 29 mai suivant, Chambiges, architecte des œuvres de maçonnerie, demandait que, pour faciliter sa résidence à Beauvais et accélérer les travaux, le chapitre lui accordât la Charpenterie pour demeure, plus 20 livres de pension annuelle et 4 s. par jour ouvrant, avec un pain de chapitre, chaque jour, pour lui et les siens : on fit droit à sa requête juste et raisonnable (2).

« Les gages de Chambiges ainsy arrestez, Jean Vaast eut 5 s. et les autres maçons 2 s. La pierre de nostre carrière coutoit 5 d. obole le pied de roy et autant pour l'amenage; la pierre dure s'est amenée de Mérart,

---

(1) Cahier de Nully, *Mélanges Troussures,* V, 41.

(2) « Super requesta per magistrum Martinum Cambiche, operarum architectorem latomiæ, mandatum de longinquis partibus ad dirigendum novum opus ceptum in ecclesia, habita jam notitia sui operis, dicentem necessario morari Belvaci, ad continuationem operis et accelerationem ejusdem, petiit domum Carpentariæ pro sua mansione, viginti libras turonensium pensionis annuæ et quinque solidos pro qualibet die operanti et unum panem capituli cothidianum pro sustentatione ejus et suæ familiæ. Habita inter dominos matura deliberatione, concesserunt ei suam petitionem tam justam et rationabilem, faciendo debitum suum, alias petitio hæc dominorum arbitrio rescindetur. » *Mélanges Troussures,* V, 92.

de Moui et Merlou; la chaux, à 7 s. 6 d. la mine, prise aux chaufours de Bongenouil (1) ».

En 1506, Pierre le Febvre lui était adjoint, qui présentait au chapitre, avec Jean Vaast, un plan et devis pour démolir un vieux pilier « par lequel on montoit au beffroi, afin d'y substituer le nouvel œuvre, le plus habilement que faire se pourra (2) ».

Le 8 février 1510, « après avoir représenté à maître Cambige le dommage infini causé par son absence, on ne laisse pas de lui accorder un mois de congé, au delà duquel on y pourvoira, selon l'exigence. On lui redemande le plan ou desseing du nouvel œuvre, de peur qu'il ne se perde (3) ».

Et le 8 mai suivant, plusieurs chanoines sont députés par le chapitre, « avec l'architecte Cambiche, pour annoncer à monsieur l'évesque qu'il falloit bientôt poser les fondemens de l'aile gauche de la croisée du nouvel œuvre (4) ». Dix jours après, visite de la Basse-Œuvre avec l'architecte, afin de choisir un endroit propre à célébrer le service divin pendant les travaux que l'on prépare (5).

(1) Cahier de Nully, *ibidem*, V, 42.
(2) *Ibidem*, IV, 108.
(3) *Ibidem*, IV, 117.
(4) *Ibidem*, IV, 119.
(5) « Domini......... deputantur cum Cambiche, principali lathomo conductori novi operis, ad visitandum ecclesiam Bassi Operis cum curato et parrochianis et cum ipsis in dicto Basso Opere locum idoneum ad cultum divinum parrochianis dictæ ecclesiæ celebrandum et continuendum, occasione demolitionis dicti loci, pro fundamentis præfati novi operis proxime præparandis. » *Ibidem*, IV, 119.

Le chapitre, en mai 1511, diffère de répondre à la requête que lui font les chanoines de Troyes, demandant Chambiges pour le bâtiment de leur église, pour qu'il reste en personne attaché à la construction de la croisée de Beauvais (1).

Le 10 janvier 1513, les chanoines « receveurs pour les deniers du nouvel œuvre » conviennent avec l'évêque ds gages de Chambiges et de Jean Vaast, son aide (2); mais, quand une requête du même Chambiges les pria, en juillet 1518, de recevoir son fils, Pierre, aux mêmes gages que lui pour diriger la construction, ils la rejetèrent « pro dicti Petri moribus, vanitatibus, ebrietate et ludibriis ». Quelques jours après, Pierre, promettant d'amender sa conduite. fut accepté (3).

Puis ils passèrent marché avec Jacques Thouroude. maçon de Beauvais et un autre venu de Gisors, pour continuer les travaux avec Martin : « ledit Thouroude aux gages de 60 livres par chaque année, et chaque jour qu'ils travailleront auront 12 s., lui et son aide, à commencer du 1ᵉʳ mai, et s'est ainsi obligé, tant qu'il vivra, par devant notaire roial; et pour chaque absence sera déduit 7 s. sur ladite somme et pour son serviteur 4 s. 6 d. (16 avril 1520) (4).

Chambiges, le 23 janvier 1522, visitait encore, afin de la réparer, la voûte de la chapelle des orgues et le 29 octobre on décidait « que l'église retiendra de son côté

(1) *Ibidem,* IV. 124.
(2) *Ibidem,* IV. 137.
(3) *Ibidem,* IV. 150.
(4) *Ibidem,* IV, 154.

six maçons avec maître Martin et qu'il y en aura encore cinq autres emploiés sur le compte du roy (1) ».

Le 5 décembre 1524, Jean Vaast le fils fut reçu maçon de l'église, en la place de son père, « et pour le droit d'ouvrir la terre et descendre les cercueils en l'église de la Basse-Œuvre, hors mis les 5 s. et le pain de chapitre qu'avoit son père, le tout à la requête de maitre Martin (2).

Les chanoines prirent, en 1526, Scipion Bernard, maçon, au prix de 5 s. par jour ouvrant, sous la surveillance de Chambiges (3), puis, approuvant le marché de carreaux noirs fait à Tournai pour le pavage de la croisée, ils baillèrent à Bernard, pour aller les quérir, 6 s. par jour et la location d'un cheval (4). Celui-ci, donné pour adjoint à maître Chambiges, avait la direction du pavé de l'église, avec une pension annuelle de 30 livres et 5 s. pour chaque jour ouvrant (1528) (5).

Chambiges mourut le 29 août 1532. Son testament lu au chapitre, les chanoines lui accordèrent la sépulture dans la nef, avec le service gratuit et une distribution

---

(1) *Ibidem,*, IV, 160. — En cette année 1522, pour le don de 3.000 livres fait au roi, sont inscrits (sans désignation de paroisses, ni de rues) : « Mr Martin Chambiche, III livres ; Mr Jehan Vaast, IIII l. XVI s. ; Jehan Hardouin, menuisier... » *Biblioth. de Bretizel,* au château du Vieux Rouen, Carton XX.

(2) *Mélanges Troussures,* IV, 178.

(3) « Habeat amodo Scipio Bernard, lathomus, pro qualibet dieta qua operi ecclesiæ operabit quinque solidos et faciat suum debitum supportando magistrum M. Cambiche, archilatomum in visitationibus operis gesti. » 21 mars. *Ibidem,* IV, 188.

(4) *Ibidem,* IV, 191.

(5) *Ibidem,* IV, 194.

de 40 s. à leurs dépens (1); plus tard il fut permis à son fils, Pierre, de mettre une épitaphe sur la tombe de son père(1536) (2).

Son successeur immédiat ne fut pas Bernard. Les chanoines prirent Michel de Lalict, « avec la même intendance, supériorité et authorité » : ses gages furent réglés à 30 livres par an, avec deux pains quotidiens de chapitre et 5 s. pour chaque jour de travail (5 novembre 1532). Cependant, le 4 janvier 1538, « ordre étoit donné aux maçons de l'église de se conformer au rapport et à la visite faite par Pierre Cambiche, expert et architecte très habile, exprès à ce mandé (3) ».

Et le 15 février, on mandait Simon Taveau, « charpentier très expert, pour faire le comble et la couverture de l'église, du costé du septentrion (4) » .

*
* *

A côté de ces grands noms attachés à l'œuvre de la cathédrale, en voici d'autres, plus humbles, qui besognèrent à nos autres églises.

A l'église Saint-Sauveur, aujourd'hui disparue, on commençait, en 1474, « une augmentation de l'œuvre en démolissant l'hôtel voisin dit de Morlaines. Les premiers maçons employés furent Colart Henry et Simonet Bleuet; puis Pierre le Febvre, d'abord leur aide, conduisit seul cet ouvrage. La voûte de la croisée fut commencée en

(1) *Ibidem,* V, 53.
(2) *Ibidem,* IV, 226.
(3) *Ibidem,* IV, 212, 234.
(4) *Ibidem,* IV, 234.

février 1490 et le dessein du grand portail, sur la rue des Gémaux, a été arrêté en avril : Le Febvre gagnoit 4 s. par jour; deux de ses compagnons 3 s. et les manœuvres 5 d. chacun par jour; la pierre se prenoit, partie dans la carrière Saint-Symphorien, partie dans celle de la cathédrale; la pierre dure coustoit 14 d. ;celle de l'autre carrière 12 d. et la pierre tendre 9 d. le pied, le tout au tournois. Le 18 juin 1491, on fit marché avec maître Jacob charpentier, pour édifier le grand comble du chœur et de la nef, moyennant 110 l., puis un autre marché avec Jacotin Prévost pour lever ce comble. En 1493, Le Febvre a reçu 500 l. pour ses façons de faire le reste des voûtes et rehausser trois pilliers de la vieille église (1) ».

Les travaux reprirent en 1525. « Comme on travail-lait alors à la croizée de la cathédrale, on se servit de cette occasion pour, avec les conducteurs de ce magnifique cuvrage, prendre le dessein d'un nouveau portail. La conduite en fut donnée à Pierre Petit, maistre masson, en 1537; il suivit la manière du Nouvel Œuvre, en bâtissant le portail tendant à la Porte du Chastel... Alors la pierre tendre ne valoit que 12 s. le pied, rendu à Beauvais et la chaux 2 s. la mine, et le maistre masson ne gagnoit que 10 s. par jour. Les voûtes furent finies, scavoir celles de la chapelle de Notre-Dame en 1559, celles du chœur en 1561 et celles de l'aile gauche en 1573 (2) ».

---

(1) *Mémoires de plusieurs choses remarquables concernantes l'église Saint Sauveur*, par Anselme MACAIRE, conseiller au bailliage, marguillier (manuscrit de 1650). Ancienne Collection de Troussures, liasse D.

(2) Manuscrit de Macaire.

A l'église Saint-Martin, aussi détruite aujourd'hui, les marguilliers, qui avaient fait élever, en 1478, un clocher de bois par Guillaume Thomas, maître charpentier, décidèrent, en 1538, la construction d'un petit portail au chevet de leur église, sur la grande rue Saint-Martin. Scipion Bernard, maçon de la cathédrale et Simon Taveau, charpentier, en visitèrent les fondations, puis Michel de Lalict vint donner son avis. Loyset Fauterel, maître maçon, conduisit l'ouvrage, dont Roland Harderan tailla les pierres que les marguilliers faisaient venir d'Esquennoy et de la carrière Saint-Pierre, voisine de Frocourt. Le charpentier Barat fit les étais du comble. En 1562, Pierre de Lalict, maçon, vendait aux marguilliers la pierre nécessaire à faire des « pendants » et pour mettre les « carolles » sur ce nouveau portail, pendant que les maîtres maçons Michel le Febvre, Antoine Fournier et Martin de Tilloy achevaient le pilier de la nouvelle voûte (1).

A l'église Saint-Etienne, les comptes des marguilliers de 1436-1439 citent Jean le Caron et Perrin Moteau, maîtres maçons, occupés à refaire le pignon dit de Saint-Martin (2).

Puis ce sont les travaux de construction du chœur actuel, dont nous savons pas les débuts ; mais un manus-

(1) Comptes de Saint-Martin de Beauvais, *Arch. de l'Oise*, série G (non coté).

(2) Ces comptes de marguilliers de Saint-Etienne, avec ceux du chapitre de Saint-Vaast fondé en cette église, sont conservés aux archives paroissiales, en une petite salle voûtée d'ogive, au-dessus de l'ancienne sacristie. — Cf. V. LEBLOND, *L'église et la paroisse Saint-Etienne au XVe siècle... Bulletin archéologique*, 1913, p. 150.

crit de 1579, conservé aux archives de l'église et qui reproduit « ung mémoire en vieil papier deschiré trouvé en la trésorerie de l'église de Saint Estienne, en datte de l'an 1506 », fait connaître qu'à cette époque on décida de construire le pourtour et que la première pierre en fut posée par Pierre le Bastier, lieutenant du capitaine de la Ville (1).

Les comptes des marguilliers sont perdus, de cette année jusqu'en 1525, mais ils donnent, de 1525 à 1531, les noms de Michel de Lalict, « maçon de l'œuvre », Pierre et Eloi de la Vallée, Tassin David, Pierre de « Curli », Nicolas Bau, Pierre Goudessent, Jean des

---

(1) « Ont fait une délibération les marguelliers, chanoines et parroissiens pour ce qu'il y avoit une cloche cassée en lad. église. Il fut conclud et advisé par les chanoines et marguelliers et ainsy par la plus saine partie des habitans d'icelle église qu'il seroit bon de faire deux cloches pour sonner la messe de la parroisse aux bons jours, aux festes commandées et aux dimenches, car on ne souloit sonner ausd. messes que à deux petites cloches de lad. église ; lesquelles ont esté faites, dont l'une des cloches se nomme Estienne, l'autre Bastianne, lesquelles sont au clocher.

« Item, fut advisé par commun accord et là fut monstré un gectz en perchemin pour vouloir faire ung pourtour en lad. église et aultrefois en avoit on fait assemblée, ung temps passé, pour cause que de jour en jour le peuple croissoit et ne pouvoit pas bonnement estre à ung bon jour dedans lad. église, fut advisé que on commencheroit et feroit on ung pourtour pour aller autour du cœur de lad. église, et fut encommenché led. pourtour en l'an mil V^c et six, le second jour du moys de may. Et la première pierre fut assize le lendemain du jour saint Vaast, en juillet V^c et six, par Pierre le Bastier, lieutenant du capitaine et controuleur du Gernier à sel de lad. Ville. » *Archives de l'église Saint-Etienne.*

Jardins et Jean Gérard, tous maçons (2); de Nicolas
Barat et Ninet le Grant, charpentiers; puis, en 1526,
Jean de Tilloy et Jean Fournier, maçons, s'ajoutent aux
de Lalict et La Vallée, avec Pierre d'Ailly, charpentier (1).

Pour joindre ce nouveau chœur à l'ancienne nef
romane, les marguilliers chargèrent, en décembre 1544,
Scipion Bernard, « conducteur de la nouvelle œuvre »
de la cathédrale, d'examiner, avec Eloi de la Vallée,
« conducteur de la nouvelle œuvre » de Saint Etienne,
les travaux qui étaient à faire du côté nord, vers le pignon
de la Commune ou Tribune aux harangues, au pilier
cornier du clocher qui joint l'autel de l'œuvre, pour cor-

« Johannes Gerard, lathomus » est cité dans une sentence
de l'official de Beauvais, en décembre 1516. Le curé de la
paroisse Saint-André, Guillaume le Gois, alias des Pilliers,
l'avait fait poursuivre pour avoir crié dans cette église, le jour
de la fête du saint patron : « Faictes bien pour le saint, il
ne prent riens à le chire. » Il confessa par l'organe de Jean
Bau, son avocat, qu'il ne croyait pas avoir mal parlé et fut ren-
voyé des fins de la plainte. Original, parchemin. *Archives de
l'église Saint-Etienne.*

(2) « Mises pour l'achapt de pierre dure et tendre, et de la
Tonne, et aussi des payemens des maçons...... a esté payé à
maistre Michel de Lalic...... pour avoir par luy vacqué à lad.
Œuvre la quantité de IX^xx XIX jours, au pris de VI s. t.
chacun jour...... A Pierre de la Vallée, pour avoir par luy
besongné la quantité de IIe LXXVIII journées au pris de
IIII s. t. chacun jour... » Les autres maçons reçoivent aussi
4 s. par jour. — « A Nicolas Barat, charpentier, pour avoir
par luy besongné, avec son serviteur, à faire les arches, la grue
et aux cintres de lad. église, VI l. XIII s. » Comptes de Saint-
Etienne.

respondre à celui de la chapelle Sainte Barbe, à l'opposite. On fera, au cours des travaux, cesser la grosse sonnerie des cloches, afin de ne pas ébranler la maçonnerie et la croisée sera voûtée, « pour tenir la besongne en seureté (1) ».

Un compte des marguilliers, de 1548, reconnaît qu'il est nécessaire « d'achever le cœur jà commencé, iceluy couvrir, faire les verrières, pour lesquelz ouvraiges les marguelliers d'icelle église paient, par chacun an, aux massons, charpentiers, couvreurs et verriez, la somme de trois cens livres et mieulx (2) ».

Au reste, les travaux de 1544 furent exécutés par P. de Lalict, car un rapport d'Antoine Fournier et François Mareschal. maçons experts, reconnaît, en 1564, que le pilier cornier fut orné « d'une guinberge, feullages et bestions, aveucque deux corps de tabernacle tenant au commencement d'un petit portail, aveucque les moullures enrichyes de feullages et aultres enrichissemens (3) ».

Et le compte des marguilliers, de 1571, mentionne le paiement d'une somme de 65 s. tz. à Guillaume Re-

(1) *Archives de l'église*. Rapport de la main de Bernard. Voyez : APPENDICE II.

(2) Original, papier. Ancienne Collection de Troussures, Recueil de pièces concernant Beauvais, I. XIX. — Notons que les comptes du chapitre de Saint-Vaast ne disent jamais rien de la construction du chœur de Saint-Etienne ; les dépenses en étaient toutes à la charge des marguilliers, c'est-à-dire des paroissiens.

(3) *Archives de l'église*. Rapport de la main de Mareschal. Voyez : APPENDICE, III.

gnoult, charpentier, « pour avoir desmonté plusieurs soutes de bois qui estoient sur la tour neufve (1) ».

En mars 1579, une assemblée paroissiale, où étaient, avec P. de Lalict, Nicolas Paumart, maire, François Dauvergne, François Aux Cousteaux et autres notables de la paroisse, chargea les trois maîtres-maçons, Antoine Fournier, Antoine Petit et Jacques David, de faire une nouvelle visite au clocher. Sans doute craignait-on, pour le nouveau chœur de Saint-Etienne, la catastrophe survenue, il y a 7 ans, à la croisée de la cathédrale. Les experts, décidant la reprise des travaux suspendus, conseillèrent, pour décharger le vieux clocher, d'ériger dans l'église, près du puits, sur des fondations très solides deux nouveaux piliers; en même temps la vis ou montée sera continuée jusqu'au premier étage, puis on la rechangera « en marches gauchies ». Ils signalent aussi quelques ruptures dans la maçonnerie du vieux clocher, au-dessus de l'autel de l'œuvre et de l'autel de Saint-Quirin, puis, faisant sonner toutes les cloches, y compris l'horloge communale, « à plain son et volée » en présence de l'assemblée, ils concluent qu'il faut poursuivre la construction du nouveau clocher (2) ».

Ces travaux ne pourront s'achever : d'autres, plus urgents, vont réclamer les soins et l'argent des marguilliers. Ils chargent, en 1583, de Lalict de « réparer les dalles et clervoyes et parpignotz » soutenant les combles, avec les remplages, puis de boucher « toutes les fractions

(1) *Arch. de l'église Saint-Etienne*
(2) *Ibidem.* Voyez : APPENDICE, IV.

qui sont aux voustes ». Ils demandent, en 1595, à Martin Candelot un rapport sur la voûte du chœur, au-dessus du grand autel ; sur l'arc-boutant situé du côté de la Commune, dont le chaperon est rompu ; sur un autre, situé au-dessus de la chapelle Saint-Eustache ; sur la « cappe françoise » du pignon de la Commune. D'autres réfections seront aussi nécessaires au-dessus des chapelles de Saint-Claude et Saint-Martin (1).

Et c'est ainsi qu'en cette extrême fin du XVIᵉ siècle les marguilliers, voulant résoudre définitivement cette question du clocher, devaient adosser à leur nef, à l'angle nord du grand portail, une grosse tour disgracieuse, qui existe encore, afin d'abriter leurs cloches et l'horloge communale.

*
* *

VERRIERS

A côté de ces constructeurs d'églises, voici des artistes pour les illustrer. Quelques-uns ne seront que mentionnés : rien de leurs œuvres n'a subsisté.

Parmi les verriers, signalons d'abord Jean le Cerf. Il devait, en 1271, à l'Hôpital Saint-Thomas des Pauvres Clercs de Beauvais 4 s. p. de cens pour ses maisons, sises en la paroisse Saint-Laurent, près du Pont-de-pierre,

(1) Original, papier. *Archives de l'église.* — Voyez : APPENDICE, V.

derrière l'Hôtel de Beaupré (1). Deux ans après, il vendait l'une d'elles aux religieux de Chaalis (2); il était mort en 1316 (3).

Guérard « le Voirrier », de la paroisse Saint-Laurent, prêtait de l'argent à la Ville, en septembre 1360 (4).

Les marguilliers de Saint-Etienne, qui, en août 1357, faisaient marché avec maître Philippe le Verrier, pour qu'il entretînt, sa vie durant, toutes les verrières de leur église, signèrent même contrat, en 1441, avec Jean le Fournier et lui achetèrent, au prix de 12 s., trois pieds et demi de verre neuf (5).

Thierry Sadon, autre verrier, possédait, en 1415, une maison paroisse Saint-Etienne, au-desous du Pont Pinart (6).

En 1447, le « vitrier » Jean de Thérines payait cens à l'Hôtel-Dieu pour sa maison de la rue Robert-le-Diable (7).

Elliot, dit aussi Euliot de la Coudre, travaillait pour

(1) *Arch. de l'Oise*, G 862. « Johannes dictus Cervus, vitrearius... »

(2) *Biblioth. nat.* latin 11003, fol. 82. Cf. H. Stein, *Bullet. Soc. des Antiqu. de France*, 1916, p. 304.

(3) « Relicta Johannis Cervi. » Compte des cens de l'Hôtel-Dieu. *Arch. hospital.* Hôtel-Dieu, B 728.

(4) *Collection Bucquet*, VIII, 626.

(5) V. LEBLOND, *ouvrage cité*.

(6) *Arch. hospital.* Saint-Lazare, E 19.

(7) *Arch. hospital.* Hôtel-Dieu, E 8.

cet hôpital en 1459 et 1469 (1), comme à l'église Saint-Martin de 1465 à 1469 (2).

Jean Vincent, verrier, mentionné aux Comptes de l'Hôtel-Dieu, en 1464, pour le jardin qu'il tient à louage des religieux, leur fournit ,en 1469, quatre verrières au prix de 14 s., « pour mettre en l'estude du dortouer (3) », puis « il mit en plonc XXIIII piés de verrière en la chapelle et au refectouer », moyennant 24 s. Deux ans après, il est encore cité pour quatre pieds de verrière employés à l' « enfermerie (4) ».

En même temps, travaille à l'église Saint-Martin Jean ou Jeannin des Loges, peintre et verrier (5), qui a

« A Elliot, verrier pour avoir refait VIII^xx et IX piés de verrière et les avoir mis en nouveau plonc, chacun pié XVIII d. Audit Elliot, pour VI piés de verrière noefve, pour la chappelle, à III s. le piet...... » *Ibidem*, E 13. — « A Elliot, pour l'achapt de VIII verrières contenant XIX piés, à III s. le piet, pour la salle d'embas. » 1469. *Ibidem*, E 14.

(2) « A Euliot de la Coudre, pour avoir par luy livré le Crucefix, les deux images avec la crois de bois neuf et paint, avec le tref paint et l'image Nostre Dame de la chappelle. » 1465. — « A Euliot, pour loy paindre une image saint Martin mise au portail de l'entrée de l'église », qu'avait taillée Jeannin Gaffet, hucher. 1469. Comptes de Saint-Martin, *Arch. de l'Oise*, série G (non coté).

(3) *Arch. hospital.* Hôtel-Dieu, E 14.

(4) *Ibidem*, E 15, 16.

(5) « *Item*, fait marché à Jehannin des Loges de paindre une ymage neufve de saint Martin, doibt avoir l'ymage viés et tant d'argent VII frans VIII s. (1471). » — « Le XXIe may LXXIII, Jehan des Loges a fait une verrière en lad. église sus le casublier, où il a mis de son voirre noeuf V piés de voirre à II s. VI d. le pié. » — « A Jehan le paintre, pour avoir remis à

souscrit à l'emprunt fait par la Ville, en septembre 1473, après le siège des Bourguignons (1). Il habitait en 1469, rue Saint-Pierre, une maison contiguë au beffroi de la cathédrale, vis-à-vis l'hôtel de la Croix de fer (2). Il mourut en 1480; Jeanne, sa veuve, était remariée, cinq ans après, à Pierre Vaast (3).

En 1488, François Picquart besognait aussi en l'église Saint-Martin à remettre en plomb neuf et à faire une bordure neuve et peinte « à la fourmoirie » du pignon de pierre, situé derrière les grandes orgues (4).

Qu'était Guillaume le Verrier, habitant en 1461, grande rue Saint-Martin, vis-à-vis le chevet de l'église, une maison qui sera plus tard à Girard Cacheleu, le peintre? Il mourut en 1491, faisant un legs à cette église, mais les comptes de la fabrique ne disent point qu'il y ait travaillé (5).

Enfin, voici deux Le Prince, les premiers de cette famille, qui, avec les Le Pot, illustra à Beauvais tout le xvi⁰ siècle : Lorin le Prince, en 1491, payé par les marguilliers de Saint-Martin « pour avoir dessis et osté les verrières de dessus les orgues, puis racoustré et mis à point » ; Jean le Prince, en 1496, qui reçut 36 s. pour

point la verrière de dessus les fons, IIII piés de voirre neuf, à II s. VI d. le pié (1473). » *Arrh. de l'Oise*, Comptes de Saint-Martin.

(1) *Collection Bucquet*, t. LXIX, p. 356.

(3) *Arch. de l'Oise*, G 819. — Son frère, appelé aussi Jean était menuisier à Ons-en-Bray.

(3) *Ibidem*, G 819.

(4) *Arch. de l'Oise*, Comptes de Saint-Martin.

(5) *Ibidem*.

avoir fait et livré une des grandes verrières, puis 50 s. pour une autre plus grande (1).

D'autre part, le premier compte de reconstruction du chœur de Saint-Etienne cite, en 1525, Jean le Prince livrant à cette église 26 pieds de verrière, à 10 deniers le pied. Il possédait alors une maison rue du Pont Saint-Sauveur, touchant au presbytère de cette paroisse et à l'Hôtel du Dauphin; une autre habitation fut achetée par lui aux religieux Jacobins, vis-à-vis leur église, au coin de la rue des Sœurettes (2). Il demeurait en 1547, vis-à-vis le cimetière Saint-Etienne, près de l'hôtel de Froidmont (3).

A cette époque les fenêtres de la croisée de la cathédrale s'ornaient des vitraux qu'on voit encore. En 1528, les chanoines de Saint-Pierre avaient commandé pour l'église de Cauvigny, dont ils étaient patrons, une verrière représentant les images de saint Pierre et de saint Paul, avec les armoiries du chapitre : elle coûta 20 livres et y fut placée l'année suivante (4). Mais, le 29 janvier 1537, deux chanoines furent commis pour traiter avec

(1) *Ibidem.* — Déjà les Comptes du chapitre de Saint-Vaast citent un Wallot le Prince, possédant avant 1430 une maison rue Saint-Gilles : « Soudin le Prévost, de sa maison qui fu Jehan Lyache et depuis à Wallot le Prinche, située en lad. rue, VIII d. » *Archives de Saint-Etienne.*

(2) *Arch. hospital.* Hôtel-Dieu, E 21.

(3) Comptes du chapitre de Saint-Vaast, aux *Archives de l'église Saint-Etienne.* — Ces comptes citent maître Pierre le Prince, qui possédait avant 1547 une maison rue Cul-de-fer, en la paroisse Saint-Gilles.

(4) Mélanges Troussures, IV, 192.

Jean le Prince, lui faire transporter de Mouy à Beauvais le vitrage de Cauvigny et le poser en la chapelle Saint-Pierre de la cathédrale : il est vraisemblable que Jean le Prince en était l'auteur (1).

En juin 1522, Louis d'Hucqueville de Ronquerolles avait fait remise aux chanoines des droits seigneuriaux à lui dus pour des biens du chapitre sis à Auneuil, à condition qu'il serait fait, sur les dessins qu'il en donnerait lui-même, une verrière de pareille valeur, soit 100 livres, à quoi s'élevaient les droits de relief; c'est la verrière encore existante en la chapelle sainte Agathe ou sainte Barbe : ce seigneur et sa femme y sont figurés, avec leurs armoiries, près d'un Christ descendu de la Croix (2).

En 1537, Jean le Prince, travaillait aux vitrages de la croisée de la cathédrale, côté nord (3).

Vers ce temps paraît pour la première fois aux Registres capitulaires Nicolas le Prince, « vitrier » : il reçoit du chapitre de la cathédrale, en février 1538, un écu d'or soleil, à compte sur ses salaires (4). Au mois d'août 1550, il recevra 120 livres sur le marché qu'il a fait pour les verrières de la portion méridionale de la croisée (5).

(1) *Ibidem*, IV, 231.
(2) *Ibidem*, IV, 162. — L'auteur n'est pas nommé.
(3) « Argent pris du trésor pour paier le vitrier Jean le Prince, pour vitrages de la croisée, vers le septentrion. » *Ibidem, IV*, 232.
(4) *Ibidem*, IV, 234.
(5) « 4 août 1550. Dominus Noël hodie continuatus est in officio petrarum pro hoc anno et datum est ei mandatum de

Dès lors, jusqu'en 1586, on pourra suivre, à l'aide des Minutes notariales, toute sa belle vie d'artiste, verrier et tailleur d'images.

A l'Hôtel-Dieu, Pierre Millet, verrier, travaillait à l'église en 1512 (1), puis il faisait, en 1523, les verrières de la chapelle de Fay-sous-Bois, pendant que maître Antoine Mariage y taillait une image de saint Jérôme. Il était mort en 1548. Nicolas Pia peignait pour le même hôpital, en 1523, deux images de Notre-Dame et de saint Jean qu'avait taillées Jean Samyon en 1512 (2).

A la Maladrerie de Saint-Lazare, Guérard Nicolle « voirrier » rhabillait les verrières des chambres des malades en 1528, puis refaisait celles de l'église, « qui estoient toutes rompues », pendant que Pierre Damiens, peintre, recevait 10 s. « pour avoir redoré et réparé le bras où gisent les dignitez de saint Ladre (3) ». Jean

summa 120 l. ex una, soluta per eum Nicolao le Prince, super et tantominus conventionis cum eo habitæ pro confectione vitrinæ partis meridionalis cruciatæ ecclesiæ et de summa 47 l. 10 s. ex altera, soluta etiam per eum mercatori vitrei pro liberatione quatuor sommarum vitri per eumdem mercatorem liberatarum, videlicet duarum sommarum cum media vitri albi et unius sommæ cum media vitri coloris crocei. » *Ibidem*, IV, 281.

Pendant la seconde moitié du XVIᵉ siècle, les *Registres capitulaires* ne citent plus qu'un verrier, Frédéric Véri, qui reçut des chanoines, en octobre 1576, 84 l. 10 s. pour travaux de son métier. *Ibidem*, IV, 410.

(1) « Pour avoir remply de voirre blanc et bordure avec les ymaiges la grant fourme de l'église neufve et fourny de toutes les verges et barreaux de fer pour toute la fourme. » Hôtel-Dieu, E 20.

(2) Ibidem, E 20, 21.

(3) Saint-Lazare, E 4.

Soudoyer, en 1531, y peignait pour l'église une grande verrière (1).

Puis c'est Thibaut Pinaigrier qui travaille, de 1534 à 1552, à la chapelle et aux chambres des malades, et aux vitraux de l'église (2), cependant que Nicolas de Bury, demeurant à Beauvais, faisait, en 1536, « deux panneaux de voirre », contenant huit pieds pour deux des verrières de cette église, à 2 s. le pied (3). En 1540 et 1541, de Bury besognait encore à deux des grandes verrières de la chapelle des malades et à leurs chambres basses, comme à l'hôtel Saint-Ladre sis à Beauvais (4).

Voici encore Nicolas le Prince peignant des verrières

---

(1) *Ibidem*, E 4. — Un Jean Soudoyer, verrier à Senlis, travaillait, de 1505 à 1515, à la cathédrale de cette ville. « Il est cité aux Comptes de Saint-Médard de Creil » pour avoir fait la verrière au-dessus du portail de lad. église montant trente piedz de verre au feur II s. IIII d. p. pour chacun pied. » (Comptes de 1516.) *Archives de la Soc. académ. de l'Oise.* — Est-ce le même qui était à Beauvais en 1531 ?

(2) « Paié à Thibaut Pinaigre (*sic*), verrier, pour avoir fait sept piedz de voirre à la chappelle des malades dud. Saint-Ladre et rabillé les verrières de l'église dud. lieu, XXVI s. III d. » Comptes de 1534. Saint-Lazare, E 5. — « A Thibault Pinaigrier, verrier, pour quatre petites verrières qu'il a mis aux quatre espaces de maisons neufves, contenans VIII piedz de voirre et deux carreaux de voirre à l'une des cuisines à Beauvais, XVII s. » Comptes de 1547. *Ibidem*, E 8. — « A Thibaut Pinaigrier, voirrier, pour VI piedz de voirre mis à l'une des verrières de la chappelle des mallades qui estoit tumbée par les vens, XII s. » Comptes de 1553. *Ibidem*, E 8.

(3) *Ibidem*, E 6.

(4) *Ibidem*, E 8.

à la grande salle des malades de l'Hôtel-Dieu en
1551 (1); il va tailler pour la Ville, au mois d'octobre 1565, une image de saint André, pour être mise
au-dessus de la poterne du même nom (2), comme il
demandera en 1576 quelque gratification au-dessus de
son marché « pour la représentation en sculpture de la
Cène », par lui faite à la cathédrale (3).

C'est aussi Laurent et Fuscien Chappon, Pierre
Pia, qui travaillent aux vitraux de Saint-Lazare, de 1555
à 1565 (4); Fuscien en 1563, puis Etienne Chappon en
1586 s'emploient de leur métier à ceux de l'église Saint-
Martin, comme Pierre Pia en 1569 refaisait les verrières
du chœur de cette église et du presbytère (5).

Claude Millet, en 1572, racoutrait deux verrières
de l'église Saint-Etienne, près du puits, moyennant
20 stz. puis il donnait reçu à M' Nicole aux Cousteaux,
marguillier, d'une somme de 60 s., suivant le marché fait
entre eux « pour racoustrer et reffaire les vitres paintes
de ladite église » pendant un an. Il fut remplacé par

(1) Hôtel-Dieu, E 25.
(2) « Cent sols paiés à compte sur les IX livres dus à Nicolas
le Prince, pour avoir taillé l'image de saint André, pour mettre
sur la poterne. » *Arch. communales de Beauvais*, BB 22.
(3) Mélanges Troussures, IV, 409.
(4) Saint-Lazare, E 9, 10.
(5) « A Pierre Pya, verrier, pour avoir refait une verrière du
costé du jardin du curé et une aultre du costé Julian Morant,
XX s. » (1569) — « A Estienne Cappon, verrier, pour avoir
fait une forme de verrière au cœur de lad. église et racoustrer
les aultres verrières à l'entour de lad. église, XXII l. » 1586.
Arch. de l'Oise, fonds Saint-Martin (non coté).

André Riou, en 1592, auquel fut adjoint, en 1594, Etienne Chappon (1).

Déjà, en 1557, Cl. Millet se voyait à l'église Saint-Martin, racoutrant les vitraux du grand et du petit portail, et celui du Grand Credo, puis faisant une lanterne neuve à mettre devant le Crucifix. Et les Comptes de la fabrique le montrent encore, en 1593, qui reçoit 7 l. 10 s. pour la réfection de plusieurs verrières.

.*.

PEINTRES. HUCHERS. TAILLEURS D'IMAGES.

Parmi les peintres, les huchers et tailleurs d'images je citerai Gilles du Quesnel, peintre, qui travaillait pour la Ville en 1358 (2) et figurait, sous le nom de « Gilles le paintre », en 1382, parmi les paroissiens de Saint-Etienne assujettis à la taille (3); — Jean Roussel, hucher, habitant la même paroisse en 1358, mort en 1382 (4); — Jean Maillet, Jean Ricquier et Jean Caurras, besognant, en 1426, de diverses façons pour la Ville (5); ce dernier habitait, en 1443, la maison des « Pilliers de

(1) Comptes des marguilliers, *Archives de Saint-Etienne.* — Laurent Cappon et Cl. Millet sont encore cités dans ces Comptes, en 1576 et 1578.

(2) « A Gille du Quesnel, paintre, pour une targe et ung pennonchel de chendail et pour XXIIII pennonchiaux de bougueren, pour mettre au carroy de la Ville. LVIII s. » Original, papier. Comptes de la Ville, *Collection Bucquet,* VIII, 158.

(3) *Ibidem,* VIII, 91.

(4) *Ibidem,* VIII, 67, 91.

(5) *Collection Bucquet,* LXIX, 175.

fust », sur le Marché (1). En 1462, Colin Caurras travaillait au pupitre ou jubé de l'Hôtel-Dieu, dont Jean l' « entailleur » faisait les anges (2), puis il fournissait, en 1469, une « cayère » à l'église de cet hôpital (3).

Jean de Han, dit Hennotin, hucher, est en 1429 et 1439 parmi les censitaires du chapitre de Saint-Vaast pour sa maison sise paroisse Saint-Martin, vis-à-vis l'Hôtel des Cuirets, comme Colin de Marseilles, aussi hucher, pour sa vigne située au lieu dit « Marimontas (4) ». Et l'on retrouve à l'église Saint-Martin, de 1466 à 1469, Colin Caurras faisant, avec Jean Gueudon, les clôtures et les « chaières » du chœur, la chaire à prêcher et les sièges des marguilliers, puis, en 1473, taillant la clôture de la chapelle Saint-Côme et les trois « chaières » sacerdotales (5). En cette église, Euliot de la Coudre, le verrier,

(1) Comptes de la chapelle Notre-Dame de la Haute-Œuvre, *Archives de l'Oise*, G 760.

(2) « A Jehan entailleur, pour avoir fait quatre angles aux laches du pepitre en la chappelle dud. hostel... » — A Colin Caurras, hucher, pour sept jours de luy à ouvrer de hucherie aud. pepitre, VI s. » Hôtel-Dieu, E 14.

Le terme « lache » est synonyme de « penture » dans un compte de 1416 pour l'hôtel de ville de Béthune. La Fons Mélicocq (*ouvrage cité*).

(3) *Ibidem*, E 14. — Un Jean Caurras, hucher, possédait, en 1485, l'hôtel des Faucilles sur le Marché. Comptes du chapitre de Saint-Vaast. *Archives de l'église Saint-Etienne.*

(4) Mêmes comptes, *Ibidem*.

(5) Comptes de Saint-Martin, *Arch. de l'Oise* (non coté).

Gueudon habitait, en 1455, grande rue Saint-Martin et devait aux chanoines de Saint-Vaast 9 s. de cens « pro domo sua que fuit femine deffuncte Nycholai Cacheleu, faciens cugnum magni vici Sancti Martini. » *Bibl. nat. latin* 9972, fol. 46.

taillait et peignait, en 1465, un Crucifix et ses deux images avec la croix; puis, au-dessus de ce Crucifix il faisait un « tref » et pour la chapelle de la Vierge une image de Notre-Dame. Enfin il peignait, l'année suivante, une statue de saint Martin qu'avait faite le hucher Jeannin Gaffet, pour être posée à l'entrée de l'église, au-dessus du grand portail (1).

En 1473, Massin des Noyers, dit Massin le hucher, habitant près du beffroi de la cathédrale une maison tenue des chanoines par bail à surcens (2), fut chargé par eux de tailler un chapiteau de bois pour orner l'autel de Notre-Dame de la Paix, élevé dans le chœur aux frais du roi (3).

Je cite encore, d'après les comptes de Saint-Vaast, Collinet Colletot, hucher, qui demeurait, en 1478, rue Saint-Symphorien en une maison contiguë à la rue menant de la Frette du Mur au cimetière Saint-Etienne (4). A l'église Saint-Martin, Jacques Cresson, en 1487, fait un lutrin pour placer au milieu du chœur avec trois lions pour le soutenir, puis taille, afin de supporter les orgues, un pupitre qu'il orne de douze culs-de-lampe (5). Et Pierre Hamon travaille aussi à la hucherie de l'autel de l'œuvre, dont Jean Germain a

---

(1) *Arch. de l'Oise*, Comptes de Saint-Martin. — Eliot était donc à la fois : verrier, peintre et tailleur d'images; c'est le seul de toute cette série. — Nicolas le Prince était verrier et tailleur d'images.

(2) *Arch. de l'Oise*, G 819.

(3) *Registres capitulaires*, Mélanges Troussures, III, 309.

(4) *Archives de l'église Saint-Etienne.*

(5) *Arch. de l'Oise*, Comptes de Saint-Martin, non coté.

taillé les images, peintes et dorées par Gérard le peintre, en 1497, pendant que Gilliet peint les statues d'Adam et d'Eve avec « un ange pendant » et que Baudichon « estoffe les mantiaux devant les orgues, esquelz il a devisé plusieurs hystoires tant par dedans comme par dehors desditz mantiaux » (1).

A Saint-Etienne, les marguilliers faisaient, en 1487, une quête par toute la ville pour faire peindre une table d'autel de leur église; ils prêtèrent 24 s. à Eustache Lheureux, tailleur d'images, afin qu'il aidât le peintre. Lheureux était sans doute l'auteur de ce retable (2). Puis un des paroissiens, Gui d'Hodenc, fit placer dans une chapelle un sépulcre, aujourd'hui disparu, près duquel se lit encore :

> « Ici dedans gist un povre pescheur
> Guy de Hosdenc nommé, qui en l'honneur
> De Jhésus Christ et de la Passion
> A faict construire par grand' dévotion
> Ce beau sépulchre en l'an V⁰ de grace
> M avant deux. Jhésus pardon li face » (3).

En 1493, Pierre Samyon et son fils — dont le prénom n'est pas donné — taillaient, au prix de 600 livres tournois, les stalles et le jubé du chœur de Saint-Sau-

---

(1) *Arch. de l'Oise*, Comptes de Saint-Martin, non coté.

(2) « Witasse Leureux, entailleur d'hymages, doibt XXIII s. d'argent presté à luy, pour loy entretenir en amour à cause de la table d'ostel que on paindoit, affin qu'il tensist tousjours la main au paintre. » Comptes des marguilliers. *Archives de cette église.*

(3) Cette chapelle est devenue la sacristie.

veur (1). Jean Samyon, en 1512, livrait aux religieux de l'Hôtel-Dieu une statue de Notre-Dame et un Saint Jean avec deux anges; il habitait, en 1523, en la grande rue Saint-Martin, vis-à-vis le chevet de cette église, une maison où demeurait aussi Jean Savary, peintre, et voisine du logis du peintre Pierre Pia (2).

En 1499, le peintre Girard Cacheleu possédait un

(1) Manuscrit cité d'Anselme Macaire. — Pierre Samyon et Catherine, sa femme, sont cités, en 1489, parmi les membres de la Confrérie Saint-Jean-l'Evangéliste, fondée en la cathédrale. *Mélanges Troussures*, I, 297.

(2) *Arch. hospital. Hôtel-Dieu*, E 20, 21.

Savary le peintre est cité, en 1544, dans un titre-nouvel passé au profit du chapitre de Beauvais pour cette maison de la rue Saint-Martin. Inventaire des titres de la cathédrale, *Collection Bucquet*, t. XXXIII. Jean Samyon se retrouve, en 1513, aux Comptes de fabrique de l'église de Coulommiers-en-Brie; il y fait une table d'autel en bois, « où il y aura sept hystoires de la Passion ». La voiture qui vint à Beauvais chercher ce retable mit six jours à faire toute la route; Samyon, payé pour son voyage, reçut en outre 65 l. pour son travail, plus deux fromages. En remerciement, il offrit aux marguilliers « un Dieu de pittié appelé *Ecce homo* », pour être mis à leur jubé. Manuscrit Ogier de Baulny, cité par l'abbé Vernon, *Conférence d'histoire du diocèse de Meaux*, 1899, p. 29.

Les Comptes des marguilliers de Saint-Médard de Creil, conservés à la bibliothèque de la Société académique de l'Oise, citent un Arnoulet Samyon, qui taillait, de 1510 à 1516, le jubé de cette église : « A Arnoulet Samyon, menuisier demourant à Beauvais, sur ce qu'il luy peult estre deu pour le pulpistre de lad. église par luy encommencé à faire, IIII^{xx} l. p. » Comptes de 1510. — « A Noulet Sameon (*sic*), menuysier à Beauvais, sur ce qu'il luy est deu pour le pepistre dont il a marchandé, LXIIII l. p. » C. de 1513. — « A Noulet Sameon, menuysier à Beauvais, sur l'ouvrage du pepytre qu'il faict pour logis, avant lui tenu par Guillaume le Verrier, et situé grande rue Saint-Martin, vis-à-vis l'église et donnant par derrière sur la rue des Masures; en 1525, cette maison passait au peintre Adam Cacheleu, son fils (1).

C'est le temps où les chanoines de la cathédrale, décidant la construction d'un jubé en bois, y emploient une partie de l'argent destiné aux repas de l'Assomption et de la Nativité (juillet 1528) (2); ils donnent 54 livres au peintre Jean Curlu (3), pour décorer la nouvelle table de leur grand autel (septembre 1540); puis, en janvier suivant, ils font marché avec un tailleur d'images pour mettre sur la clôture de' la chapelle des Anges treize images, payées chacune 10 s. (4). Le nom du sculpteur n'est pas donné. Etait-ce Jean le Pot? La chose est possible.

lad. église, LV l. tz. A Jehan Bachelet, sur les voictures dud. pepistre, à compte sur led. Sameon, VI l. tz. Au paintre de Beauvais, auquel a esté marchandé de paindre le crucefix faict pour le pepitre et trois ymages avec quatre angles pour la ceinture du grand autel, a esté payé sur son deu, X l. tz. » C. de 1514. — A Arnoulet Samyon, pour la parpaye de ce qu'il luy estoit deu d'avoir fait le pulpistre de lad. église, XLVIII l. tz. » C. de 1516.

Mathon, qui a donné des extraits de ces Comptes (*Mémoires de la Société académ. de l'Oise*, t. IV, p. 645), a lu par erreur « A Jehan Bachelet, sur les *paintures* » au lieu de *voitures* : on en a induit que Bachelet était le peintre de Beauvais mentionné au compte de 1514. Il n'en est rien. Cf. E. LEFÈVRE-PONTALIS, *L'église de Creil* dans *Bull. monumental*, 1920, p. 168.

(1) *Arch. de l'Oise*, G 760.
(2) *Mélanges Troussures*, IV, 192.
(3) « Pictori imaginum. » *Ibidem*, IV, 238.
(4) *Ibidem*, IV, 241.

Les Le Pot et Le Prince.

La chose est possible, car le chanoine Etienne de Nully (mort en 1699) attribuait à ce grand artiste la plupart des sculptures et des images taillées de la cathédrale : « une figure de saint Simon, sa teste représente Ronsard; saint Christophe proche le bénitier du costé du nord; les figures du grand portail du mesme costé, tant en dehors qu'en dedans; sainte Barbe, dans la chapelle de cette sainte; saint André, dans la chapelle saint Vincent; saint Augustin dans la chapelle saint Estienne; le retable, dans la chapelle de la Madeleine; le retable et les figures de la chapelle saint Sébastien; l'*Ecce homo*, sous l'horloge; la cloture de la chapelle du Saint Sacrement, qui est proche, et aussy les deux valves de bois qui sont au portail du midy » (1).

Un autre manuscrit, de la main de Louis Borel, conservé dans l'ancienne *Collection de Troussures*, Liasse H, XVIII, fait connaître une série d'œuvres des Le Pot et des Le Prince dans les églises de Beauvais. Qu'on me permette de le donner ici en entier, car il est inédit et très précieux :

« *Saint Estienne et Saint Vaast*. La vitre de la chapelle Nostre Dame de Lorette, au dessus du sépulchre,

______

(1) Bibliothèque Borel de Bretizel, au château du Vieux-Rouen, — manuscrit cité par G. DESJARDINS, *Histoire de la cathédrale de Beauvais*, p. 229. Seuls l'*Ecce homo* et les figures des portes des deux portails existent encore.

du dessein de Raphaël; la suivante, saint Sébastien, de Jules le Romain; la Nativité, dans la chapelle des Aux Cousteaux, de Lucas, hollandois; l'histoire de saint Claude, du mesme, qui est à costé de l'autel; saint Jean et saint André, au dessus de l'autel, sont du dessein d'Albert Durer, allemand; l'Arbre de Jessé, entre lad. chapelle et celle de Nostre Dame, du mesme; le Jugement dernier ou Résurrection des Morts, vers l'autel de saint Nicolas, du mesme, où sont Adam et Eve; au dessus de l'autel de saint Nicolas, les figures de saint Nicolas dans le naufrage et de sainte Catherine entre les docteurs, du dessein de Lucas; l'histoire de saint Nicolas, à costé de lad. chapelle, du dessein d'un beauvaisin nommé [en blanc]; l'histoire de saint Estienne ensuivant, donnée par M. de la Fontaine, de Lucas; dans la chapelle de saint Jean, le batême de Nostre Seigneur, du dessein de Raphaël; la chapelle de saint Pierre, du dessein d'un inconnu; la chapelle de saint Eustache et la grande vitre au dessus du grand autel, du fond du chœur, où il y a un crucifix donné par M. de la Croix, des Trois-Lanternes; l'une et l'autre, du dessein du beauvaisin, qui demeuroit au coin où demeure le s^r de Monceaux, notaire en 1750 [près le *Gloria Laus.*] Celui qui les a peintes et toutes les autres qu'on admire dans Beauvais ont esté faites par [en blanc] le Prince (1). Les

(1) Un autre manuscrit de Borel (château du Vieux-Rouen, carton IV), dit : « L'on m'a assuré que Le Prince qui a peint ces vitres s'est représenté tenant un verre, dans la verrière représentant l'histoire de saint Claude, la plus près de l'autel de ce

belles sculptures qui sont dans la mesme église, comme
les quatre grandes figures qui sont à la chapelle Nostre
Dame de Lorette; à costé, le saint Sébastien, dans sa
chapelle; le retable de la chapelle Nostre Dame, en
bois doré; le batême de saint Jean, dans la chapelle;
les grandes figures de saint Pierre et saint Paul dans leur
chapelle et le retable; celles de la chapelle saint Eustache avec le retable; le retable de saint Martin; le
grand saint Christophe en entrant; Nostre Dame de Pitié, avec les figures de saint Denis et de saint Jean, au
pillier ensuivant saint Christophe; le retable de l'autel
saint Grégoire, vis à vis le premier pillier à droite,
contre celui du chœur (1), ont esté faits par le nommé
Le Pot, natif d'un village près d'Arras, comme il paroit
par son épitaphe qui est dans le cimetière de Saint
Estienne, proche le sépulchre, vers la Commune. Il y
a encore de luy, dans le cimetière, une grande croix trian-
gulaire, vis à vis la tour du clocher; une petite Assomp-

saint; il y est sous un portique rouge, derrière deux moines,
au-dessus du diable verd qui étrangle une femme... Celui qui a
exécuté et peint toutes ces vitres étoit de Beauvais et se nom-
moit Angrand le Prince, il est mort en 1530. » Cette verrière
de saint Claude existe encore.

(1) Une note de Borel (Bibliothèque du Vieux-Rouen) dit :
« Le retable de l'autel de saint Grégoire au-dessous du jubé,
du costé de l'épistre, représente ce saint pape célébrant la
messe, et au moment de la Consécration Jésus-Christ se trouve
dans ses mains, au lieu de l'hostie. Au-dessus de cet autel, au
haut dudit jubé, on voit la figure d'un martyr en grandeur naturelle, entre deux bourreaux, que l'on dit représenter saint Thieu-
lin; à l'opposite de cette statue, sur le même jubé, on voit aussi
en grandeur naturelle saint Etienne qu'on lapide, »

tion parfaitement bien faite, contre le mur de la vieille église et près le nouveau clocher; un Crucifiement près la porte de M. le curé et ensuite une belle histoire où estoient à costé deux figures d'Hélie et de saint Jean, qui ont esté massacrées par la canaille qui le prennent pour le caresme.

« *Saint Laurens*. La croix qui est vis à vis la porte de la nef de Saint Laurens, qui a esté dressée par les soins de la femme d'un boucher d'Amiens, qui fut là tué, est dudit le Pot. Le sépulchre de lad. église est de luy, pièce admirable; le crucifix et la Madeleine dans la chapelle des Minutes, de luy; le Crucifiement et la Résurrection, qui sont au dessus du sépulchre, dud. le Pot. Il y a dans lad. église des volets, de la peinture de M* Antoine Caron, peintre de Beauvais, à la chapelle, proche la chaire à sermon (1).

« La belle et divine vitre de *Saint Symphorien,*

(1) « On a encore découvert à Saint-Laurent, dans une chapelle obscure, à l'autel de la Vierge, quatre petites figures, l'une de la Vierge, les autres des Trois Maries, en pierre, qui sont d'une délicatesse admirable, que l'on attribue à Le Prince, mais qui peuvent être plutôt de Germain Pilon. » Note de Le Mareschal de Fricourt (1750), dans *Mél. Troussures, Additions à Simon*, I, 89.

« Lors de la suppression de la paroisse de Saint-Gilles, il a été fait estimation de ce qui composoit l'église, dans le procès-verbal du 20 avril 1660 fait par le prévôt d'Angy où on lit : Ledit Pierre de la Cour, peintre en sculpture, nous a rapporté que la table d'autel, étant sur le grand autel de lad. église, dans laquelle est représentée l'histoire de saint Gilles, le tout en sculpture et en relief, doré d'or bruni et en laquelle il n'y a aucune rupture ni défectuosité, être de la valeur de deux mille livres, compris les bateaux de lad. table, où sont peints en huile

au dessus du grand autel, représentant le Jardin des Olives, est du dessein de Raphaël, peinte par........ Le Prince. Il y a dans lad. abbaye et église deux retables de la façon de Le Pot, sçavoir un dans la nef, à main gauche en entrant et l'autre dans le chœur du costé de l'évangile, et quelques figures sur le grand autel, du mesme, et celle de M. de Vaudrée, premier abbé commandataire, qui est dans le chœur, qui a donné la belle vitre cy dessus et on l'y voit descendant de la Montagne [Saint Symphorien] sur sa mule, pour venir à Saint Pierre dont il estoit chanoine. Plus, une vitre en camaieu dans la nef, sçavoir l'histoire de Jonas et celle d'Hester.

« Dans *Saint Thomas*, quelques retables de Le Pot, saint Eustache et saint Eloy, et dans le cœur une vitre de Le Prince, du dessein de Lucas, au-dessus du grand autel.

« Aux *Cordeliers*, dans la nef, se voit le sépulchre d'un Loysel, accompagné de deux grandes figures de saint Pierre et de saint Paul, de la façon de Le Pot; contre le jubé, un sépulchre, un crucifix, deux retables dud. Le Pot, et dans la chapelle de la Conception un saint Joseph travaillant de charpente et le petit Jésus et la Vierge, du même. Dans la sacristie, une belle vitre de la Cène, dessignée par Caron et exécutée par Le Prince; dans le cloitre, contre le chapitre, une Flagella-

quelques miracles de Nostre Seigneur, et à la frise desquels bateaux est une dorure de pareil or bruni. (Minutes de la Prévosté d'Angy). Cette table d'autel est à présent (1750) à l'église Saint-Etienne. » Le Mareschal, *Ibidem*, II, 168.

tion de Le Pot. Il y a encore de belles vitres dans la chapelle du Sépulchre, dans le jardin.

« Aux *Jacobins,* dans la nef, quelques figures de Le Pot contre les pilliers, saint Jérome et autres; un très beau tableau de Varin, de l'Assomption. Vers la chapelle du Rosaire, une très belle vitre de Le Prince, où est une sainte Barbe et un gentilhomme priant avec sa cotte d'armes; au jubé, cinq figures d'albatre de M° Jean Goujon, parisien; au grand autel, le tableau de l'Assomption, de Champagne. Dans le cloitre, se voit peinte l'histoire du Fils de Dieu en plusieurs peintures, contre le mur; on y voit trois pièces de la main de Varin : le Couronnement d'épines, saint Paul prêchant et..... (*sic*).

« Aux religieuses de *Saint François,* une Vierge et un *Ecce homo* d'albâtre, de Le Pot.

« *Saint Sauveur.* En entrant, du costé de la petite rue, des volets merveilleux d'Antoine Caron, au 2ᵉ pillier de la nef à main droite, autel de saint Jean, comme aussi à la chapelle de sainte Geneviève; un grand crucifix, dans la chapelle du Saint Sacrement; les figures de la chapelle de Nostre Dame; le crucifix de la chapelle des Gallopin et le saint Jean et la Madeleine auprès, avec la Vierge; le grand saint Sébastien dans la chapelle de ce saint : tout cela de Le Pot. La vitre de la chapelle sainte Geneviève dessignée par Caron, executée par Le Prince, comme aussi la vitre de la chapelle de Nostre Dame, donnée par M. Cornet, curé de l'église, par le seul Le Prince. Le portrait dud. Cornet se voit dans les vitres de la salle du presbytère, peint par Le Prince. Une vitre en camaieu dans la chapelle des Mauger, et une Résurrection au dessus du sépulchre, peinte par led. Le Prince et donnée par Martin Feuillet, prêtre, qui y est peint avec un écriteau sortant de sa bouche.

« *Saint Martin.* Les figures sur le portail de la grand rue Saint Martin, sçavoir de saint Cosme et saint Damien, une Résurrection dans la nef à gauche; le tout de Le Pot. L'histoire du *Credo* avec les douze Apotres, vis à vis la porte du cœur de l'église, du dessein de Lucas et exécuté par Le Prince.

« *Sainte Marguerite.* Quelques vitres dans le fond du cœur, par Le Prince.

« *Nostre Dame* [*du Chastel*]. Vierge de pitié, en entrant du costé de l'évêché, de Le Pot; le maitre autel et les colifichets qui y sont, dud. Le Pot, mais pas des mieux, attendu que le plus souvent il n'estoit pas paié. »

On verra Le Pot parmi nos minutes notariales. Il mourut en 1563, d'après cette épitaphe, qui lui est commune avec Engrand le Prince, et que Louis Borel copia, vers 1750, au cimetière de Saint-Etienne :

« Cy gist Engrand le Prince,
en son vivant vitrier, natif de Beauvais,
lequel décéda le jour de Pasques fleuries 1530,
et Jehan le Pot, tailleur d'images, natif de Ballerva
près d'Arras, qui trespassa le 12ᵉ juillet 1563.
Lesdits ont fait dans ceste église
plusieurs œuvres de leur mestier.
Priez Dieu pour les trespassez en disant
Pater noster. Ave Maria. »

Denis Simon (*Le Nobiliaire du Beauvaisis*, p. 77),
dit que Le Pot était le gendre d'Engrand le Prince. Il
est vraisemblable qu'ils étaient parents, puisqu'une
même épitaphe les a réunis; mais, comme un espace de
trente-trois ans sépare les dates de leur mort, n'est-il pas
permis de croire que les marguilliers de Saint-Etienne
mirent en leur cimetière cette épitaphe commune, en
mémoire de ces deux artistes et « des œuvres de leur
mestier » ?

Quels liens de famille existaient entre les Le
Prince : Lorin, Jean, Etienne, Pierre, Engrand et Nicolas, entre Jean et Thomas Le Pot que l'on va suivre
à l'aide des actes notariés, pendant la seconde moitié
du XVIe siècle?

On peut seulement affirmer qu'il y avait, en 1560,
deux Jean Le Pot, le père et le fils, tailleurs d'images
(voyez ci-dessous, n" 108); que Jean le Pot le père est
mort en 1563 (épitaphe de Saint-Etienne); que Nicolas
le Prince, son gendre, travaillait avec lui, en 1558
(voyez ci-dessous, n" 80); que Thomas le Pot, peintre,
était frère de Jean le Pot le fils (voyez ci-dessous un acte
de 1572, n° 215) et que ce Jean le Pot, tailleur
d'images, marié à Agnès Brocard (de Beauvais), eut
un fils, Nicolas, en 1565 et qu'il habitait en 1581 auprès
d'Evreux (voyez ci-dessous, n" 296) (1).

(1) Je voudrais par un exemple montrer quelle prudence il
faut avoir pour identifier certains noms, même à l'aide de textes
originaux et contemporains, si l'on n'a pas sous les yeux leur
signature même : ainsi, un acte notarié du 6 mai 1581 (voyez
ci-dessous n° 268), concernant Jean le Pot, tailleur d'images,

Dans aucun document contemporain je n'ai rencontré le nom d'Engrand le Prince, à qui Denis Simon (*ouvrage cité*, p. 139) attribue de nombreux vitraux, notamment : à l'église Saint-Etienne, l'Arbre de Jessé, les verrières de la chapelle Notre-Dame de Lorette et

et Agnès Brocard, sa femme, est signé *J. le Pot;* et ce même le Pot figure, en 1565, avec Agnès Brocard, sur le registre de baptêmes de la paroisse Saint-Etienne (*Archives communales de Beauvais*, GG 1), pour le baptême de Nicolas, leur fils, et le curé l'a écrit « *Jehan Pol* ». De même, en 1585, *Thomas le Pot,* peintre (dont la signature est nette), est inscrit « *Thomas Pol* » au baptême d'un de ses fils par le curé de Saint-Sauveur (*Ibidem*, GG, 146). Enfin, au même registre de Saint-Etienne GG 1, quand Barbe le Prince, mariée à Jacques David, maître maçon, fait baptiser, en 1559, une première fille, Catherine, la marraine est dite « *Katherina le Po* », et pour la seconde fille, en 1560, le parrain est écrit « *Johannes le Pol* » et la marraine « *Katherina Pol* ». Il y a donc eu ici confusion de *Pol* et de *Le Pot.*

Le Pot seul, est le vrai nom.

Les actes notariés et paroissiaux permettent d'établir le tableau qui suit :

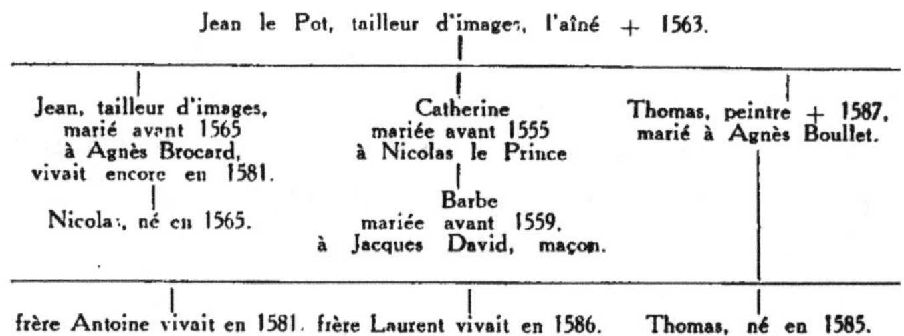

Sur le vitrail de l'Arbre de Jessé, à Saint-Etienne, le personnage, figuré tête nue, les cheveux blonds et bouclés et la barbe frisée, présente au-dessus du coude gauche une banderolle ENGR, et au-dessous du coude les lettres ROB en descendant vers la corolle d'une fleur : un Robert le Prince aurait-il prêté la main à ce chef-d'œuvre.

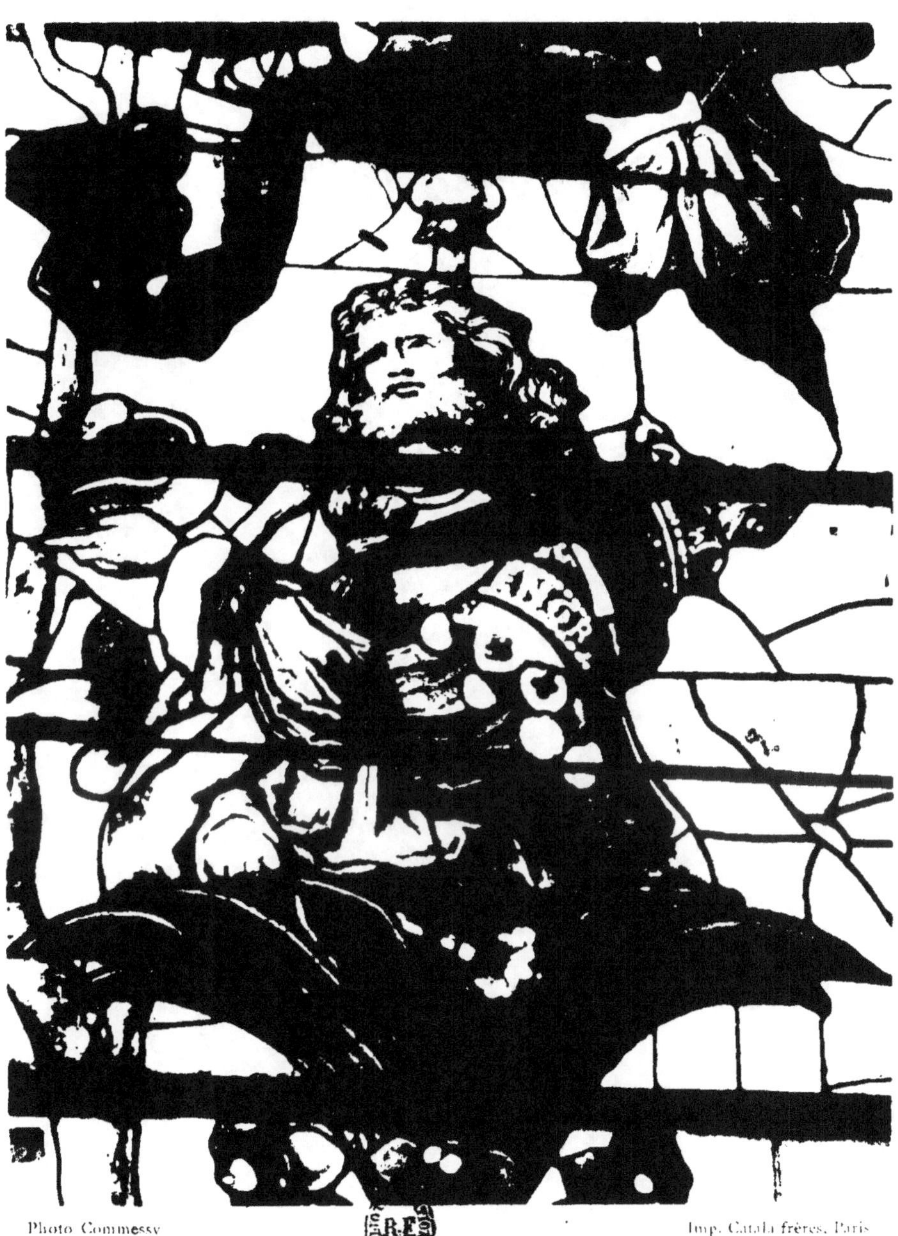

Portrait présumé d'ENGRAND LE PRINCE
(Arbre de Jessé de l'église Saint-Etienne de Beauvais.)

de la chapelle Saint-Jean, la Nativité en la chapelle Sainte-Marguerite, l'histoire de Saint-Claude, le Jugement dernier, l'histoire de saint Etienne et celle de saint Nicolas, sainte Catherine au milieu des docteurs; — à l'église Saint-Martin, la verrière du Credo; — à la cathédrale, le crucifix de la chapelle Sainte-Barbe; — en l'église Saint-Sauveur, l'histoire de sainte Geneviève; — la Cène dans la sacristie de l'église des Cordeliers.

Il est vraisemblable que Denis Simon et Borel ont compris, sous le nom générique de Le Prince, les œuvres d'Engrand, de Lorin, Jean, Etienne, Pierre et Nicolas, comme ils ont pu confondre les sculptures des Jean le Pot, père et fils.

* *

FACTEURS D'ORGUES. FONDEURS DE CLOCHES.

En 1488, les marguilliers de la paroisse Saint-Martin, voulant avoir « les plus belles et honnestes orgues que faire se pourroit pour plus augmenter et solemniser le serviche de Dieu », conclurent un marché avec Jean de Bavencourt « organiste et ouvrier d'orgues » moyennant 100 livres tournois : il fit d'abord 400 tuyaux, puis 200 autres l'année suivante, mais, comme le second contrat lui était trop onéreux, on lui paya 6 francs de plus (1).

Ceux de Saint-Etienne le demandèrent, en 1511,

(1) Comptes de Saint-Martin, *Arch. de l'Oise*, non coté.

pour remettre à point leurs orgues, « tant grandes que petites » (1).

Au même temps, ceux de Saint-Sauveur passaient un traité avec Georges Fleury, facteur à Beauvais, qui dut façonner un jeu de 700 tuyaux « dont le plus gros auroit depuis la lumière 10 piedz de longueur » et la grosseur à proportion, au prix de 125 livres pour ses peine et salaire (2 septembre 1509), pendant que Marin Sioult, tailleur de menuiserie, en faisait le buffet moyennant 130 l. : le tout devait être placé dans l'aile gauche de l'église, sous l'arcade joignant le nouveau clocher, au-dessus des fonts baptismaux (2).

A la cathédrale, en 1530, le chapitre mandait Alexandre et François des Oliviers, facteurs d'orgues, pour faire des orgues neuves, dont les chanoines devaient fournir les étoffes et matières nécessaires, plus 1200 livres de salaire et deux pains de chapitre par jour (3). Scipion Hardouin, peintre, fut chargé d'en décorer le pupitre; pour hâter ce travail, Adam Cacheleu vint l'aider (4). Le 6 septembre 1532, les chanoines firent venir de Paris, pour les visiter, maître Mouton, chanoine de Notre-

(1) Comptes des marguilliers de Saint-Etienne, *Archives de l'église*.

(2) Manuscrit cité d'Anselme MACAIRE. — Ce contrat fut passé par devant Vincent, tabellion du comté de Beauvais.

(3) Registres capitulaires, *Mélanges Troussures*, IV, 202.

(4) *Ibidem*, IV, 204, 211. « Adæ Cacheleu, pictori, datur summa quinque librarum in supplementum perditionum quas habuisse dicit in depingendis organis ecclesie. »

Dame, avec un autre organiste. La dépense totale fut de
1671 livres (1).

Parmi les fondeurs de cloches, Pierre Malatire (ou
Malatiré) possédait en 1433 une maison. rue Saint-
Jean, touchant à l'Hôtel de Ressons, et payait cens à
la Confrérie de Saint-Jean l'Evangéliste (2).

Didier Chapuisot, demeurant en 1443 grande rue
Saint-Martin (3), refondait pour l'Hôtel-Dieu une
cloche en 1459 (4) et en 1464 « la cloquette du reflec-
touer » (5).

Pour l'église Saint Martin, il fit, en 1465, une
cloche neuve pesant 206 livres, moyennant 75 s. (6).

En novembre 1472, Pierre Chapuisot recevait des
maîtres de la forteresse de Beauvais une somme de
137 livres pour avoir fourni et réparé plusieurs canons,
dont quelques-uns avaient éclaté durant le siège de cette

(1) *Ibidem*, IV, 211.
(2) *Mélanges Troussures*, I, 322.
(3) *Arch. de l'Oise*, G 760.
(4) « A Didier, pour avoir fait et refondu une cloche parmi
ce qu'il en debvoit avoir XLVIII s., dont a esté paié en métail
XXXII s. et en argent XVI s. » Comptes de l'Hôtel-Dieu,
E 13.
(5) *Ibidem*, E 14.
(6) « Le V° apvril IIII^c LXIIII avant Pasques, fut fait une
cloche neufve pesant II^c VI livres de métail, rabattu le déchet,
lequel métail avoit cousté tout cru XIII l. X s. ; à Didier
Chapuisot, pour la fachon, LXIII s.; pour deux plommas de
cuivre, IIII s...... Michel de la Ruelle a esté parrin au bénistre,
qui a donné demy escu d'or de XII s. IIII d. ob.; Marie de
Caigneux a donné ung escu d'or de XXIIII s. IX d.; Colette
le Caronne a donné demy escu d'or de XII s. IIII d. ob. »
Arch. de l'Oise, Comptes de Saint-Martin, non coté.

ville par les Bourguignons (1); l'année suivante, il fondait pour la Ville trois nouvelles serpentines (2).

En 1531, Mathieu le Vasseur, fondeur en cuivre, faisait pour l'église Saint-Laurent quatre colonnes et quatre cloisons de cuivre, semblables aux chandeliers posés sur le jubé; il reçut des marguilliers 194 l. 17 s. (3).

Enfin voici Jean Guérin qui fond, en 1562, quatre cloches pour l'église Saint-Martin; mais, sur une sommation à lui faite par les marguilliers, il dut en refaire deux qui n'étaient pas d'accord : le métal fut acheté chez Jean de Nully, avec l'étain doux nécessaire à la fonte, et c'est Nicolas le Prince qui en fit les armoiries » (4).

*
* *

Si tous ces documents d'archives ont surtout parlé d'églises beauvaisines, les minutes notariales — dont

(1) *Archives communales de Beauvais,* EE 7.
(2) *Ibidem,* BB 10.
(3) *Arch. de l'Oise,* Comptes de Saint-Laurent, non coté.
(4) « A maistre Jehan Guérin, fondeur, pour avoir fondu quatre cloches estans au clocher de lad. église, L l. tz.; aud. Guérin, pour avoir refondu deux desd. cloches, pour cause qu'elles n'ont esté trouvées d'accort, assavoir la première et la dernière, X l.; pour faire une sommation au fondeur qui a fondu lesd. cloches, IIII s.; à Jehan de Nully, pour le métail desd. cloches, IIe XL livres et pour XIII livres d'estain doulx fondu avec led. métail, à VI s. pour chacune livre; à Nicolas le Prince, pour avoir fait les armairies mises ausd. cloches, XL s.; aux chantres de Saint-Pierre, pour avoir visité lesd. cloches par diverses fois...... » *Arch. de l'Oise,* Comptes de Saint-Martin.

suit l'analyse — feront connaître Beauvais foyer d'art au XVI° siècle, où une foule d'artistes, aidés d'apprentis et de compagnons, multiplièrent leurs travaux sous la vive impulsion des maîtres de Confréries religieuses et des marguilliers paroissiaux, la plupart marchands bourgeois de cette ville, qui, rivalisant de largesses et de piété, d'amour-propre et de bon goût, embellissaient leurs églises, décoraient de toutes sortes d' « enrichissements », de carreaux émaillés, statues et feuillages, de torsades et figures grimaçantes, les façades, les pignons, les escaliers et les cours de leurs demeures; ainsi les artisans les plus notoires ont répandu leurs œuvres par tout le Beauvaisis jusqu'aux églises des moindres villages : tels, Jean le Pot taillant la table d'autel de Dargies et Nicolas le Prince celles de Muidorge et de Reuil-sur-Bresche (1).

A la suite d'Extraits de ces Minutes sont réunis toutes les marques, signatures et monogrammes que j'ai pu rassembler. Une TABLE très complète termine cet ouvrage qui, sans elle, serait à peu près inutile aux travailleurs.

Le Ministère de l'Instruction publique a bien voulu contribuer aux dépenses de cette publication; la Société académique de l'Oise lui témoigne ici tous ses remerciements. Elle n'oublie pas quelle gratitude elle doit à la

---

(1) Le retable de Muidorge existe encore à l'église. J'ai donné, avec la phototypie de ce retable, la reproduction photographique du marché pour montrer à quelle difficulté se heurte souvent la lecture de ces actes. Je remercie M. Commessy (de Voisinlieu) de m'avoir donné ces excellents clichés.

Société historique de Pontoise et du Vexin qui accepta,
sur l'aimable initiative de M. Joseph Depoin, de prendre
part à l'édition de ces documents, pour en faire une
Publication collective de nos deux Sociétés. Nous sou-
haitons que cette collaboration, si précieuse pour tous,
ne s'arrête pas là.

V. L.

Mai 1921.

DOCUMENTS

TIRÉS DES MINUTES NOTARIALES

DE Mes RECULLET ET JOUAN

1547-1595

Les notaires beauvaisins qui ont signé ces actes sont : Pierre et Jean Macaire, Pécoul, Larchonneur, Canevacher, de Vaulx, Le Goix, de Louveigny, de Creilg, Lambert, Dubos, Thureau, Walon, Adrian, Hanyn, Deraie, de Bucamps et Houpin.

1547

1. — *20 Novembre.* Titre-nouvel passé par Adam Cacheleu, peintre à Beauvais, pour sa maison sise grande rue Saint-Martin, chargée de 12 sols 6 deniers parisis de rente envers la chapelle Notre-Dame du Haut-Œuvre, fondée en la cathédrale, représentée par messires Jean Croton, receveur, Nicole Boitel et Jean de Louvencourt, prêtres, chapelains de lad. chapelle (1).

MACAIRE.

[Etude Recullet.]

(1) Cacheleu est cité dans les Comptes de la Maladrerie Saint-Lazare de Beauvais, en 1539-1540 : « Paié à Adam Cacheleu, païntre, pour la parpaye d'une Nostre Dame que l'un des mallades

avoit faict paindre et mettre à l'huys de l'église dud. hostel,
VI s. p. » *Arch. hospital. de Beauvais, Saint-Lazare, E7.*

D'après ces comptes, il demeurait rue Saint-Thomas, à l'enseigne du Petit Homme Sauvage, vis-à-vis l'hôtel de la Belle Etoile, en une maison située sur l'emplacement actuel de la Manufacture Nationale de tapisseries.

En 1552, il possédait en la même rue une autre maison, indivise avec son frère, François, grand vicaire de la cathédrale. Minutes Recullet.

* * *

1548

2. — *5 Avril.* Jeanne Mariage, veuve de Marin Raimbault, tailleur d'images à Beauvais, en son nom et comme tutrice d'Alizon, sa fille, cède à Simon Houchart, marchand tavernier à Saint-Jean-lès-Beauvais, les six années, qui restent à finir sur neuf, du bail de la carrière « A l'eaue », sise au terroir de Saint-Martin-le-Neuf, au-dessous du Bois du Mont, moyennant 10 livres tournois de loyer par an. Ce bail avait été fait à feu Marin par messire Bertin de Mornay, prêtre, vicaire de l'abbé de Saint-Symphorien-lès-Beauvais, à qui appartenait ladite carrière (1).

MACAIRE.

[Et. Recullet.]

(1) « A Marin Raimbault, pour avoir taillé les armoyries du maistre et administrateur dud. hostel, [Claude Burgensis] mises sur la porte nouvellement faite vers Beauvais. » Comptes de Saint-Lazare, de 1546-1547. *Arch. hospit.* St-Lazare, E8.

Le Bois-du Mont est encore un lieu-dit de cette commune; la « Carrière à l'Eau » n'existe plus.

* * *

3. — *10 Mai.* Marché entre Nicolas le Prince, tailleur d'images à Beauvais et les marguilliers de la fabrique Saint-

Sauveur dud. Beauvais, savoir Jean de Nully, Jean Loysel
et Pierre Gallopin, marchands bourgeois, pour faire pour lad.
église « de sond. mestier de tailleur d'ymaiges une ymaige
de madame sainte Anne, qui aura quatre piedz de hault,
de bonne pierre blanche, loialle et marchande, sans aulcune
tare, selon le pourtraict exhibé auxd. margueliers et paraphé dud. notaire », à livrer avant la mi-août prochain. Prix :
20 écus d'or soleil

MACAIRE.

[Et. Recullet.]

---

4. — *13 Mai.* Titre-nouvel passé par Jean Souldoyer,
« marchand vittrier » et Marguerite de la Folie, sa femme,
« avant luy » femme de Pierre Millet, aussi vitrier à Beauvais, pour leur maison qu'ils habitent, grande rue Saint-
Martin, paroisse Saint-Sauveur, joignant d'un côté à Jean
Compagnon, brodeur, d'autre côté à Pierre Lenglès, brodeur et « casublier », chargée de 8 s. p. de rente envers
la fabrique de l'église Saint-Etienne dud. Beauvais, représentée par Jacques Pinguet, Pierre Canterel et Eustache
Payen, marguilliers (I).

MACAIRE.

[Et. Recullet.]

(I) « Paié à Jehan Soudoyer, voirrier, demourant à la rue
Saint-Martin de Beauvais, pour avoir fait une grant verrière à l'église,
vers la chapelle des malades et troys aultres verrières neufves en
la salle dud. hostel au corps de derrière, XXXII, s. p. » Comptes
de Saint-Lazare, de 1531-1532. *Arch. hospital. de Beauvais,* E4.

---

5. — *2 Juin.* Mise en apprentissage, pour 4 ans, par
Nicolas le Mercier, tisserand en draps au Déloir-lès-Beau-

vais, de Louis, son fils, avec Pierre le Vasseur, marchand fondeur de cloches aud. Beauvais, qui promet de lui montrer led. métier de fondeur et lui « bailler feu, pot, lict et lumière », moyennant 4 écus d'or soleil que paiera le père aud. maître, savoir moitié dans un an et le reste un an après ; en outre, il est tenu d'entretenir son fils de vêtements, linge et chaussures et de lui faire continuer son apprentissage, le temps durant, sous peine de dommages et intérêts.

MACAIRE.

[Et. Recullet.]

6. — *15 juin*. Marché passé entre Thibaut Samyon, tailleur d'images à Beauvais et les marguilliers de la fabrique Saint-Laurent dud. Beauvais, pour leur faire une image de saint Sébastien, ayant quatre pieds de hauteur, avec deux petits anges posant une couronne sur la tête dud. saint; « item, faire aussy pour lad. église ung Crucefix, hault de neuf poulces avecq une Nostre Dame, ung saint Jehan et une Magdalaine », le tout de bois de chêne, sec, loyal et marchand, à livrer avant la saint Martin d'hiver prochain, moyennant 10 écus d'or sol, payables moitié ce jourdhuy et le reste à la livraison.

MACAIRE.

[Et. Recullet.]

7. — *5 Juillet*. Marché passé par Nicolas Prévost, « vittrier » à Beauvais, paroisse Saint-Martin, et les maître, frères et sœurs de l'Hôtel-Dieu Saint-Jean dud. Beauvais, acceptant par frère Pierre Mouton, leur procureur, pour faire, pour la nouvelle salle des malades, une verrière « où sera pourtraicte une Apparuission de la Magdalaine » et

une autre « où sera painte une Nostre Dame tenant l'enffant Jhesus », suivant le portrait montré aud. Mouton et paraphé du notaire, moyennant 50 l. tz. [La date de la livraison n'est pas indiquée.]

MACAIRE.

[Et. Recullet.]

8. — *20 Septembre*. Marché passé entre Guillaume Hamelin, « vittrier » à Beauvais, paroisse Saint-Thomas, et maître Jacques Bionneau, procureur et receveur de la Maladrerie Saint-Ladre de Beauvais, pour fournir à la chapelle des malades la quantité de 38 pieds de verre blanc le tout bien mis en œuvre, « faict et parfaict », moyennant 4 l. 4 s. p.

PÉCOUL.   MACAIRE.

[Et. Recullet.]

---

9. — *20 Décembre*. Marché passé entre Jacques le Moyne, tailleur d'images, demeurant à Beauvais et les maître et gouverneurs de la Confrérie Saint-Nicolas, fondée en l'église Saint-Etienne dud. Beauvais, acceptant par Guillaume Outin, leur procureur, pour faire de sond. métier, pour leurd. chapelle, une image de saint Nicolas, de bon bois de chêne, « secq, loial et marchant », de 3 pieds de haut, à livrer avant le jour de Pâques prochain, moyennants 6 écus sol, payables à la livraison (1).

MACAIRE.

[Et. Recullet.]

(1) Un Jacques le Moine, « imagier » à Beauvais, est cité dans un acte de donation, de 1526. Coyecque, *Recueil d'actes notariés... au XVIe s.*, I, n° 643. — Un Jean le Moine et Nicolas, son fils, étaient tombiers à Paris, en 1544. Coyecque, *ouvrage cité*, n° 3037.

1549

10. — *7 Mai*. Marché passé entre Pierre Warnier, maçon, tailleur de pierre, demeurant à Bresle, et le cardinal de Châtillon, évêque de Beauvais, acceptant par Mre Jacques de Thou, trésorier de l'église de Beauvais, Simon Bazier et Jacques Gougnon, vicaires-généraux dud. évêque, pour faire, avant la mi-août prochain, au château de Bresle appartenant aud. seigneur « ung jeu de paulme, lequel aura de longueur XVII toises et demye et de large V toises, le tout dens œuvre, le mur de parpain de pierre dure aux deux boutz, avec celuy du long de l'allée qui aura d'espoisseur X poulces et de hault, au droict de l'accord dud. jeu, troys piedz un quart......sur lesquelz appuiz et parpaint se poseront les coulonnes, lesquelles auront quatre piedz de hault, faites de pierre dure de Trocy, de l'ordre doricque et la gallerie du costé du chastel aura de long un pied dens œuvre pour oster la difformité du triangle sus la longueur dud. jeu de paulme...... Item, convient faire le pan de mur de l'aultre costé où sera la basterie et le tabourin dud. jeu, tout de pierre de taille, en dedens œuvre, jusques à XIIII piedz de haulteur......; item, faire une aire dedens led. jeu, selon la pente qui sera baillée, de VI à VII poulces d'espoisseur, le tout de plastre et blocaille et sur lad. aire asseoir le pavé de terre et plastre, ensemble iceluy des galleries et jeu de paulme tout à l'entour, le tour des galleries en mortier de chaux et sable, dont led. maçon ne recevra que XV s. tz pour chacune toise, tant d'iceluy desd. galleries que de lad. aire. » Il devra faire cuire, battre, couler et « sasser » led. plastre ; les répondants fourniront le bois nécessaire pour cuire le plâtre. Il fera en outre une bordure de pierre de liais au pourtour dud. jeu par dedens œuvre, de XVIII poulces de large, en lui donnant la pente convenable ; au milieu du jeu une

pierre sera percée, où tomberont les eaux et au-dessous il
y aura une citerne pour perdre lesd. eaux. Il fera la « vis »
pour descendre aud. jeu auprès de la porte sortant du château, par où on va à l'église dud. Bresle ; au-dessus de
la porte, seront faites les armoiries dud. seigneur cardinal.
Le maçon aura 60 s. tz. par toise de parpain de pierre dure,
portant parements des deux côtés et 45 s. pour chaque
toise de pavé de liais, assis sur plâtre, le tout payable à
mesure qu'il besognera.   LARCHONNEUR. CANEVACHER.

[Et. Recullet.]

11. — *19 Juillet*. Marché entre Jacques le Vasseur et
Nicolas Cossart le jeune, marchands fondeurs à Beauvais, d'une part, et Thibaut Thierrée, laboureur à Méner-
val-en-Bray, d'autre part, pour « monter et pendre au clocher de l'église dud. lieu, quatre cloches faites et cons-
truites par lesd. respondans et icelles cloches enmoutonner
et lyer de barreaulx de fer, ainsy qu'il est de coustume faire,
tellement que icelles cloches soient sonnantes et accordantes
l'une avecq l'autre. » Thierrée fournira le bois, ferraille,
clous, bandes et autres matières nécessaires et paiera 10 l. tz,
le jour que lesd. cloches seront mises en leur place.

MACAIRE.   CANEVACHER.

[Et. Recullet.]

12. — *1er Août*. Bail, pour 4 ans, par Jean du Fay,
marchand à Beauvais, à Charles Cauvel, « voirrier », demeurant aud. Beauvais, « natif de Mainneville », d'une
maison sise rue Saint-Jean, moyennant 30 l. tz. de loyer par
an. Témoins : Blanchet Hardouin, maître menuisier en cette
ville et autres.   MACAIRE.

[Et. Recullet.]

13. — *13 Novembre*. Marché entre Antoine Chéniau, dit Daguien, maçon, tailleur de pierre, demeurant à Beauvais et les marguilliers de l'église de Saint-Quentin-des-Prés, de faire pour lad. église « ung bourdon de croix, de la longueur de dix piedz, pied de roy, bien et suffisamment..... Le cas advenant que, en dedens vingt ans du jourd'huy, lad. croix de pierre que led. Chéniau a puy naguères fait aud. Saint-Quentin rompast par la ligature de fer par quoy lad. croix est reliée aud. bourdon, ce sera à ses coustz et despens. » Les marguilliers ne seront tenus à aucuns frais, parce que Chéniau a relié lad. croix au bourdon d'en haut par des verges de fer. Après 20 ans, le maçon ne sera plus tenu à aucune réparation. Blanchet Hardouin, menuisier à Beauvais, s'engage à fournir au maçon l'aide dont il aura besoin.   MACAIRE.

[Et. Recullet.]

1550

14. — *26 février*. Vente par Pierre le Vasseur, fondeur de cloches à Beauvais, à Jacques Maillart, serrurier, d'une maison sise grande rue Saint-Martin, joignant d'un côté à l'hôtel où pend pour enseigne Saint-Martin, d'autre côté à la rivière de Thérain, d'un bout par devant sur rue et d'autre bout par derrière aud. hôtel, moyennant 115 l. tz et 45 s. pour le vin du marché ; lad. maison chargée de 10 s. p. de surcens par an envers la chapelle Notre-Dame de la Haute-Œuvre, fondée en la cathédrale et de 7 l. tz de surcens envers la fabrique Saint-Martin dud. Beauvais (1).   MACAIRE.   CANEVACHER.

[Et. Recullet.]

(1) Mandement au receveur des deniers de la fortification extraordinaire de payer à Pierre le Vasseur, fondeur à Beauvais, la

somme de 17 l. 9 s., 11 d. tz., pour deux « harquebuttes à crocq »
de fonte, pesant ensemble 80 livres 3 quarterons, poids de Paris,
au prix de 4 s. 4 d. tz la livre. Lesd. arquebuses ont été offertes par
Messieurs de la Ville de Beauvais à M. de Rabodanges, « en considération du plaisir qu'il a fait à lad. ville. » (15 septembre 1544).
Mélanges, Troussures, Additions à Denis Simon, t. I, p. 360.

---

15. — *9 Avril.* Marché entre Pierre et Henri de la
Vallée, maçons, tailleurs de pierre, demeurant à Miauroy,
et Jean Loysel, bourgeois de Beauvais, « père spirituel »
du couvent des Cordelliers de lad. ville, avoué de messire Jacques du Montier, docteur en théologie, gardien dud.
couvent, de faire trois croisées de pierre de taille, au cloître
dud. couvent, du côté du réfectoire, semblables aux autres
croisées neuves et de tailler « ung arcq augive » à l'endroit
du réfectoire. Les maçons fourniront la pierre et feront les
déblais nécessaires, le tout fini avant le 31 août prochain.
Ces ouvrages seront refaits par les maçons, à leurs dépens,
s'il survient quelque accident avant un an. Prix : 225 l. tz,
payables à mesure qu'ils besogneront.

PÉCOUL. CANEVACHER.

[Et. Recullet.]

---

16. — *9 Avril.* Vente par Pierre le Vasseur, fondeur,
André Regnaud, marchand tanneur à Beauvais, et Simone
le Vasseur, sa femme, à Jean Thomas, marchand vinaigrier
aud. Beauvais, moyennant 50 l. tz, de leur part de succession en une terre provenant de feu Mahiot le Vasseur, leur
père, sise hors la Poterne Saint-André, lieu-dit « Chante
Rayne ».

CANEVACHER.

[Et. Recullet.]

17. — *18 Mai*. Marché entre Louis Poullain, charpentier à Beauvais, et les marguilliers de l'église Saint-Symphorien d'Allonne, pour faire « les cintres d'une voulte en lad. église et les démonter et reffaire d'une voulte à l'autre jusques à la quatriesme voulte et en l'une desd. voultes faire led. cintre, pour qu'il puisse servir pour y faire une touée, pour monter ce qui sera nécessaire à lad. église; item, faire un cintre pour édiffier une arche et le démonter pour servir à faire jusques à la troisiesme arche et le racoustrer, se mestier est, et encores faire ung aultre cintre pour servir et faire les arches de cinq voirrières et le monter et démonter d'une voirrière à l'aultre, et le reffaire pour servir de l'une à l'aultre, pour cause que lesd. margueliers ne savent si lesd. voirrières seront aussy grandes l'une que l'aultre, et avec ce emmoisser et soustenir quatre poutres ou baux, qui sont de présent en lad. église, lesquelz empeschent pour faire les voultes ». Il devra faire aussi « les hours et eschaufaux » nécessaires, pour asseoir la maçonnerie que lesd. marguilliers ont marchandé avec Antonis Chéniau dict Daguien et Jean Larsillon, maçons à Beauvais; il fournira un engin en façon de grue qu'il changera de place selon que les maçons en auront besoin. Les marguilliers fourniront bois, « cordail », claies et « baucques » aud. charpentier, qui sera tenu d'étayer le comble de l'église à ses dépens. Il fera des clefs aux poutres du comble et percera ces poutres par les bouts, pour lier les montants du vieux comble. Le tout sera terminé en deux ans, moyennant 40 l. tz.

MACAIRE.   LARCHONNEUR.

[Et. Recullet.]

---

18. — *12 Novembre*. Attestation d'Adrien Thouyn et Jean Platel, marchands orfèvres à Beauvais, « maistres esgards dud. mestier pour ceste année présente », certifiant que « ce jour d'huy ilz ont visité ung chef d'œuvre d'or, en fasson de cœur esmaillé de diverses coulleurs, ouquel pend une perle, fait et ouvré par Anthoine Pelletier, compaignon orfebvre, demourant à Bonnières; lequel chef d'œuvre ilz ont affermé estre suffisant et bien fait pour parvenir à l'estat de maistre d'iceluy mestier, et lequel Pelletier auroit esté apprenty aud. Beauvais en la maison de deffunct Yves le Doien par le temps de six ans, et ont affermé ce que dessus estre véritable et, en ce faisant, promettent assister led. Pelletier aultant que besoing sera ».

CANEVACHER.	MACAIRE.

[Et. Recullet.]

1551

19. — *19 Avril.* Bail, pour 3 ans, par Adam Cacheleu, peintre à Beauvais ,et François Cacheleu, prêtre. grand vicaire de Saint-Pierre et chanoine de Saint-Nicolas, à Florent Gérard, taillandier aud. Beauvais, d'une maison indivise sise rue Saint-Thomas, moyennant 18 l. tz par an.

MACAIRE.

[Et. Recullet.]

---

20. — *23 Avril.* « Comparut personnellement Nicolas le Prince, marchant vittrier à Beauvais, lequel recongnut avoir promis et promet et sera tenu à Jehan Levé, Robert Godard et Pierre Mareschal, margueliers de l'église Sainte-Marguerite dud. Beauvais, présens et ce acceptans, de faire et parfaire une vittre à quatre jours, qui seront remplis des vittres de l'ancienne église, baillées par iceulx margueliers aud. respondant; à laquelle vittre sera empraint, assavoir à l'un desd. jours l'ymage Nostre Dame, à l'aultre l'ymage saint Quentin, au tiers jour l'ymage saint Roch et au quatriesme saint Eustache; item, au dessoubz des liernes, paindre aussy l'ymage sainte Barbe et l'ymage saint Estienne; aux deux jours des deux costez d'icelle vittre, de paindre deux armoyries, assavoir l'une du roy et l'aultre de monseigneur le révérendissime cardinal, mises dessus le voirre blanc par iceulx margueliers baillé aud. le Prince; faire les entrepiedz et chappiteaulx d'icelles ymages de telles estoffes et paintures que celles qu'il a naguères livré en une aultre vittre, par luy apposée en lad. église, correspondantes aux ouvraiges et coulleurs qui sont paintes és vielles vittres qui luy ont esté baillées comme dit est. Et quant aux remplaiges, seront remplis des vittres de la vielle église, baillées par lesd. margueliers à icelluy Le Prince, commodément et respondant auxd. ouvrages, sy mieulx ne veult faire icelluy le Prince, le tout suyvant sa promesse, le marché et convenance accordé entre lesd. parties; et le tout bien et deuement faire et parfaire selon la devise et pourtraict de ce fait, de bonnes paintures et bien requites au dict des gens en ce congnoissans; et ce en dedens le jour de saint Jehan Baptiste prochain, venant et le tout asseoir en lad. église, du costé senestre, aux despens d'icelluy Le Prince. Et pour faire toutes lesquelles choses, lesd. margueliers ont promis et sont tenuz payer à icelluy Le Prince la somme de vingt troys livres tz, qui luy seront payez à livraison et délivrance de lad. besongne; obligeans biens et héritages l'un envers l'autre et lesd. margueliers chacun pour le tout. » (1).

DE VAULX.   CANEVACHER.

[Et. Recullet.]

(1) Le Mareschal de Fricourt écrivait en 1750 : « Le Père Duchesne, lazariste, supérieur du Séminaire installé dans l'ancienne

abbaye de Saint-Symphorien de Beauvais, a fait enlever en 1750 la verrière qui représentait l'histoire de Jonas et celle d'Esther et qui étoit dans la nef de l'église, du côté du nord, pour en mettre une de verre blanc; cette vitre peintre étoit estimée. Il a pareillement fait changer le retable du grand autel où il y avoit quelques figures de la façon de Le Pot, habile sculpteur. On a heureusement conservé la grande vitre derrière le chœur, qui représente le Jardin des Olives; c'est un très beau morceau fait par le Prince, sur les dessins de Raphaël. Mais on a retiré la travée d'en bas, dans laquelle on voyoit autrefois la figure de M. de Vauldrey, abbé commandataire, [mort en 1542], descendant de la montagne Saint-Symphorien sur sa mule pour venir à l'église Saint-Pierre, dont il étoit chanoine; cette travée est aujourd'huy, 1750, en verre blanc. » *Mélanges Troussures*, Additions à Denis Simon, t. I, p. 146.

---

21. — *20 Juillet.* Jean et Jacques le Vasseur et Jean Guérin, marchands fondeurs de cloches à Beauvais, reconnaissent solidairement devoir à Jean de Nully et Jean le Barbier, marchands de cette ville, la somme de 542 l. tz pour vente et délivrance à eux faite de 2.500 livres de métal. Macaire.

[Et. Recullet.]

---

22. — *12 Août.* Bail, pour 3 ans, par Jean Minette, marchand drapier drapant à Beauvais, à Nicolas le Prince, « vittrier » aud. Beauvais, d'une maison, cour et pourpris, sis rue Saint-Laurent, où pend pour enseigne l'image Saint Laurent, avec un jardin, sis hors et près la Poterne Sainte-Marguerite, joignant d'un côté à Antoine Chéniau dit Daguien, maçon, d'un bout à la rivière de Thérain; le tout moyennant 30 l. tz de loyer par an. Canevacher.

[Et. Recullet.]

1552

23. — *6 Janvier*. Marché entre Antoine Chéniau et
Jean Larsillon, maçons à Beauvais, et les marguilliers et paroissiens de la fabrique de Warluis, pour faire en leur
église « une chappelle joingnant le cœur du costé de la
ferme de l'enfermerie de Saint Lucien, de la longueur de
XXXVI piedz dedans œuvre et de XV piedz de large,
et les murs de deux piedz d'espesseur au dessus de l'embassement, pied de roy, et eslever lad. chappelle de la
haulteur de XVIII piedz, depuys le rés de chaussée, selon
le deviz et pourtraict faict de lad. chappelle et enreschisse-
ment et estat de charges; et, ce faisant, construire ung pillier
par voie ouquel se arracheboute trois ardoubleaux pour faire
lad. voulte et, sur l'ardoubleau du mellieu de lad. chappelle,
faire une dalle de pierre dure, pour porter les eaues des deux
ardoubleaux de lad. chappelle avec une gargouille; item,
faire troys pilliers corniers hors œuvre, le tout fourny de
lermiers et glacis des verrières et amortissemens, desd.
pilliers avec les remplaiges desd. verrières ». Prix : 30 s. tz
par toise, payables à mesure que se feront lesd. ouvrages.
Si les marguilliers manquent d'argent pour continuer le travail, ils préviendront les maçons un mois d'avance; la
besogne sera reprise par les ouvriers, ên les avertissant de
même manière.

MACAIRE.

[Et. Recullet.]

---

24. — *21 Janvier*. Jean le Pot, « maistre tailleur
d'ymages », demeurant à Beauvais, suivant le marché par
lui fait avec les marguilliers de l'église Saint-Martin de
Dargies et habitants dud. Dargies, de faire et parfaire « une

table d'hostel et crucifiement de boys, led. crucifiement de quatre piedz de haulteur et les ymages de la Vierge Marie et saint Jehan de troys piedz et demy de haulteur ou mieulx, ainsy que plus au long est porté par led. marché en datte du XVe mars dernier passé », usant de bonne foi, reconnaît avoir promis auxd. marguilliers et habitans de parfaire, bien et duement, lad. table et crucifiement « et iceulx asseoir en leur église » avant le premier jour de carême prochain, moyennant 200 l. tz, sur quoi Jean le Pot a déjà reçu 46 l. Les marguilliers promettent de venir à Beauvais avec un chariot et des chevaux pour transporter lesd. ouvrages à Dargies et Le Pot s'engage « à garnir lesd. ouvrages de toutes menuiseryes et ferrailles qu'il y conviendra avoir ». Présents à ce marché : Scipion Hardouin, Nicolas le Prince et autres. CANEVACHER.

[Et. Recullet.]

25. — *19 Avril*. Marché passé entre Antoine Mariage, tailleur d'images à Beauvais, et Claude Bultel, laboureur au Mesnil-Saint-Denis, pour faire « bien et deuement, de bon boys secq de chesne, loial et marchant, une table d'hostel, garnye d'ymaiges et ystoires, telles et de pareil pourtraict que celle de l'église de Niviller », à livrer à Beauvais, avant Noël prochain. Mariage promet de l'amener et conduire en l'église du Mesnil, ou autre village aussi près du village de Bernes; le charroi se fera aux dépens, « périlz et fortune » de Bultel. Mariage recevra 50 l. tz le jour de la livraison, plus les frais de son voyage « pour l'asséage » de lad. table (1). DE VAULX. MACAIRE.

[Et. Recullet.]

(1) C'est sans doute le même qui travaillait déjà, en 1523, pour l'Hôtel-Dieu : « à maistre Anthoine..., tailleur d'ymages, pour avoir fait et taillé l'ymage saint Jhérosme, a esté paié sur et tant moings XXXII. s. » *Arch. hospital.*, Hôtel Dieu, E 21.

26. — *8 Octobre*. Nicolas Roger, marchand brodeur à Beauvais, tient quitte André Carion, fils de feu Nicolas Carion, « de l'apprentissage et service en quoy led. Carion estoit tenu de le servir comme apprenty aud. mestier de brodeur pour six ans, comme le contiennent les lettres obligatoires faites le XVIe septembre 1544, signées Pécoul, sans que led. Roger puisse demander aulcune chose, ny le quereller en aulcune manière; lad. quittance faite pour ce que led. Carion l'a bien servy aud. mestier de brodeur pendant quatre ans et qu'il a fait, les deux aultres années restans, sond. apprentissage en l'hostel de Guillaume Léonart, maistre brodeur en la paroisse Saint-Germain d'Orléans » (1).

MACAIRE.

[Et. Recullet.]

(1) « Les marguelliers de la fabrique Saint Martin, pour leur maison, sise grande rue Saint Martin, où pend pour enseigne le Chasteau de Millan, où est de présent demourant Nicolas Carion, mercier, doibvent chascun an IX s. VI d. p. » Dénombrement de la Maladrerie Saint-Lazare, de 1548. *Arch. hospital.*, Saint-Lazare, B2. — Une copie, datée de 1673, est aux Archives Nationales, S 4827.

---

27. — *9 Octobre*. Marché entre Nicolas Bleuet, Denis Lévesque et Jacques le Febvre, maçons, tailleurs de pierre à Beauvais, et les marguilliers de l'église Saint-Gilles dud. Beauvais, savoir Guyot Bénard, Zacharie Macquerel et Louis de Caigny, « pour faire de neuf le rampant tant d'un costé que d'autre d'ung pignon de lad. église, du costé de vers la rivière et faire led. rampant à capperon, rempietter deux encoingnures de pilliers de lad. église avecq l'ayne de pillier respondant sur la rivière; item, mettre un seuil à la porte d'icelle église du costé du Moulin Neuf, led. seuil fait de deux pièces, de pierre de Savignyes; rempietter

lesd. deux encoingnures et ayne de pareille pierre ». Les
autres réparations se feront de pierre tendre; le tout fini avant
la saint Martin d'hiver, moyennant 26 l. tz, payables à
mesure que les maçons besogneront. Si la gelée endom-
mage leurs ouvrages avant un an, ils les répareront à leurs
dépens.

MACAIRE.   DE VAULX.

[Et. Recullet.]

1553

**28. — *10 Août*. Marché passé entre Gilles Curlu,
« marchant paintre » à Beauvais, et les marguilliers et habitants du Plessier-Crotoy, diocèse de Beauvais, « pour
paindre et estoffer de fin or et fines coulleurs une table
d'hostel séant à l'église du Plessier, estant de présent en
l'hostel d'en haut, bien et suffisamment et de telles coulleurs
et estoffes que celle estant en l'église d'Essuilles et icelle
table rendre et livrer, ainsy painte et estoffée comme dit est,
du jour de myaoust prochain venant en ung an, et en la fermeture d'icelle table paindre au dedens les hystoires de la
Passion Nostre Seigneur et par dehors la vye monsieur saint
Vincent; ensemble paindre la croche au-dessus de lad.
table. Lesquelles paintures et ouvrages lesd. acceptans pourront faire veoir et visiter par gens ad ce congnoissans aux
despens dud. Curlu, si icelles ouvrages ne se trouvent bien
faites, et aux despens desd. acceptans si icelles se
trouvent deuement paintes et estoffées ». Curlu recevra
90 l. tz, savoir moitié à la saint Martin d'hiver et le reste
un an après .Bertrand Hamelin, apothicaire à Beauvais, se
porte pleige et caution du peintre.**

CANEVACHER.

[Et. Recullet.]

29. — *16 Septembre*. Marché passé entre Nicolas Hardouin, maçon, tailleur de pierre à Beauvais, d'une part, Luc Paneau, prêtre, et Nicolas Pillon, marchand à Bresle, commissaires établis par le roi au gouvernement de l'abbaye de Froidmont, pour refaire un pan de mur qui est sous le corps du logis, tenant à la porte du pressoir, de la longueur de 3 toises et demie, de la hauteur d'une toise; plus, faire « une treffe », de pierre de taille, depuis le bas de terre jusques à la « chabellière » dud. logis, avec un larmier, aussi de pierre de taille, portant épaisseur dud. mur, pour porter lad. « chabellière », le tout fait à mortier de chaux et sable; item, refaire un pilier, aussi de pierre de taille, étant en la foulerie dud. pressoir, portant deux pieds de diamètre, suivant les autres qui sont assis aud. lieu, y mettre douze « houssouers » ou deux arches portant sur led. pilier; abattre et refaire la muraille de bloc de pierre, qui est entre les deux arches. Hardouin livrera toutes les matières nécessaires, hormis la chaux fournie par lesd. commissaires, ainsi que les étais convenables; mais le maçon fera les étaiements. Le tout sera achevé avant fin septembre, au prix de 34 l. 10 s., payables à mesure qu'il besognera. En outre, il fera un pan de mur, dans l'église de lad. abbaye, derrière la table d'autel, d'un pied et demi d'épaisseur, suivant la longueur et hauteur de lad. table, plus une saillie au milieu de ce pan de mur, afin de porter « le tabernacle d'une Nostre Dame qui est pozée sur massonnerie, avecq une moulure qui règnera par bas, au long dud. mur, en forme d'embassement, et avecq deux roulleaux par chacun bout dud. mur »; le tout sera de pierre de taille, fait et parfait, moyennant 12 l. tz.

CANEVACHER.

[Et. Recullet.]

30. — *Septembre*. Marché passé entre Nicolas Cossart, fondeur de cloches à Beauvais, et dame Catherine Hesselin, veuve de messire Gui de Cotte Blanche, dame de Bracheux, acceptant par messire Berthaud Bérenger, prêtre, son procureur et receveur, pour faire deux cloches, sonnantes et accordantes en l'église dud. Bracheux, « où seront empraintes une Nostre Dame et une sainte Catherine, avecq les armories de lad. dame en ung chappeau de triumphe », à livrer et asseoir en lad. église avant la Toussaint prochain, moyennant 20 l. tz, dont moitié est baillée ce jourd'hui; lad. dame promet de fournir le métal.

CANEVACHER.

[Et. Recullet.]

---

31. — *22 Octobre*. Jean Vaast, potier d'étain, et Louise le Vasseur, sa femme, demeurant à Beauvais, baillent à Antoine le Vasseur, « fondeur (1), chauderonnier » aud. lieu, la septième partie d'une maison et lieu contenant plusieurs manandises, sise au Marché, joignant le total d'un côté à Eustache Payen, d'autre côté à Regnaud Henry, d'un bout par devant sur led. Marché et par derrière sur la rivière de Merdenson, appartenant à lad. Louise par la succession de feu Mahiot le Vasseur, son père, fondeur. Antoine donne en échange à Vaast plusieurs quartiers de terre sis à Villers-sur-Bonnières, qui lui sont venus de la même sucession, après le partage fait avec sa sœur, Louise, et les autres cohéritiers. Cet échange est fait moyennant 50 l. tz « de soulte et retour » payées par Antoine à Jean Vaast, qui promet de les remployer en achat d'autres héritages.

DE VAULX.   MACAIRE.

[Et. Recullet.]

(1) Le mot fondeur est barré.

32. — *26 Novembre*. Marché passé entre Antoine Chevallier, peintre, « de présent demourant à Froymont la Ville », d'une part, maître Luc Paneau, prêtre, et Nicolas Pillon, « commissaires establiz par le roy nostre sire au régime et gouvernement de l'abbaye de Froymont », d'autre part, « pour faire et parfaire en lad. église et abbaye les ouvraiges qui ensuyvent : c'est assavoir ung ornement fourny de compartimens avec quatre prophettes en platte painture avec les ymages de saint Pierre et saint Jehan aux deux costez de l'ystoire de Taille ? estant de présent au-dessus de la porte du cœur d'icelle église; pareillement paindre les armoryes aussy de platte painture estans au dessoubz dud. ystoire et au dedans des compartimens qui seront faitz en icelluy ornement paindre et escrire les devises de monseigneur le cardinal de Chastillon; item, sera tenu faire et paindre de sond. art une grande armorye de monsieur le cardinal, aornée allentour des devises dud. seigneur, qui sera appliquée aussy en platte painture au-dessus du grant porteil de lad. église ». Le tout sera fait et parfait de bonnes et suffisantes coulleurs et à huïlle, selon le dessin et devis qu'il en a fait, et terminé le dernier jour de mai prochain ou plus tôt, si possible, « sans interruption de besongne », moyennant 40 écus sol. Chevallier s'oblige corps et biens; les commissaires engagent le revenu de lad. abbaye « en tant que faire peuvent », en vertu de lad. commission.   CANEVACHER.

[Et. Recullet.]

1554

33. — *28 Mars*. Marché passé entre Antoine Potin, tailleur d'images, demeurant à Rouen, et messire Gilles Binet, prêtre, docteur en théologie, abbé « pensionné » de l'abbaye Saint-Jean-lès-Amiens, pour faire deux images de pierre d'albâtre, « de la haulteur chacune des ymages de cinq piedz et plus, sans entrepied pour remplir la place où seront pozées lesd. ymages, tant hault, que bas et selon l'endroit qui luy a esté montré. Lesquelles ymages iceluy respondant sera tenu faire tout d'une pièce, assavoir l'une de sainte Geneviefve, à l'entour de laquelle et endroit qu'elle se doibt mettre sera fait ung ange d'un costé, ayant le pourtraict d'une chandelle, et de l'autre costé ung petit dyable ayant ung soufflet, lesd. ange et dyable eux portans en l'air le toict de lad. pierre d'albastre, et lad. ymage de sainte Geneviefve faite et parfaite, estoffée et enrichye bien et suffisamment. Et, ce fait, sera tenu led. Potin l'asseoir au pepistre de l'église des Jacobins de Beauvais, près des troys ymages d'albastre qui y sont de présent. Et quant à l'autre ymage iceluy Potin sera tenu faire, enrichir et estoffer, bien et suffisamment, comme celle dont cydessus est parlé, de telle remembrance que sera advisé de faire par led. seigneur abbé aud. Potin ». Le tout sera rendu, savoir lad. sainte Geneviève avant trois mois et l'autre image trois mois après, aussi bien taillé et étoffé que les trois autres images d'albatre qui sont déjà aud. pupitre. « S'il estoit trouvé que lesd. ymages ne fussent faites et parfaites, comme dit est, en ce cas sera loysible aud. seigneur les faire visiter par gens en ce congnoissans et contraindre led. Potin de les reprendre, ou sinon rendre les deniers qu'il pourra avoir receu. » Il recevra 82 écus d'or soleil, à 46 s. tz la pièce, payables à mesure qu'il fera esd. images (1).   LE GOIX.   DE LOUVEIGNY.

[Et. Jouan.]

(1) La plupart des œuvres d'art contenues en cette église furent détruites en 1793. « Toutefois huit statues en marbre blanc et quelques-unes en albâtre ont été acquises par M. Lenoir, alors directeur du Musée des Augustins, à Paris. » V. Tremblay, *Histoire de Beauvais*, 1846, p. 39. — Il serait intéressant de les rechercher au Musée du Louvre.

34. — *7 Juillet*. Marché passé entre Pierre Boullet, chasublier à Beauvais, et Roland Cary, laboureur à « Esquesnes », paroisse de Saint-Quentin-des-Prés, l'un des marguilliers de lad. église, pour faire et livrer, avant la Toussaint prochain, une chape, une chasuble et un corporalier, le tout de velours rouge, lad. chape « hystoriée, au chapperon de derrière, de l'hystoire saint Quentin et par les paremens garnye d'or de masse et la chasuble aussi garnye d'or de masse et historiée de la Résurrection Nostre Seigneur, le tout de telle valleur que est la chappelle de l'église Saint-Thomas dud. Beauvais, qui a esté faite par icelluy Boullet », cette promesse faite moyennant 117 l. tz payables, savoir moitié le jour de lad. livraison et le reste à la Toussaint de l'année suivante.

De Vaulx.   Macaire.

[Et. Recullet.]

35. — *20 Juillet*. Louis le Maire, écuyer, seigneur de Parisisfontaine, quitte Antoine de la Motte et Catherine Samyon, sa femme, Pierre Lalou, tailleur de menuiserie et Marguerite Samyon, sa femme, Blaise Buffet et Marie Samyon, sa femme, en leurs noms, et led. Lalou comme curateur des enfants de feu Thibault Samyon, tous héritiers de défunt Louis Samyon, demeurants à Beauvais, des arrérages de cens et de rentes dus aud. seigneur sur les héritages dud. Louis, situés en la seigneurie de Parisisfontaine. Il ratifie la quittance générale donnée par Pierre le Maire, son père, à Louis Samyon, à raison de la recette faite par celui-ci, tant de lad. terre que de celles de Longueil, La Neuville-Saint-Pierre, Berneuil et Auneuil.

Macaire.

[Et. Recullet.]

36. — *25 Juillet*. Vente par Antoine de Rocourt, laboureur « au Bos du Mont », paroisse de Saint-Martin-le-Neuf, à "Jean de la Chesnaye, chevalier, seigneur d'Auneuil et de Saint-Léger acceptant par Sébastien Parisel, son receveur, de la pierre de taille nécessaire pour bâtir un logis en son hôtel seigneurial de Saint-Léger, lad. pierre provenant de la carrière nommée « Bellegarde, aultrement dite la Carrière à l'eaue », bonne à mettre en œuvre, que led. Rocourt promet d'amener aud. château, au prix de 18 d. tz chaque pied, y compris la voiture, semblable à l'échantillon qui lui sera commandé, le tout payable à la fin de chaque semaine, à portion que se fera lad. livraison.

MACAIRE.

[Et. Recullet.|

---

37. — *28 Juillet*. Pierre Boullet, brodeur à Beauvais, du consentement de Jeanne Vatel, veuve de Denis de Mons, aussi brodeur aud. lieu, suivant le marché fait par led. défunt avec Mr Gobert de Thory, prêtre, chanoine de l'église de Beauvais, promet de lui faire « ung offroy de une chappe d'or de Chippre, le tout d'or à travers », et de livrer led. ouvrage « selon le devis et patron » avant le jour de Pâques prochain, moyennant 70 l. 10 s. tz, qui est le reste de 135 l., prix convenu pour lad. chape. La différence avait été payée auparavant aud. Denis et à Mathieu de Mons, son fils.

DE LOUVEIGNY.   MACAIRE.

[Et. Recullet.]

---

38. — *17 Août*. Demoiselle Marguerite de Homblières, veuve de Georges des Prez, écuyer, seigneur de

Reculez et Savignies, et Guillemette de Chaumont, femme de Louis des Prez, écuyer, à présent seigneur desd. lieux, procuratrice de son mari, baillent à louage, pour deux ans, à Nicolas Hardouin, maître maçon, et Gilles Grimault, maître charpentier, demeurant à Beauvais, tant pour eux que pour leurs « consors », ayant entrepris les ouvrages de maçonnerie pour les forteresses de cette ville, une carrière, nommée Le Mont de la Lande, sise au Bois de Savignies, pour en tirer la pierre nécessaire. S'il ne s'y trouve assez de pierre convenable, il sera loisible aux preneurs d'en tirer d'une autre carrière, nommée la Vieille Carrière, sise aud. terroir, au triége nommé « Le Coste de Belden ». Ce bail est fait moyennant 28 l. tz, payées ce jour. Les preneurs promettent « satisfaire envers le seigneur de Hodenc [en Bray] du droit qu'il pourroit prétendre en lad. carrière, en raison du présent bail à louage ».

DE VAULX.   MACAIRE.

[Et. Recullet.]

---

39. — *17 Août*. Marché passé entre Nicolas Hardouin, « maistre masson » à Beauvais, et demoiselle Marguerite de Homblières, veuve de messire Georges des Prez, écuyer, seigneur de Reculez et Savignies, pour lui faire et asseoir en l'église dud. Savignies « deux tumbes de pierre de liez de Senlis, bonne et suffisante, chacune desd. tumbes de la longueur de six piedz et de la largeur de deux piedz neuf poulces, le tout pied de roy, qui seront gravées alentour, et escript ce qui luy sera baillé par lad. demoiselle; sur lesquelles tumbes seront mis deux gisans, de pierre de Mérard, aussi bonne et suffisante, l'un eslevé en forme d'homme d'armes armé et l'autre en forme de une damoiselle, selon qu'il a esté devisé entre lesd. parties et selon le pourtraict qui en sera faict à ceste fin par led. Hardouin et accordé avec icelle damoiselle. Lesd. deux tumbes seront assizes, chacune d'icelles sur deux piedz d'estrat ou roulleaux, qui porteront lesd. tumbes sur la haulteur de quatre piedz depuis le bas jusques au dessus des gisans, et icelles asseoir et apposer, comme dict est, en tel lieu et endroit de lad. église qu'il plaira à lad. demoiselle, et le tout rendre bien et deuement fait et parfait en dedans le jour de Toussaintz prochain venant, et ce moyennant et parmy la somme de cinquante-cinq livres tz; sur quoy led. Hardouin a confessé avoir eu et receu de lad. damoiselle la somme de seize livres tz dont quittance, et le reste lad. damoiselle promet luy payer à mesure et à portion que led. Hardouin fera lesd. ouvrages. Et oultre lad. damoiselle a promis aud. Hardouin luy fournir à ses despens quatre charettes, et à chacune d'icelles deux chevaulx et ung chartier, pour luy ayder à charrier lesd. tumbes depuys ceste ville de Beauvais jusques aud. Savignyes; led. chariage icelluy Hardouin sera tenu faire faire à ses dangers, périlz et fortune. [Et au cas que lesd. tumbes fussent endommagées de la gelée, en ce cas icelluy Hardouin sera tenu en mettre d'autres à ses despens (1).] Obligeans par lad. damoiselle ses biens et led. Hardouin corps et biens ».

DE VAULX.   MACAIRE.

[Et. Recullet.]

(1) Cette clause [ ] est barrée.

---

40. — *29 Septembre.* Sommation faite par Nicolas Roger, chasublier et brodeur à Beauvais, à Jean Mullot, de Reuil-sur-Brèche, pour qu'il ait à recevoir une chape, suivant le marché fait entre eux; sinon, Roger la vendra et en fera son profit. Mullot répond qu'il doit en référer aux marguilliers de lad. paroisse. PÉCOUL.   MACAIRE.

[Et. Recullet.]

41. — *10 Décembre*. Bail, pour 6 ans, par Toussaint Foy, Regnaud Foy et Simon Violette, marchands à Beauvais, receveurs fermiers du revenu de l'abbaye Saint-Symphorien-lès-Beauvais, à Massin Radenne et Nicolas Radenne, père et fils, « carreliers » à Aumaretz, d'une carrière dite la Carrière-à-l'Eau, située sous le Bois du Mont, au terroir nommé Bellegarde, appartenant à lad. église et qu'avaient ci-devant tenue Marin Raimbault et depuis lui Antoine Mariage, tous deux tailleurs d'images à Beauvais. Ce bail est fait à charge par lesd. preneurs d'entretenir la carrière et « y laisser pilliers et voye, bien et suffisamment et y faire les desblaiz nécessaires », moyennant 20 l. tz de loyer par an, payables aux deux termes de la Chandeleur et saint Jean-Baptiste.

DE LOUVEIGNY.   MACAIRE.

[Et. Recullet.]

1555

42. — *19 Avril*. Gilles du Chemin, écuyer, seigneur du Quesnel-Aubry, commis par monseigneur l'amiral, gouverneur des pays d'Ile de France, à la superintendance des fortifications de Beauvais, se rend à la Porte de Bresle de cette ville et communique à François Dauvergne, maire, la lettre suivante qu'il a reçue, la veille, du cardinal-évêque : « Monsieur du Quesnoy, les maistres massons qui ont besongné aux ouvraiges de Beauvais me sont venus trouver pour me faire entendre qu'ilz se contentoient de continuer à besongner ausd. ouvraiges pour XV s. moins sur thoise que par leur marché précédent, qui estoit de X l. XV s. Par ainsy je leur ay accordé lesd. ouvraiges à raison de X l. pour thoise, à commencer de jour d'huy, comme j'escris aussy à ceulx de la Ville, par qu██ vous prendrez asseurance desd. maitres de la diminution dud. pris. Sur ce..... le bien vostre, Chastillon. » Du Chemin et le maire chargent François Mareschal, maître de l'œuvre de l'église Saint-Pierre, Eloy de la Vallée, maître de l'œuvre de l'église Saint-Etienne, de faire, avec Louis Herenger, maître des forteresses de la ville, le toisage des ouvrages faits et à faire.

DE VAULX.   MACAIRE.

[Et. Recullet.]

43. — *10 Juin*. Engagement d'Antoine Chéniau, dit Daguien, principal, Jean Larsillon et Gabriel Cardon, ses pleiges et cautions, tous maçons à Beauvais, d'exécuter, suivant l'adjudication au rabais faite à Chéniau, le 4 juin précédent, les travaux de fortification de Senlis, à la Porte de Meaux ; ces travaux faits pour le roi, aux conditions énoncées dans le cahier des charges.

Le 19 juin, Jean Greffin, écuyer, prévôt de Senlis, « commis à la superintendance des fortifications de lad. ville par messire Gaspart de Coligny, chevalier de l'ordre du roy, admiral de France, gouverneur et lieutenant géné-ral du roy és ville de Paris et pays d'Isle de France », vient à Beauvais s'informer de la suffisance et capacité de Chéniau et de ses cautions ; il accepte leur engagement (1).

MACAIRE.

[Et. Recullet.]

(1) En 1556, la Ville de Noyon, voulant construire une muraille d'enceinte entre la tour Cocquerel et la Porte du Wez, en chargea Antoine Chéniau et Jean Larsillon, maçons de Beauvais, au prix de 7 l. chaque toise carrée. Archives communales de Noyon, fol. 352, d'après A. de la Fons-Mélicocq, *Les artistes et les ouvriers du Nord de la France aux XIVe-XVIe s.*, p. 178.

44. — *6 Septembre*. Marché entre Jean Lespert, laboureur à Saint-Leu-d'Esserent et les marguilliers de l'église Saint-Etienne de Beauvais, savoir : Pierre Caron, Jean Lange et Claude Ravache, de leur fournir en lad. ville « toute la pierre de liais entière qu'il convient avoir pour faire en lad. église le pepittre et ouvraiges de massonnerie qu'il conviendra faire aud. pepittre, sçavoir de la pierre de liais de la carrière de Trocy, paroisse de Saint-Maximin, près Saint-Leu. selon le deviz et eschantillon à luy baillé par Eloy de la Vallée et Pierre de Lalict, maçons de l'œuvre de lad. église ; lad. pierre, loiale et marchande, telle que y en a ung commencement de bastiment en l'Hostel de la Chastellenie dud. Beauvais. » Prix : 10 s. tz chaque pied rendu à Beauvais (1).   MACAIRE.

[Et. Recullet.]

(1) Un acte du mois d'août 1549 cite : Pierre de Lalict, maçon, fils de Michel de Lalict, maçon de l'œuvre de Saint-Etienne et de Marguerite Crédé, décédés; Suzanne de Lalict, sa sœur. Mêmes Minutes Recullet.

En 1528, le 7 septembre, Michel de Lalict, maçon et Nicolas Barat, charpentier, « maistres jurez, visiteurs et esgardz sur le fait desd. mestiers, » visitaient, pour la partager entre les héritiers de Jean de Malinguehen, une maison où pend pour enseigne le Chariot, sise à Beauvais, près la Porte de Paris et joignant aux remparts de la ville. Original, parchemin, servant de couverture aux Comptes de Saint-Lazare, de 1547-1548. *Arch. hospital.* E8.

---

45. — *8 Septembre*. Marché passé entre Bastien Cauvel, « maistre vitrier » à Beauvais, d'une part, et Jean du Buisson et Claude de Dampierre, marchands demeurant aud. Beauvais, « pour faire et parfaire, bien et suffisamment, de l'art et industrie de sond. mestier de vitrier, une verrière contenant trois jours et au remplage du hault trois souffletz avec trois bochetz qui serviront pour l'istoire d'embas, auxquelz trois souffletz dud. remplage d'en hault seront faitz et figurez trois histoires, assavoir à celluy d'en hault saint Jouachin estant avec les pasteurs et brebis, consollé de l'ange qui tiendra ung roulleau ouquel seront escriptz les motz convenables à l'istoire ; au soufflet, au dessoubz, du côté dextre, la Porte Dorée [devant laquelle se] rencontrent saint Jouachin et sainte Anne, soy baizant l'un l'autre, avec les motz escriptz à ce convenables ; et au soufflet du costé [senestre].......... avec la Nativité de la Vierge Marie.......... l'escripteau estant escript : *la Nativité de la Vierge Marie*.......... et aux trois jours du carré.......... de la vittre et ausd. trois.......... la lignée et histoire de madame sainte Anne avec tous les personnages selon et ainsy qu'il est devisé en ung histoire de lad. lignée sainte Anne faicte en ung papier, signé desd. parties et du notaire. Laquelle verrière iceluy respondant sera tenu faire et enrichir de coulleurs comme l'istoire le requiert, en l'église Saint Saulveur dud. Beauvais, du costé [senes]tre, au dessus et à l'endroit d'un puis estant en la ruelle dud. Saint Saulveur, en dedans le jour de Pasques prochainement venant; et au pied de lad. verrière escripre au premier jour ces motz : *Spes mea Deus;* au jour du meilleu : *la lignée madame sainte Anne* et au dernier jour ensuivant : *Sit nomen Domini benedictum.* Ceste présente promesse et marché faitz moiennant et parmy la somme de trente une livres tz ; sur quoy icelluy respondant a confessé avoir présentement receu desd. Dampierre et du Buisson quinze livres, et la reste iceulx acceptans seront tenuz luy payer au jour que lad. verrière sera faite, parfaite et assize en lad. église Saint Saulveur. Fait et passé aud. Beauvais, en la présence de...... Dampierre, marchand estainier et François.......... tesmoings » (1).

DE LOUVEIGNY.

[Et. Jouan.]

(1) Les passages détruits par l'humidité ont été remplacés par des points.

En 1550, Cauvel travaillait pour l'Hôtel Dieu de Beauvais : « A maistre Bastien, verrier, pour avoir faict XXVI piedz de voirre à Morinval, dont en y a deux penneaulx ystoriez, payé IIII l. XVI s. » *Arch. hospital.* Hôtel-Dieu, E 24. — Il était mort en janvier 1555, d'après un acte du 30 janvier. (Minutes Macaire, Etude Recullet.)

Un manuscrit d'Anselme Macaire, marguillier de Saint-Sauveur en 1650 (Collection Leblond, fonds de Troussures, liasseD) cite les donateurs de plusieurs autres verrières de cette église, mais sans en indiquer les auteurs : « En l'année 1550, Nicolas le Boucher, seigneur de Bazancourt, fit faire la vitre, l'autel, les bancs et lambris de la chapelle Sainte Geneviefve. En 1556, Jean de Catheu, ancien maire, donna une des vitres de la chapelle Saint Esloy; en laquelle est son portraict avec plusieurs autres portraictz des personnes de sa **famille. Environ ce temps là, Eustache le Boucher, aussi ancien maire,** donna une autre vitre de la mesme chappelle, où ses armes sont despeintes. En 1560, M⁰ François Cornet, curé, donna la vitre qui est sur l'autel de la chappelle de Nostre Dame, en laquelle sont dépeintes les trois vertus théologales, avec le portraict du donateur. En 1561, Anthoine Bourée, bourgeois de Beauvais, et sa femme donnèrent la vitre qui est à costé droit de celle donnée par M⁰ François Cornet, dans laquelle est despeinte la Résurrection du Lazare et où sont les portraictz desditz Bourée et sa femme et de leurs enfans. En cette mesme année, Anne de Ravesnes, vefve d'Anthoine de Dreux, a donné la vitre quy est à costé gauche de celle donnée par M⁰ Cornet, dans laquelle sont despeintes les images de sainte Anne et saint Anthoine. En ce mesme temps, Jean de Nully, fils de Pierre, donna la vitre joingnante à celle donnée par Anne de Ravesne, en laquelle est despeint le martire de saint Jean Baptiste. M⁰ Martin Feuillet, prestre habitué de l'église, donna la vitre voisine de celle donnée par Jean de Nully et aussy la vitre quy est au-dessus de l'entrée de la chappelle du saint Sépulcre.

« En 1556, le 30 décembre, les marguilliers passèrent contract par devant Jacques Adrian, notaire, avec Gilles Petit et Jacques David, sculpteurs en bois, pour faire et parfaire la table du grand autel avec les basteaux qui la ferment, moyennant 465 l., en exécution duquel contract cette table d'autel fut livrée et payée en l'année 1568, comme appert par le registre de dépense du 30 avril de cette année là. »

46. — *7 Décembre*. Marché passé entre Jean Compagnon, brodeur à Beauvais et les marguilliers de la fabrique de Juvignies pour faire et livrer à l'église dud. lieu « ung chasuble de damas blanc, tunicque et damaticque fourny d'estole et fanons et une platine à mettre sus le calice, aussy de damas blanc, à une fleur, bon et sufisant, aussi léal que le damas blanc d'une chappe estant en lad. église; lesd. chasuble, tunicque et damaticque garnys d'offrois d'or de Paris, semblables à ceulx dont iceluy Compaignon a fait monstre auxd. acceptans ; avec une aultre chappe, thunicque et domaticque, fourny d'estolle et de phanons, comme dessus, de satin renversé, et les offrois d'iceulx de sarge blanche, chargés de larmes et testes de mors. » Compagnon livrera en son hôtel à Beauvais les chasuble et tunique de damas blanc et ce qui en dépend avant la Chandelur prochain et les chape et tunique des morts avant Pâques ensuivant, le tout moyennant 74 l. tz.

DE LOUVEIGNY.

[Et. Jouan.]

1556

47. — *14 Février*. François Mareschal, maçon, maître de l'œuvre de Saint-Pierre et Marguerite Bernard, sa femme, Michel Wauquier, marchand orfèvre et Marguerite (*sic*) Bernard, sa femme, Antoine le Maire, marchand tanneur et Jeanne Bernard, sa femme, tous demeurant à Beauvais, héritiers chacun pour un tiers, à cause de leurs femmes, de feue Thomasse Chambiges, en son vivant femme de Scipion Bernard, maître de l'œuvre dud. Saint-Pierre, chargent Julien Dupuis, maçon et Raoulquin Regnould, charpentier, de visiter, afin de la partager en trois parties, une maison

appartenant à lad. Thomasse, sise rue Sellette et compre-
nant plusieurs manandises, galeries, cour, puits, grange,
cellier et jardin, joignant d'un côté à messire Eustache le
Comte, chanoine de Beauvais (1).

MACAIRE.

[Etude Recullet.]

(1) Scipion Bernard était déjà maître de l'œuvre de la cathédrale, en 1528, succédant à Jean Vaast, le fils.

Mareschal eut pour enfants :

« 1559, die XX^a novembris, Thomas, filius Francisci Mareschal
et Margarete Bernard; patrini, Thomas Hermant, Scipio Hardouyn;
matrina, Angadrisma de Vennes. »

« 1561, 1er juin, Laurence, ...; le parrin, Guillaume
Drouet, praticien; les marrines Annette Gallopin, femme Nicolas
Lange et Magdalene Petit, fille Pierre Petit. »

« 1567, IIIe novembre, Hubert ...., parrins, maistre
Henry Rohard, chanoine de Beauvais et Michel Thauberon ; marrine,
Magdaleine Garrée. Registres de la paroisse Saint-Etienne. *Arch.
commun. de Beauvais*, GGI.

---

48. — *21 Février*. Adam Cacheleu, peintre et Antoine Mariage, tailleur d'images, tous deux demeurant à
Beauvais, promettent aux marguilliers de l'église de Neuilly-
sous-Clermont, de leur faire et livrer « chascun en son regard
et chascun pour le tout, sans division, le mardy après le
jour de mycaresme prochain, une table d'hostel, faite et
parfaite selon le marché convenu entre les parties, sur peine
de paier ausd. margueliers tous dépens, dommages et intérestz qui en seront taxez par justice. Laquelle table d'hostel
lesd. Cacheleu et Mariage, chascun en son art, seront tenuz
faire et fournir selon celle qui est assize en l'église Saint
Gilles dud. Beauvais, laquelle ilz ont naguère faite, et
semblable de telles estoffes et coulleurs. »

DE VAULX.   DE LOUVEIGNY.

[Et. Jouan.]

49. — *28 Février*. Bail, pour 20 ans, par Pierre Roger, tailleur d'images à Beauvais, sur le conseil de Pierre
Lalou, tailleur de menuiserie aud. Beauvais, son curateur.
à Nicolas Roger, son frère, chasublier, du quart indivis
d'une maison où demeure led. Nicolas, où pend pour enseigne la Bannière de France, sise au bout et à l'opposite
de la grande rue Saint-Martin, joignant d'un côté à Pierre
le Vasseur, fondeur de cloches ; ce bail fait moyennant
10 l. de loyer par an.

DE VAULX.   MACAIRE

[Et. Recullet.]   MACAIRE.

---

50. — *10 Mars*. Bail, pour 15 ans, par Nicolas le
Prince, tailleur d'images à Beauvais, et Catherine le Pot.
sa femme, à Jean Lambert, sergent à cheval du roi au Châtelet de Paris, demeurant à Beauvais, du quart indivis
d'une maison contenant plusieurs manandises, appartenant à
défunts Cardin du Val et sa femme, aïeul et aïeule de lad.
dame Catherine et faisant le coin de la rue Portecher et
d'une autre rue sur la rivière de Thérain, moyennant 6 l. de
loyer par an.

Le même jour, le Prince vend sa part de cet héritage,
moyennant 200 l. tz. à Jean le Febvre, laneur et tondeur
de draps. Présents : Jean le Pot, demeurant aud. Beauvais
et autres.

MACAIRE.

[Et. Recullet.]

---

51. — *18 Mai*. Nicolas Marielle, briquetier à Lihus
et Mathurin Marielle, de La Haute-Epine, promettent solidairement à Nicolas Hardouin, Claude Deart et Pierre

Gimart, demeurant à Beauvais, « entrepreneurs de la massonnerie de la forteresse » de cette ville, de leur faire de toutes façons 200 milliers de briques et « icelles faire et cuire au fourneau desd. entrepreneurs près la Porte de Bresle de lad. ville, et, pour ce faire, lesd. Marielle prendront l'eaue et la terre estant aud. lieu et, pour icelles cuire aud. fourneau, les entrepreneurs seront tenuz de leur bailler le boys à ce requis près led. fourneau, à commencer à faire lesd. briques ce jour d'huy et continuer jusques à ce que lesd. deux cens milliers soient faitz. » Les entrepreneurs fourniront les tables, moules, feront faire le fourneau et les aires et même déblayer la mauvaise terre d'avec la terre servant à faire lesd. briques ; ils paieront, de semaine en semaine, 12 s. tz pour chaque millier de briques prêtes à employer.

MACAIRE.

[Et. Recullet.]

52. — *16 Août*. Marché passé entre Louis Boutellier, serrurier et « orlogeur », demeurant à « La Haute Epine » et les marguilliers et habitants de la paroisse d'Haudivillers, pour leur faire « une orloge, pour servir en leur église, ayant le grant rouet deux piedz et ung tiers de pied de haulteur, pied de roy, et les autres rouetz et autres choses servans à lad. orloge à l'équipolent, et icelle orloge asseoir au clocher de l'église en tel lieu qu'il luy sera ordonné par lesd. paroissiens; item, faire une esguille à lad. orloge, pour démonstrer au cadran les heures, comme l'on a accoustumé faire en autres orloges. Lequel cadran se fera aux despens desd. margliers et habitans, et sera assis par led. Boutellier, lequel a promis fournir un marteau du poix de XV à XVI livres, poix de Paris, qui frappera les heures sur la plus grosse cloche de lad. église. » Le tout sera fait

et « estoffé » avant Pâques prochain. Les habitants fourniront les contre-poids d'en bas, paieront 72 l. 10 s. à Boutellier, savoir 20 l. à la saint Remi, 20 à la Chandeleur
et le reste le jour de la livraison et viendront chercher lad.
horloge dans un chariot à La Haute-Epine. Une fois mise
en place, elle sera entretenue pendant un an par Boutellier, qui n'en recevra aucun salaire, « pourveu qu'il n'y
vienne faulte de la part du conducteur de lad. orloge »; pour
y obvier, il sera tenu d'instruire un homme présenté par les
marguilliers.

MACAIRE.

[Et. Recullet.]

----

53. — *17 Août*. Marché entre Eloi de la Vallée et
Pierre de Lalict, maçons, Antoine et Jean de Frocourt,
laboureurs à Sénéfontaine, d'une part, et les marguilliers
de l'église Saint-Etienne de Beauvais, savoir : Jean Lange,
Claude Ravache et Etienne Outin, d'autre part, pour construire en lad. église « ung pepittre de pierre, de la longueur de XXIII pieds quatre poulces entre les deux pilliers de l'entrée du cœur d'icelle église, sur la haulteur de
XVIII piedz depuis le pavé dud. cœur jusques à l'appuy
dud. pepittre, lequel sera fait, pour les coulonnes, embassemens, mesneaux et marches, de pierre de liaiz de Senliz,
et la reste de pierre de la carrière dud. Saint-Estienne, pour
iceluy estre totalement accomply du jour de Pasques prou-
chain en ung an, selon les deux pourtraictz faitz l'un pour
le devant et l'aultre pour le derrière dud. pepittre, estans
par devers lesd. margliers et signé de eulx et desd. massons.
Et lesd. massons, pour ce faire, comprins lesd. de la Vallée
et Lalict, seront en nombre sept, journellement besongnans
par chacune sepmaine. En quoy faisant et rendant led. pepittre fait et achevé selon lesd. pourtraictz avec les ymaiges

y apposées et selon qu'elles sont désignées en iceux pourtraictz, seront tenus lesd. margliers paier auxd. massons la
somme de 102 l. tz, payables par chacune sepmaine unze
livres et continuer à payer jusques en fin de lad. somme.
Aultrement ou faulte y auroit de la part desd. massons par
chacune sepmaine, eux sept, de continuer journellement led.
ouvraige, les margliers ne seront tenuz leur payer lesd. unze
livres, ains seulement à portion de ce qu'ilz auront fait, et
livreront lesd. margliers toutes pierres et aultres matières
à ce requises, mesme le boys et cordaiges pour faire
hours. » (1)   DE VAULX.   MACAIRE.

[Et. Recullet.]

(1) Cette carrière de l'église Saint Etienne, dite « Carrière de la
Tonne » a fourni à cette époque toute la pierre nécessaire à la construction du chœur de cette église, du chœur et du portail de Marissel,
aux réparations des églises Sainte-Marguerite, Saint-Martin, Saint-
Gilles, Saint-Thomas, etc. Elle était baillée aux marguilliers de
Saint-Etienne, à titre de surcens, moyennant 40 s. tz par an, par le
seigneur d'Aumaretz, Silly et Tillard ; ils la louaient à l'année, en
tout ou en partie, soit à des carriers, soit à des maçons. C'était
pour la fabrique une source de revenu. On en trouve de nombreux
baux aux Archives de l'église et aux Minutes notariales.

---

54. — *24 Septembre*. Testament d'Antoine Mariage,
taïlleur d'images à Beauvais : il choisit sa sépulture au
cimetière de Saint-Etienne et laisse une somme de 5 s. tz,
à distribuer par ses exécuteurs en différents legs. « Considérant les bons et agréables services à luy cy devant faitz
par Thibaut Cocatrix, fondeur en terre et sa femme »,
il leur donne tous ses biens et l'argent qui lui est dû, à
charge notamment de payer 6 l. 20 s. à Nicolas Roger,
chasublier, 4 l. 15 s. à Pierre Walon, mercier, et 7 l. 3 s.
à Pierre du Fresnoy, taïlleur d'images à Beauvais.
                    DE LOUVEIGNY.   MACAIRE.

[Et. Recullet.]

55. — *14 Octobre.* Mise en apprentissage, pour 4 ans, par Jean de la Court, sergent du châtelain de Beauvais, de Christophe, son fils, âgé de 12 ans, chez Nicolas Nitart, peintre à Beauvais, qui est tenu de le loger, coucher, nourrir et chauffer et lui enseigner « l'art, science et industrie dud. mestier, tant en platte painture que estoffes et autres choses quelconques dépendans dud. mestier et d'icelle le rendre expert et bon ouvrier. » Le père promet de payer à Nitart 12 écus d'or soleil, à 46 s. tz pièce, dont 3 écus baillés ce jour, 3 autres dans un an et ainsi chaque année jusqu'en fin de paiement ; il s'engage en outre à faire achever à son fils son temps d'apprentissage.

MACAIRE.

[Et. Recullet.]

---

56. — *28 octobre.* Bail pour un an, par Pierre de Lalict, maçon, à Pierre Bau, de pareil état, demeurant à Saint-Jean-lès-Beauvais, d'une carrière sise hors la Porte Saint-Jean, tenant au chemin qui mène à Penthemont et appartenant aud. Lalict, à charge par le preneur de fournir au bailleur toute la pierre dont il aura besoin, savoir : les carreaux à 22 s. tz le cent, les pendants à 7 s. 6 d. le cent, la pierre à 6 d. le pied et la blocaille à 6 d. ; le tout livré à Beauvais. Présents : Denis Cazier, maçon, tailleur de pierre et autres.

MACAIRE.

[Et. Recullet.]

---

57. — *12 Décembre.* Attestation de Pierre Lenglès, Jean Compagnon et Pierre Boullet, maîtres brodeurs, et Jeanne Watel, veuve de Denis de Mont, aussi maître brodeur à Beauvais, certifiant que Valentin Cauchefer, compagnon brodeur, a été apprenti, pendant 4 ans, en la maison de lad. veuve, tant du vivant de son mari qu'après son décès et qu'il a fait deux autres années d'apprentissage chez Nicolas Roger, aussi maître brodeur à Beauvais, soit 6 années entières, où ils l'ont bien connu comme apprenti ; ils pourraient l'affirmer en justice.

DE LOUVEIGNY.

[Et. Jouan.]

---

58. — *21 Décembre.* Marché passé entre Pierre du Fresnoy, tailleur d'images à Beauvais et les marguilliers de la fabrique de Saint-Martin-le-Neuf, « pour parfaire de sond. mestier une table d'hostel, qui a esté commencée par feu Marin Raimbault et depuis par feu Anthoine Mariage, pour servir au grant hostel de lad. église, et ce pour ce qui reste à faire suivant le marché fait par led. Raimbault. » Du Fresnoy promet de terminer lad. table avant Pâques prochain ; il ne sera point tenu responsable des malfaçons qui pourraient être trouvées dans ce qui est déjà fait ; il recevra 8 l. tz. à la livraison de l'ouvrage qui sera amené de Beauvais à Saint-Martin aux frais des marguilliers.

DE CREILG.   DE LOUVEIGNY.

[Et. Jouan.]

1557

59. — *19 Janvier.* Bail, pour deux ans, par Jacques Pinguet, marchand bourgeois à Beauvais, à Jean Watelet, laboureur à Flambermont, de la carrière dite des Arnoulets,

sise au Bois du Mont, paroisse de Saint-Martin-le-Neuf,
joignant d'un côté à la carrière de la Tonne, qui appartient
à l'église Saint-Etienne de Beauvais, et d'autre côté au
chemin qui mène de cette ville à Aux Marais, moyennant
18 l. tz par an. Il est accordé entre les parties que le sieur
de Rumesnil, seigneur d'Aux Marais, Silly et Tillart, dont
lad. carrière est mouvante, aura le droit d'en faire tirer de
la pierre à son usage (1).

MACAIRE.

[Et. Recullet.]

(1) Au plan cadastral de Saint-Martin-le-Neuf, on trouve encore,
au-dessus de l'église, les lieux-dits : *Les Tonnes, Bois du Mont,
les Trous aux Mouches.* — *Les Arnoulets* n'existent plus.

---

60. — *20 Janvier*. Marché passé entre Jean Guérin et
Jacques le Vasseur, fondeurs de cloches à Beauvais et les
marguilliers et habitants de Fouquerolles, pour leur fondre
deux cloches « sonnantes et accordantes ensemble. » Le
métal nécessaire sera livré par Jean de Nully, marchand
aud. Beauvais aux frais des marguilliers. Les cloches seront
livrées dans les trois mois moyennant 18 l. tz, sur quoi 21 s.
seront déduits « pour le vin dud. marché. »

MACAIRE.   DE LOUVEIGNY.

[Et. Recullet.]

---

61. — *5 Février*. Marché entre Jérôme Vaast, maçon,
tailleur de pierre, demeurant à Bresle et le cardinal de
Châtillon, évêque de Beauvais, acceptant par Jacques Gougnon, son vicaire général, « pour faire et façonner tous les
tuyaulx de boys et de terre qu'il conviendra pour conduire

l'eaue de la Fontaine de Sacquet et Cauderon, estant au boys de l'abbaye de Froidmont jusques au jardin et court du chasteau de Bresle, suyvant le deviz faict par monsieur le vicaire général et le sieur de Vaulx, maistre d'hostel de mond. seigneur, lequel deviz a esté envoié à mond. seigneur. » Vaast sera payé, à raison de 4 s. 6 d. tz pour chaque toise des tuyaux, qui lui seront livrés sur place ; il devra faire les regards nécessaires jusqu'au nombre de 40 et recevra pour chacun d'eux 40 s. ; ils seront de pierre de taille, mesurant chacun deux pieds carrés. Au bout du conduit des sources, le maçon fera une citerne au prix de 30 l. tz. Le travail sera terminé dans les six mois.

MACAIRE.

[Et. Recullet.]

62. — *27 Mars*. Marché entre Nicolas Roger, brodeur à Beauvais et les marguilliers de la fabrique d'Ully-Saint-Georges, pour faire « trois chappes, ung chasuble, tunicque et domaticque, d'offroys de damas cafart blanc, à une fleur, garny d'offrois de satin rouge et bordées de bordures d'or de masse, le meillieur après or de Chippre, le tout bien et deuement fait et parfait, qu'il a promis livrer bénit, sçavoir lesd. chasuble, tunicque et domactique en dedens le jour de Pasques communiaux prochain venant et la reste en dedens le jour de Penthecouste prochain venant », moyennant 150 l. tz payables à la saint Remi.

MACAIRE.

[Et. Recullet.]

63. — *6 Avril*. Marché passé entre Claude de Dampierre, orfèvre à Beauvais et les marguilliers de l'église Saint-Crépin-Ibouvillers, pour faire « une croix d'argent de

la grandeur et selon ung estuy qui a esté baillé aud. Dampierre par lesd. margueliers pour mettre lad. croix, laquelle sera de façon telle qu'il a monstré auxd. margueliers, à Claude Boyleaue, grenetier du Grenier à sel de Beauvais et à Martin Boyleaue, son filz ; et sera lad. croix dorée d'or par les évangélistes deadesmés, par l'agneau pascal derrière et l'escripteau et autres lieux accoustumez, lad. croix du poix de deux mars et demy, non comprins la pomme », moyennant 20 l. tz par chaque marc, y compris la façon. Dampierre fera, aussi pour lad. église, un calice d'argent, doré par le dedens, le bort et garnitures, pesant deux mars ou environ ; item, un bras couvert d'argent, pesant en argent deux mars, « aiant ung filet doré, hault et bas, et à l'endroit de la baisure y mettre ung verre et alentour d'icelle baisure doré d'or ; » le tout au prix de 20 l. le marc. Dampierre reçoit 15 l. ce jourd'huy ; le reste sera payé à mesure de la livraison.

DE LOUVEIGNY.   MACAIRE.

[Et. Recullet.]

---

64. — *11 Mai.* Pierre du Fresnoy le jeune, fils d'Antoine du Fresnoy, vigneron à Fay-sous-Bois, paroisse de Saint-Félix, du consentement de son père, reconnaît en présence de Nicolas le Prince, tailleur d'images à Beauvais que, « en continuant son apprentissage encommencé avec led. le Prince, il s'est mis et alloué comme serviteur et apprentif, du jour saint Andry dernier passé jusques à quatre ans prochains, avec Pierre du Fresnoy l'aisné, aussi tailleur d'hymages aud. Beauvais, à ce présent et acceptant, pour le servir aud. mestier et autres ses affaires licittes et honnestes, estre et demourer avec led. acceptant, son proffit faire et dommage éviter ; pendant lequel temps icelluy acceptant sera tenu et a promis nourrir, loger et livrer aud.

apprentif tous vivres et alymens ocrporels, luy monstrer led. mestier, l'art et industrie d'icelluy et, en fin des quatre ans, l'en rendre expert et bon ouvrier tellement que en puist gaigner sa vie. Et moyennant ce led. Anthoine promet payer aud. Pierre du Fresnoy l'aisné 100 s. tz et ung demy muy de vin loial et marchant, sçavoir les 100 s. au jour saint Andrieu prochain et le demy muy ung an après. Et sera led. Anthoine tenu et a promis aud. Pierre l'aisné faire continuer à sond. filz, Pierre le jeune, led. apprentissage, lesdites années durans, sur peine de despens, dommages et intérestz. Et par le moyen de ce que dessus et du consentement cy-dessus donné par led. le Prince, icelluy Pierre du Fresnoy l'aisné promet paier aud. le Prince la somme de 35 l. tz et ung demy muy de vin, tel que dessus, payables sçavoir 15 l. au jour saint Andrieu prochain, 10 l. et le demy muy au jour saint Andrieu que l'on dira 1558 et autres 10 l. au jour saint Andrieu que l'on dira 1559 ; et partant les lettres obligatoires faites pour raison dud. apprentissage entre lesd. Pierre du Fresnoy le Jeune, Anthoine, son père, et led. le Prince, en datte du XXIIIe novembre 1555, signées Larchonneur, sont et demeurent nulles pour les années restans à parfaire et quittent l'un envers l'autre du contenu en icelles. » (1)

DE VAULX.   MACAIRE.

[Et. Recullet.]

(1) En 1557, le Prince possédait une maison — je ne sais s'il l'habitait — située paroisse et grande rue Saint-Martin, près de l'église de ce nom. *Arch. départem. de l'Oise*, série G, Déclaration des maisons du chapitre de Beauvais.

---

65. — *24 Mai.* Mise en apprentissage, pour 4 ans, par Pierre de Lalict, maçon à Beauvais, de Robert, son fils, avec Thibault Pinaigrier, « vittrier » aud. lieu, qui promet de lui apprendre « l'art, science et industrie dud. mes-

tier », le loger, nourrir, chauffer et coucher. Le père est
tenu d'entretenir son fils de vêtements, linge et chaussures
et de lui faire continuer son apprentissage, le temps durant,
sous peine de dommages et intérêts. Il paiera aud. Pinaigrier 40 l. tz, savoir 10 l. à la fin de chaque année.

MACAIRE.

[Et. Recullet.]

---

66. — *9 Juin*. Jean Serpe et Denis Lévesque, maçons
à Beauvais, promettent à Antoine le Sueur et Martin de
Tilloy, maîtres maçons, demeurant led. le Sueur, à Pierre-
fitte et led. Tilloy à Beauvais, de faire en l'église de Sully
deux espaces de voûtes, « dont en y a une encommencée,
qui est celle dessus l'ymage du Crucefix, que lesd. acceptans ont marchandé à faire des margueliers dud. Sullies,
laquelle ouvrage lesd. respondans ont confessé leur avoir esté
monstré par lesd. acceptans, qu'ilz ont dit avoir veu et de ce
en estre deuement acertoriez, et partant iceux respondans
ont promis de faire lad. ouvrage, faite et parfaite aux ditz
de gens en ce congnoissans, en dedans le premier septembre
prochain, lesd. acceptans tenuz de livrer auxd. respondans
la pierre et tous cordages nécessaires, sauf que lesd. acceptans seront tenus parfaire la clef de la voulte de lad. église
sur le grant autel, de fournir le trait pour faire soyer les
courbes et addresser les ceintres pour massonner les augives; » le tout sera payé 70 l. tz. par les marguilliers (1).

DE LOUVEIGNY.   MACAIRE.

[Et. Jouan.]

(1) En 1532, deux maîtres maçons du nom de Tilloy, Pierre et
Guillaume, son frère, entraient comme lépreux à la Maladrerie de
Saint-Lazare : ils recevaient, de la maison, 5 s. par semaine chacun,
plus quelques pièces de linge et d'habillement, notamment : 9 quartiers de futaine grise pour faire un pourpoint; 3 quartiers de drap

blanchet pour faire « unes bracherolles »; des draps de lit, nappes, serviettes, chemises, bonnets de drap rouge; plus, à chacun des 9 malades de la Maladrerie, 20 s. p. « pour subvenir à leur avoir chascun ung pourceau »; à chacun une demi-mine de blé, « pour leurs flans de Pasques; » à chacun, une demi-mine de pois « pour leur provision de caresme »; un pot de vin, mesure de Beauvais, soit trois muids par an à chaque malade. (Comptes de 1532 à 1540). *Arch. hospital.*, Saint-Lazare E. 5, 6, 7. En 1540, la veuve de Pierre de Tilloy donnait à la maison 300 pieds de pierre, provenant de la carrière de Saint-Martin-le-Neuf, pour la réception de Guillaume, son fils « lequel est mort lépreux aud. hostel. » *Ibidem*, E7.

---

67. — *10 Juillet.* Marché passé entre Pierre Boullet, brodeur à Beauvais, et Jacques Pasquier « ministre des trespassez en l'église de Bulles », pour faire, à l'usage de l'office desd. trépassés, « ung chasuble, thunicque et domaticque et ung drap de mortz pour servir à la représentation des trespassez, le tout de velours de trippe noir (1), les offroys de satin de Bruges blanc et pareillement la croix dud. drap de représentation, semé de testes et ossementz de mortz », le tout semblable à ceux qui sont dans lad. église, la trippe de velours de la valeur de 26 à 27 s., dont Boullet a montré l'échantillon. Le tout sera livré avant le 15 août prochain, moyennant 40 l. tz., sur quoi le brodeur reçoit comptant 20 l., dont il donne quittance.

DE CREILG.   DE LOUVEIGNY.

[Et. Recullet]

(1) « Ung drap de présentation à mettre sur les mors, de trippe de velours et satin noir. » Inventaire des meubles de l'Hôtel-Dieu de Beauvais, de 1565. Archives hospitalières, Hôtel-Dieu, D1.

---

68. — *17 Juillet.* Mise en apprentissage, pour 4 ans, par messire Bastien Gontier, prêtre demeurant à Beauvais, de Pierre Gontier, son pupille, âgé de 14 ans, avec Hugues Wauquier, orfèvre aud. lieu, qui promet de lui apprendre le métier, le loger, nourrir et coucher. Le tuteur est tenu de lui fournir les vêtements et lui faire continuer son temps de service, en payant aud. Wauquier 22 l. 12 s. Si l'apprenti meurt avant la fin des quatre ans, le tuteur ne paiera qu'une somme proportionnelle au temps qui aura été fait dud. apprentissage.

DE LOUVEIGNY.

[Et. Jouan.]

69. — *19 Juillet.* Association entre Nicolas Roger, Jean Compagnon et Pierre Boullet, marchands brodeurs à Beauvais, pour une participation au gain ou à perte en toutes les marchandises de drap, de soie, et broderies qu'ils pourront faire chacun pendant dix ans. Ils promettent de se rendre un compte exact l'un à l'autre de l'argent provenant des marchés, ventes et distributions de marchandises de leur métier, et cela de mois en mois, pour que les gains ou les pertes soient partagés entre eux. Chacun aura la liberté de faire son marché à sa guise et sans consulter ses associés. S'il y a contredit entre les parties, elles seront crues sur simple serment. L'un d'eux ne pourra quitter l'association avant la fin des dix années, sous peine de 20 écus d'or à payer aux deux autres. Si l'un des associés meurt, les survivants seront tenus de prendre pour eux ses marchandises et de les payer un prix raisonnable à la veuve ou aux héritiers du décédé.

DE LOUVEIGNY.

[Et. Jouan.]

70. — *25 Juillet*. Marché entre Pierre de Lalict, maçon à Beauvais et les marguilliers de l'église Saint-Martin dud. Beauvais, savoir : Jean Laurent, Antoine le Messier et Claude Martine, pour faire « cinq remplaiges de verrières de telle façon et énonchées que celles contenues au marché cy-devant fait par led. Lalict pour aultres remplaiges de verrières en lad. église ; item, achever le pillier d'embas de la dernière voulte, fait neufve, y mettre des arrachemens du costé du pepittre ; item, faire ung pillier deboutlées ; faire quatre espaces de voultes, sçavoir deux du costé Michel le Febvre et deux du costé Julien Morant, remplir les aynes bien et deuement, et, ce fait, asseoir sur icelles des dalles et pavez, ensemble y faire quatre coullotz pour évacuer les eaues arrière du mur de lad. église, le tout semblable que celles estans sur les chappelles de l'église Saint Pierre ; item, réparer le pan du mur de l'église du costé Michel le Febvre, qui commence à soy esbouller ; item, mettre une assize de pierre au glachis desd. remplaiges des verrières, pour éviter que les esgoutz du hault de l'église ne tombent dedens lad. église. » Les marguilliers livreront tous les matériaux nécessaires et paieront à Lalict 100 l. tz pour son salaire, dont 60 l. baillées ce jour. Le tout sera terminé en six semaines.

Macaire Lambert.

[Et. Recullet.]

---

71. — *18 Août*. Donation faite par François le Vézier, prêtre, chanoine et official de Beauvais, « père spirituel » du couvent de Saint-François de cette ville, aux religieuses et à l'église dudit lieu, acceptant par Gabrielle de la Rue, mère, Angadrème Bougon, Marie Boullet, Nicole Cacheleu, Marthe Pocquelin, Antoinette Pinguet, Louise Danse, Marguerite Malinguehen et autres, des objets

qui suivent, savoir : un tableau de la Conception Notre
Dame pour être mis sur l'autel de la chapelle qu'a fait bâtir
en leur église feu Jean Cayn ?, chanoine de Beauvais et
que led. Vézier a fait faire et payer 20 l. tz, plus les ornements d'une chapelle, savoir une chasuble de taffetas renversé rouge, avec étole, fanons, aubes et amict, deux corporaux, l'un de broderie auquel est l'image Notre Dame,
l'autre de damas violet, avec un corporal de fin lin, deux
« copertuaires » à calice, deux paix, une de broderie et
l'autre un *Agnus Dei*, deux boîtes à mettre pain à chanter,
un missel, deux burettes et un coussinet, le tout valant
28 l. tz, plus un grand calice d'argent doré à deux soleils
émaillés, au pied duquel sont les armes dud. Vézier, garni
d'une platine, le tout pesant 4 marcs 2 onces et valant
102 l., y compris l'étui. Il donne aussi 50 l. tz pour l'achat
de rentes. Les religieuses promettent de chanter, pour lui et
son oncle, Robert le Vézier, ancien chanoine de Beauvais, un obit annuel, le jour de sainte Anne (1).

DE LOUVEIGNY.   DE CREILG.

[Et. Jouan.]

(1) François le V. mourut le 29 novembre 1565 : sa pierre tombale, fragmentée, provenant de ce couvent, est au Musée de Beauvais.

---

72. — *23 Août*. Bail, pour un an, par Jean Frémart,
tabellion en la cour spirituelle de Beauvais, à Pierre Hardouin, peintre, de la moitié indivise d'une maison sise en
la rue descendant de la Place Saint-Michel au Grand Chat
et qui fait le coin de la ruelle de Merdenson, moyennant
110 s. de loyer par an.

DE CREILG.   DE LOUVEIGNY.

[Et. Jouan.]

73. — *4 Septembre*. Nicolas Hardouin, maçon, « entrepreneur du bolevert qui convient faire en la ville de Beauvais, au-dessus de la Porte de l'Hostel Dieu et en tirant à la Poterne Sainte Margueritte, remonstre à monsieur de Marivaulx, lieutenant pour le roy au gouvernement de l'Isle de France, à l'absence de monseigneur de Montmorency, que, suyvant le marché à luy fait dud. bolevert par monseigneur l'admiral, du tems qu'il estoit gouverneur et lieutenant en l'Isle de France, et suyvant le dessein de Baptiste l'Ingénieux et les pieux par lui plantés et merchés pour led. bolevert, il avoit fait force amas de matières, tant pierre tendre, pour faire le abillaige (*sic*) des fondemens, que pierre de Savignies et pierre de Mérard et de la chaulx et sable pour massonner, et jusques à la valleur de deux mille francs et plus. » Mais les maire et pairs de cette ville lui ont défendu de continuer son travail « et avecq grande rigueur, jusques à le faire mettre prisonnier publicquement et à sa grand honte, en quoy il a perte inestimable. » Il supplie qu'on le laisse employer ses matériaux ; sinon, il réclamera des dommages et intérêts.

Hardouin remet sa requête au sieur de Marivaux en l'Hôtel-de-Ville, où étaient François Dauvergne, maire, Claude Boileaue, lieutenant du capitaine, Jean de Catheu, Jérôme Bigot et Robert Hariel, pairs de lad. Ville.

[Et. Recullet]   MACAIRE.

---

74. — *23 octobre*. Mise en apprentissage, pour **4 ans**, par Guillaume Aubin, laboureur à Hamecourt, paroisse de Bornel, de Baudechon Aubin, son fils, avec Pierre le Vasseur, maître fondeur de cloches, à Beauvais, qui promet, etc. Le père s'engage à fournir à l'apprenti le linge, les vêtements et chaussures et à payer aud. maître **4** écus d'or soleil, soit un écu en fin de chaque année.

[Et. Jouan.]   DE LOUVEIGNY.

75. — *22 Novembre.* Pierre Pennier, marchand boulanger à Beauvais, s'engage à rendre leur compte de tutelle à Claude, Jean et Perrine le Vasseur, enfants mineurs de défunts Jacques le Vasseur, fondeur de cloches, et Jeanne Martine, sa femme.

MACAIRE.

[Et. Recullet]

1558

76. — *16 Janvier.* « Comparut personnellement Thibault Pinaigrier, vitrier demeurant à Beauvais, lequel recongnut avoir promis et par la teneur de ces présentes promet aux margueliers de l'église Sainte Margueritte dud. Beauvais, ce acceptant par Pierre Ricquier, Loys de Lignières et Jacques Fournier, marchans, à présent margueliers de lad. église, pour ce présens et acceptans, de faire, livrer et asseoir, à ses propes coustz et despens, en lad. église, au cœur d'icelle, à la main senestre, ung vittre qui contiendra deux escaufiches, parfaites de fons en comble, historiées du Jugement de Dieu, fourny de personnages, suyvant le pourtraict de ce fait et communiqué par led. Pinaigrier ausd. margueliers, suffizamment estoffées de couleurs comme il appartient, aux dictz de gens en ce congnoissans, et au dessoubz ung escripteau contenant ce qui a esté baillé par escript aud. Pinaigrier, et que led. Pinaigrier sera tenu fournir et asseoir en dedans le jour de Penthecouste prochain venant, moiennant et parmy le pris et somme de quatre vingtz livres tz, que lesd. margueliers seront tenuz et ont promis payer aud. Pinaigrier au feur et à mesure qu'il fera lad. ouvrage. Sur quoy led. Pinaigrier a confessé avoir receu desd. margueliers la somme de vingtz livres tz, qui sera le premier desduit et la reste luy sera payé, comme dit est. Fait et passé aud. Beauvais, le XVIe jour de janvier mil V ᶜ cinquante sept. »

MACAIRE.   DE LOUVEIGNY.

[Et. Jouan.]

---

77. — *21 Janvier*. Laurent Chappon, « marchand vittrier » et Toinette Laurent, sa femme, demeurant à Beauvais, vendent à Agnès de Malinguehen, veuve de Jacques Bionneau, une maison sise à Villers-Saint-Barthélemy, moyennant 50 l. tz (1).

MACAIRE.

[Et. Recullet.]

(1) Laurent Chappon eut pour enfants :

« 1557, die XIᵃ martii, Simona, filia Laurentii Chappon; patrinus, Simon Pinart; matrinae, Nicolaa Mallet, Magdalena Pennetier. »

« 1558, die XIIᵃ martii, Petrus, filius Laurentii Chappon; patrini, Petrus Docor, Johannes de Jouy; matrina, Maria de Malinguehen. »

« 1560, die XXVIᵃ decembris, Estienne, filz Laurens Cappon et Thoinette; les parrins, Estienne Huqueleu, Drouet du Pré; la marrine Roberte... » [illisible.]

« 1565, le XXVIᵉ febvrier, Jehan ....; les parrins, Jehn de Malinguehen, marchant et Jehan Hermant; la marrine, Margueritte Gallopin. » Registres de la paroisse Saint-Etienne, *Arch. commun. de Beauvais*, GGI.

---

78. — *15 Février*. Jean et Guillaume le Vasseur, frères, fondeurs de cloches, demeurant à Beauvais, cèdent à Pierre le Vasseur, leur père, de pareil état et lieu, leur part de tous les biens appartenant à la succession de défunte Jeanne Bernard, leur mère.

MACAIRE.

[Et. Recullet.]

79. — *21 Mars*. Pierre « Preudhomme », fondeur de
cloches, demeurant à Mantes-sur-Seine, reconnaît devoir à
Jean de Nully et Nicolas Paumart, marchands à Beauvais,
la somme de 120 l. tz pour vente et délivrance de 550 livres
de métal, payables à la volonté. Il est accordé entre les
parties que Prudhomme apportera auxd. marchands « obligation suffisante des margueliers et habitans de la paroisse
de Drocourt, montant la somme à paier au terme convenu
entre les parties. »

DE VAULX.   MOREAU.

[Et. Recullet.]

---

80. — *6 Juin*. « Comparurent Jehan Pol (sic), tailleur
d'ymaiges et Nicolas le Prince, son gendre, aussi de pareil
estat, demourans à Beauvais, lesquelz, l'un pour l'autre et
chacun d'eulx pour le tout, promettent à Guillaume Brocard,
laboureur demourant hors et près la Poterne Saint-Andry
dud. Beauvais, présent et ce acceptant, de faire et livrer
en l'église de Marissel lès Beauvais, les ymaiges du sépulcre de Nostre Seigneur Jésus Crist, de pierre procédant de
la carrière Saint Estienne, dite de la Tonne, jusques au
nombre de huit ymages, comprins l'ymage du dieu gisant,
qui aura cinq piedz et demy de long et les ymages, assavoir
les deux disciples Nicodesme et Joseph d'Abarimathie (sic),
de cinq piedz et ung quart, et les aultres ymages de hauteur convenable à l'équipolent des disciples, avec ung
priant à genoulx, de haulteur de troys piedz ou environ et
l'ymage d'un saint Marcoul, de la haulteur de troys piedz
et demy pour pozer sur la cornize de la massonnerie dud.
sépulcre; le tout bien fait et parfait comme cestuy de
l'église Saint-Saulveur dud. Beauvais, le tout au pied de
roy, rendu endedans le jour saint Remy prochain, et ce
moyennant la somme de soixante livres tz, avec ung muid

de vin, pure goutte, que pour ce led. Brocard promet rendre
et payer ausd. respondans, assavoir led. muy de vin à la
volonté et première requeste desd. respondans, vingt livres tz
que lesd. respondans ont confessé avoir receu dud. Brocard,
dont quittance, et la reste, montant quarante livres tz, au
jour de la livraison d'icelle ouvrage, sauf que led. Brocard
sera tenu payer la voiture desd. ymages depuis la maison
dud. Jehan Pol jusques à l'église dud. Marissel, ce nonobstant lad. voiture se fera aux périls et fortune desd. recon-
gnoissans. »

DE VAULX.   DE LOUVEIGNY.

[Et. Jouan.]

---

81. — *23 Juillet.* « Comparurent personnellement
Jehan Pol (sic) et Nicolas le Prince, maistres tailleurs
d'ymages, demourans à Beauvais, lesquelz, l'un pour l'autre et chacun d'eulx seul et pour le tout, sans division, promettent à Pierre de la Croix l'aisné, marchand aud. Beauvais, ce acceptant par Eustache de la Croix, aussy marchand, son fils, de faire et tailler bien et suffisamment
l'histoire du Trespassement de la Vierge Marie, de pierre
avec les douze apostres, deux ymages, l'une de saint Pierre
et l'autre de sainte Margueritte, qui présenteront deux
priantz au dedans et au bout ? de lad. histoire, avec deux
armories en chappeau de triumphe, le tout armorisé à la
discrétion dud. de la Croix et faire le tout selon la place
et haulteur de la massonnerie de la cloizon tenant entre la
chappelle Nostre Dame de Laurette et l'huis du cœur de
l'église Saint Estienne dud. Beauvais, pour illecq asseoir et
poser icelle histoire, bien et suffisamment faite et parfaite,
comme dict est, au dict de gens en ce congnoissans, aux
despens desd. respondans, en dedans le jour de Toussaintz
prochain venant, surséant jusques au jour de Noël ensuivant.

Lesd. respondans seront tenuz de faire et tailler icelle histoire en la massonnerie de lad. église estant dedans la cyme-
tière ; en laquelle histoire seront tenuz faire deux aultres
ymages à la discrétion dudit de la Croix, qui seront pozées
sur deux entrepiedz de lad. massonnerie, aussi suyvant
icelle massonnerie; et ce, moyennant la somme de quarante
livres tz que led. Eustache de la Croix pour son père a
promis payer ausd. respondans au jour de la livraison de lad.
histoire pozée et assize aud. lieu. Fait et passé aud. Beauvais, le XXIIIe de juillet mil V^c cinquante huit, présens
Me Anthoine de la Croix, prebtre, chanoine et président
de l'église SaintVaast, Esloy de la Vallée, maistre masson
de lad. église et Martin Thilloy, aussy masson (1). »

DE LOUVEIGNY.

[Et. Jouan.]

(1) Cette sculpture existe encore, mais très mutilée, dans le mur
extérieur de l'église, un peu au-dessous et à droite de la Roue de
Fortune du transept septentrional. — Le chapitre s'appelait de Saint-
Vaast; l'église et la paroisse portaient le nom de Saint-Etienne.

---

82. — *16 Août.* Marché entre Regnault Millet, « carrelier » à Aux Marais, en son nom et pour Antoine de
Rocourt, demeurant au Bois du Mont, paroisse de Saint-
Martin-le-Neuf et les marguilliers de l'église Saint-Etienne,
savoir : Pierre Gimart, Jean Pajot le jeune et Olivier du
Francastel, pour tirer de la pierre en la carrière de la
Tonne appartenant à cette église, pendant un an « pour la
massonnerie, conservation et édiffication de lad. église »
et conduire la pierre à Beauvais aux lieux qui seront fixés,
sans qu'il puisse en être livré à d'autres personnes. Chaque
pied de lad. pierre sera payé 12 d. p., tant dure que
tendre, soit 6 d. pour la façon et autant pour la voiture,
payables à mesure de la livraison. Les carriers promettent

d'entretenir la carrière « de pilliers par voie » et de faire les déblais à leurs frais, « le tout subject à visitation. » (1)

MACAIRE.   DE LOUVEIGNY.

[Et. Recullet.]

(1) En 1525 pour la construction du chœur de leur église, les marguilliers payaient aux carriers Guillaume Cardon et Massin Radenne, pour livrer et amener la pierre de cette carrière, savoir 15 d. le pied de pierre dure et 11 d. le pied de pierre tendre; Comptes de la fabrique de Saint-Etienne, Archives de cette église (1525-1531).

---

83. — *9 Septembre*. Marché passé entre Philippe le Sueur, tailleur d'images à Beauvais, et les marguilliers de l'église Sainte-Marguerite et Saint-Hippolyte, savoir maître Jacques de Malingres, praticien et Jacques Fournier, maçon, tailleur de pierre, pour faire une image de Nostre Dame tenant l'Enfant Jésus sur son bras gauche, le tout ayant 4 pieds de haut, de bon bois de chêne, « secq, loial et marchant, selon le pourtraict et devyse fait par led. Philippe, lequel fut exhibé auxd. margueliers et paraphé desd. notaires », pour servir à cette église. L'ouvrage sera livré avant Noël prochain, moyennant 25 l. tz, dont 10 l. payées ce jourd'hui et le reste à la livraison.

DE VAULX.   MACAIRE.

[Et. Recullet.]

---

84. — *16 Octobre*. Marché entre Jean Caillier, « carrelier » à Aux Marais, et les marguilliers de l'église Sainte-Hippolyte et Sainte-Marguerite, savoir Jacques de Malingres et Jacques Fournier, pour leur fournir 200 pieds de pierre de taille, venant de la carrière dite des Arnoulets, appartenant à Jacques Pinguet, bourgeois de Beauvais ; les

pierres auront deux pieds et demi de long sur deux de large,
ou deux pieds un quart de large sur un pied et demi de
haut. Elles seront livrées « à l'attelier de lad. église, pour
employer à la construction d'icelle », avant la saint Martin
prochain, moyennant 13 d. tz. chaque pied, payables à mesure que sera faite la livraison. Est présent aud. marché
Antoine Fournier, maître maçon de l'œuvre de lad. église.

MACAIRE.

[Et. Recullet.]

———————

85. — *18 Novembre.* Marché entre Eloi de la Vallée
et Pierre de Lalict, maçons et les marguilliers de l'église
Saint-Etienne de Beauvais, savoir : Olivier du Francastel,
Pierre Gimart et Jean Pajot le jeune, pour faire « troys cloisons faisans la fermeture du cœur de lad. église contre les
chaizes, assavoir deux du costé du presbitaire faisans les
deux plus prochaines cloisons du pepittre et l'aultre cloison
du costé et joignant la chapelle Nostre Dame de Lorette,
lesquelles troys cloisons sont ja faites suyvant led.. marché;
item, faire une fermeture servant à mettre et enchasser une
table d'autel; au mellieu de laquelle fermeture sera mise
icelle table, pour servir au grant autel du cœur de lad.
église, selon la largeur d'entre les deux pilliers du cœur,
le tout fait de pierre de taille. Lad. fermeture sera faite
par bas de pierre de liais jusques à la hauteur de cinq piedz
ou environ hors terre, assavoir aussy haut et jusques au
tournant des arches des huisseries desd. fermetures, et le
seurplus fait des pierres de la carrière de lad. église; et, ce
faisant, deffaire la massonnerie du grant autel qui y est de
présent et y en faire ung autre autel, et faire en icelles fermetures des ouvraiges telles, selon et suyvant le pourtraict
de ce fait ce jour d'huy et signé tant par lesd. massons et
margliers que par le notaire. » Le tout sera terminé avant la

Saint Jean-Baptiste prochain. Les marguilliers s'engagent à fournir les matériaux et à donner aux maçons 250 l. tz., dont 62 l. baillées ce jour; le reste sera payé, à raison de 7 l. par semaine. Présents : Jean Charlot, prêtre, vicaire de lad. église et Charles le Maistre, prêtre et organiste.

MACAIRE.

[Et. Recullet.]

86. — *27 Décembre*. Mise en apprentissage, pour 4 ans, par Laurent Chappon, « marchant vitrier » à Beauvais, de Jean Chappon, son fils, âgé de 14 ans, avec Pierre Hardouin, peintre demeurant aud. Beauvais, qui promet de lui enseigner « l'art, science et industrie dud. mestier de paintre », et le rendre expert en fin dud. temps, de le loger, chauffer et nourrir « et luy bailler ses nécessitez corporelles selon son estat. » Le père est tenu d'entretenir son fils de « vesture, lange, linge et chaussures » et de payer aud. Hardouin 40 l. tz, soit 10 l. par an; il s'engage aussi de faire continuer à l'apprenti son temps de service, sous peine de tous dépens, dommages et intérêts.

BOULLET.   DE LOUVEIGNY.

[Et. Jouan.]

1559

87. — *5 janvier*. Marché entre messire Nicolas Bonneau, prêtre, curé de la paroisse de Frocourt et Jean le Pot, tailleur d'images à Beauvais, qui promet de tailler de son métier une image de la Vierge Marie avec l'Enfant Jésus, ayant trois pieds et demi de hauteur, taillée de bon bois

de chêne, sec et loyal, à asseoir en l'église Notre-Dame-
de-SaintPaul, avant Pâques prochain, au prix de 22 l. tz.,
dont moitié est payée ce jour et le reste à la livraison.

DE CREILG.   DE LOUVEIGNY.

[Et. Jouan.]

---

88. — *16 janvier*. Bail, pour deux ans, par Jacques
Pinguet, marchand à Beauvais, à Jacques le Febvre,
Claude Lenglès et Jacques David, maçons, tailleurs de
pierre en cette ville, de la carrière des « Ernoulets », sise
à Saint-Martin-le-Neuf, joignant d'un côté à la carrière de
Saint-Etienne et d'autre côté au chemin d'Aux Marais,
moyennant 12 l. tz de loyer par an, payables aux quatre
termes accoutumés, à charge par lesd. preneurs d'entretenir la carrière, en faire les déblais et la rendre en parfait
état à la fin du bail. Le sieur d'Aux Marais et le bailleur
pourront en faire tirer de la pierre pour bâtir, sans que les
preneurs aient le droit de s'y opposer et de réclamer une
diminution de lad. redevance (1).

DE VAULX.   MACAIRE.

[Et. Recullet.]

(1) « 1564, du 1ᵉʳ juillet, Scipion, filz de Jacques David et Barbe
Michau; les parrins, Scipion Hardouin, Olivier Salmon; la marrine,
Perrette Petit. Baptêmes de la paroisse Saint-Etienne, *Arch. com-
mun. de Beauvais*, GGI.

---

89. — *20 mars*. Marché passé entre Nicolas Cossart
et Lamoral de Nainville, fondeurs de cloches demeurant à
Beauvais, principaux, et Pierre Tiersonnier, marchand
tapissier aud. lieu, leur pleige et caution, d'une part, et
les marguilliers et habitants de la paroisse d'Haudivilliers,

d'autre part, pour faire deux cloches aud. village « au lieu où les moules desd. cloches sont faitz », lesd. cloches bien sonnantes et accordantes, à livrer avant le jour de Pâques prochain, moyennant 22 l. tz, payables à la première requête des fondeurs. Le métal nécessaire leur sera fourni par les marguilliers (1).

DE LOUVEIGNY.   MACAIRE.

[Et. Jouan.]

(1) Lamoral de Nainville épousa une fille de Jacques le Vasseur, tondeur ; ils eurent :

« 1557, XIII^a octobris, Jacobus, filius Lamoral (sic); patrini, dominus Johannes Pillon, Jacobus Vaillant; matrina, Laurentia le Vasseur. » Registres de Saint-Etienne, GG1.

« 1560, XX^a augusti, Maria, filia Lamoralis de Nainville et Perrine le Vasseur; patrinus, Robertus Thiersonnier; matrine, Maria le Vasseur, Egidia le Roux. » *Ibidem*, GG1.

« 1563, XVIIIe febvrier, Claude, filz Lamoral de Nainville et Prignette le Vasseur; les parrins, Jean de Nainville, Claude Mignon; la marrine, Adriane le Vasseur. » *Ibidem*, GG1.

« 1567, XXIIe aoust, Pierre, filz de Lamoral de Nainville et Prigne le Vasseur ; parrins, Pierre Sanguin, Pierre Lenglès; marrine, Armiette de Nainville. » *Ibidem*, GG1.

« 1572, XXIXe apvril, Pierre, filz de Lamoral de Nainville et Prigne le Vasseur; parrins, Pierre le Roy, Eustache Hémery; marrine, Françoise le Gendre. » *Ibidem*, GG1.

« 1576, X^e aoust, Jeanne, fille de Lamoral de Nainville et Perrine le Vasseur, le parrin est Jean du Bus et les marrines Anthoinette Gaiant et Agnès Boileaue. » *Ibidem*, GG2.

Nicolas Cossart n'eut qu'une fille : « 1558, die XIX^a julii, Laurentia, filia, Nicolaii Cossart et Antoine (sic) ; patrinus, Johannis Vaillant; matrine, Perrina le Vasseur, Laurentia le Vasseur. » *Ibidem*, GG1.

---

90. — *31 mars.* Pierre le Vasseur, fondeur de cloches et Jeanne Talbot, sa femme, Nicolas le Boucher, marchand bourgeois de Beauvais, seigneur de Bazincourt et de Moimont, et Jeanne le Vasseur, sa femme, font échange de plusieurs héritages sis à Allonne, Bongenoult et Frocourt.

DE VAULX.   MACAIRE.

[Et. Recullet.]

91. — *13 avril*. Marché passé entre Nicolas Cossart et Lamoral de Nainville, fondeurs à Beauvais et les marguilliers et habitants de la paroisse de Bonliers, pour fondre deux cloches, pesant ensemble 8 à 900 livres, sonnantes et accordantes, à livrer pour lad. église, dans la quinzaine en leur hôtel aud. Beauvais. Le métal leur sera baillé par les marguilliers qui paieront 18 l. tz aux fondeurs, le jour de la livraison.

MACAIRE.

[Et. Recullet.]

92. — *12 mai*. Bail, pour deux ans, par Simon Violette, Toussaint et Regnault Foy, marchands, receveurs fermiers de l'abbaye Saint-Symphorien-lès-Beauvais, à Antoine Chéniau dit Dagien, Jean Serpe, Jacques Naquet et Gabriel Cardon, tous maçons, tailleurs de pierre, de la carrière de pierre, dite la Carrière à l'eau, sise au-dessous du Bois de la Grange, joignant à une autre petite, nommée le Trou à Mouches, moyennant 12 l. tz de loyer par an et aux charges accoutumées.

DE LOUVEIGNY.   MOREAU.

[Et. Recullet.]

93. — *20 mai.* Maîtres Pierre de Linières, Gilbert Vinart et Louis Davesnes, prêtres « habituelz » de l'église Saint-Sauveur de Beauvais et plusieurs habitants de lad. paroisse, notamment M" Jean Paumart, prévôt d'Angy, à présent maire de Beauvais, Pierre Binet, Claude le Lanternier, Pierre Gallopin, apothicaire, Adam Patin, Nicolas Boyleau, Jean Boicervoise, certifient que M" Berthaud Turquet, prêtre, naguères demeurant à Senlis, maître des enfants de chœur de Notre-Dame dud. Senlis, qui fut enfant de chœur en l'église Saint-Pierre de Beauvais, est homme de bien, « de bonne vie et conversation et réputé scavant en la science de musique et plain chant, pour l'avoir veu puis quinze jours en çà chanter, tant en musique que plain chant, au cœur de lad. église Saint Saulveur, et est capable montrer l'art et science de musique aux enfans de cœur. » Ils désirent qu'il soit reçu en lad. église comme habitué. Vinart ajoute qu'il l'a vu « faire plusieurs compositions en musique et congnu plusieurs de ses escholiers qui sont de présent estimez des plus suffizans du royaulme. » Ils demandent qu'il soit préféré à messire Guillaume le Febvre, serviteur de messire François Cornet, curé dud. Saint-Sauveur, et que led. le Febvre n'y soit pas reçu « pour son insuffisance et incapacité notoires. » De cette attestation Robert de Regnonval et Jacques Larchonneur, notaire, à présents marguilliers de lad. paroisse, requièrent lettres aux notaires soussignés.

De Creilg. De Louveigny.

[Et. Jouan.]

---

94. — *3 juin.* Marché passé entre Lamoral de Nainville et Nicolas Cossart, fondeurs de cloches et les marguilliers et habitants de la paroisse d'Agnetz, pour faire une cloche servant à lad. église, « sonnante et accordante aux

cloches d'icelle », à livrer dans la huitaine, moyennant
18 l. tz pour la façon, payable à la volonté des fondeurs.
Les marguilliers fourniront le métal et autres matières nécessaires.   MACAIRE.

[Et. Recullet.]

---

95. — *12 juin.* Frères Jean Mallet, maître, Pierre
Mouton, procureur, Guillaume Mallet, Eustache le Roy,
François Gayant, prêtres, sœurs Marie le Brun, maîtresse,
Catherine le Febvre, Marie de Catheu, Antoinette Masset,
Catherine Cacheleu, Anne le Maire, Françoise Chartier et
Angadrème Féret, tous religieux et religieuses de l'Hôtel-
Dieu de Beauvais, reconnaissent que Philippe le Sueur,
maître tailleur d'images aud. Beauvais, « pour parvenir à
la profession » faite aud. Hôtel-Dieu par sœur Catherine
Cacheleu, a payé 200 l. tz, savoir 140 l. en argent « ma-
nuel » et le reste « tant en drap blanc et noir » que pour un
lit et autres meubles pour servir à lad. sœur, comme on a
coutume de fournir à une religieuse faisant profession aud.
Hôtel-Dieu; et ce pour que led. Le Sueur demeure quitte
de 200 l. envers led. Hôtel, « au droit de lad. sœur Catherine ». Les religieux déclarent se contenter de cette
somme, sur la succession échue à lad. Catherine, car le
surplus a été payé par Le Sueur en frais de justice (1).
                              DE LOUVEIGNY.

[Et. Jouan.]

(1) Je n'ai pas trouvé cet acte aux Archives de l'Hôtel-Dieu.

---

96. — *5 juillet.* Marché passé entre Pierre Boullet,
brodeur à Beauvais, et les marguilliers et habitants de la
paroisse de Silly, pour faire, à l'usage de leur église, « une

chappelle de quatre habitz, assavoir ung chasuble, tunicque et domaticque et une chappe, le tout de damas rouge, pareil de l'eschantillon à ceste fin baillé par led. Boullet ausd. acceptans, les choses dessusdites garnyes d'offroys d'or de masse, à champ de velours rouge, les tabernacles et une ymaige à chacun coppon et au chapperon de la chappe ung histoire de monsieur saint Martin; avecq ce, fournir une custode de damas semblable, garnye de frenge à ce convenable pour servir au Corpus Domini; réservé que, quant au regard du damas qu'il conviendra avoir pour faire led. chasuble, led. Boullet n'en sera aucunement tenu; bien sera tenu fournir les offroys tant de la chasuble que autres aornemens, pareils et semblables que ceulx qu'il leur a ce jour dhuy monstrés. » Le tout sera livré avant la Notre Dame de septembre prochain, moyennant 140 l. tz, payables savoir moitié à la livraison, moitié à Noël suivant.

Boullet leur promet aussi de faire « une chappelle des trespassez de quatre habitz, assavoir ung chasuble, tunicque et domaticque et une chappe, le tout de satin renversé noir et les orfroys de trippe de velours noir, garnis de testes de mors, larmes, ossemens et aultres choses à ce convenables; » à livrer avant la Toussaint, moyennant 32 l. tz.

MACAIRE.

[Et. Recullet.]

---

97. — *15 juillet.* Jeanne Mallet, veuve de Nicolas Roger, marchand brodeur à Beauvais, reconnaît devoir à Jean de Laulne, marchand de soie à Paris, la somme de 700 l. tz, restant de 951 l. sur les fournitures de soie que son mari avait eues dud. de Laulne.

MACAIRE.

[Et. Recullet.]

98. — *2 septembre*. Pierre Boullet, brodeur à Beauvais, reconnaît que Regnault le Febvre, de Blicourt, fils de Guillaume le Febvre, laboureur, « l'a bien, loyaument et fidèlement servy aud. mestier de brodeur » pendant 6 ans finis le jour de saint Remi 1558 dernier, suivant l'obligation passée dud. apprentissage. Il confesse avoir reçu dud. Regnault et de son père la somme de 29 l. 18 s. tz portée dans lad. obligation et tient quitte l'apprenti et son père de tous deniers et de l'apprentissage.

[Et. Recullet.]   DE VAULX.   MACAIRE.

---

99. — *30 septembre*. Messire Gilles Sioult, prêtre, chanoine de Notre-Dame-du-Chatel de Beauvais, tuteur de Jean Du Ten, fils mineur de défunts Jean du Ten et Marie Sioult, demeurants aud. Beauvais, en présence et par le conseil « de Simon Hardouin, peintre, son oncle, frère Nicolas Pinaigrier, vittrier, Phorien Hersent et autres ses parens et amis, demeurants aud. Beauvais », reconnaît avoir alloué led. Jean comme serviteur et apprenti, pour 4 ans, à maître Guyon de Vable, demeurant à Paris, rue Saint-Martin. L'apprenti promet « servir led. de Vable, son maistre, au mestier de paintre et autres ses affaires licites et honnestes, son proffit faire et dommage éviter, et led. de Vable sera tenu et a promis nourrir, traiter, loger et substenter, chausser, vestir et alimenter led. apprentif, bien et suffisamment, selon son estat, durant led. temps et luy monstrer l'art, science et industrie de paintre et d'iceluy le rendre expert et bon ouvrier en fin des quatre ans, tellement que en puist gaigner sa vie. Et, moyennant ce, iceluy Sioult en lad. qualité, a promis payer aud. de Vable la somme de douze livres, 10 s. tz, assavoir cent s. tz présentement, qui a esté fait et dont quittance, et la reste, montant 7 l. 10 s. tz, payable du jour d'huy en deux ans. »

[Et. Recullet.]   DE VAULX.   MACAIRE.

100. — *21 Octobre*. Marché passé par maître Denis de Journy, facteur d'orgues, demeurant à Beauvais, avec les marguilliers de l'église Notre-Dame de La Neuville-en-Hez, « pour faire de toutes œuvres et matières, à ses despens, ung corps d'orgues en lad. église sur le lieu où sont les orgues anciennes. Led. corps sera fait tout de neuf et contiendra ung plain jeu, auquel sera la monstre de trois piedz et demy et oultre le pied du tuyau avec son octave puys l'octave au dessus avec la cimballe fournie de deux fois trente huit tuyaulx, le tout d'estain qui sera pour le plain jeu ; plus, une flutte bouchée de plomb, rapportant aud. jeu de troys piedz et demy ; item, ung jeu de nazart, auquel il fault deux fois trente-huit tuyaulx de plomb, ung jeu tremblant et ung rossignol, lesd. jeux ayans registres différentz et séparez, qui se tireront par la devanture dud. corps d'orgues environ le clavier ; lequel corps d'orgues sera aussy fourny de trois souffletz emboitez, bons et suffisans, tant en fasson que estoffes. Lesd. orgues, registre et claviers seront mis sur ung fust neuf de bon bois de menuiserie, enrichy de taille à la mode du temps présent et fourny de toutes ferrures nécessaires, aux despens dud. Journy; lequel, en ce faisant, prendra à son proffit tout ce qui estoit corps et souffletz des vielles orgues. » Ce marché est fait moyennant 175 l. tz, payables un tiers comptant, un tiers à Noël prochain et le reste au jour de la livraison, avant la mi-carême prochain. Louis le Caron, procureur en la cour spirituelle de Beauvais, se porte pleige et caution dud. facteur (1).

MACAIRE.

[Et. Recullet.]

(1) De Journy habitait paroisse Saint-Laurent : « 1567, III^a mensis augusti, Stephanus, filius Dionisii de Journi et Noelle le Bel, cujus patrini Claudius du Caurroy, prepositus de Milli et Hugo Baucque; matrina, Magdalena Quarrée. » Registre des baptêmes de la paroisse Saint-Laurent, *Arch. communales de Beauvais*, GG40.

Il vivait encore en 1581 : « X^a novembris, Dionisius, filius Ludovici Taveau et Agnetis du Mas ; patrini, Nicolaus le Prince et Dionisius de Journy; matrine, Francisca de Vinci et Colletta Taveau. » Baptêmes de la paroisse de la Basse Œuvre, *Ibidem*, GG 163.

En 1584, le 2 avril, il donnait quittance aux marguilliers de Saint-Etienne d'une somme de cinq écus « réduitz à XV l. tz. », pour avoir raccoutré les orgues de lad. paroisse. Comptes des marguilliers, *Archives de Saint-Etienne*.

---

101. — *28 Octobre.* Vente par deux « carreliers » demeurant au Mont, paroisse de Saint-Paul, aux marguilliers de l'église dud. Saint-Paul, de 1500 pieds de pierre de taille, prise en la carrière du Mont, moyennant 6 d. tz pour chaque pied de pierre et 18 s. pour chaque cent de carreaux, « si aulcuns leur en fault. » Les marguilliers donnent 10 l. d'avance ; le reste sera payé à mesure que la pierre sera tirée.

MACAIRE.

[Et. Recullet.]

---

102. — *16 Novembre.* Marché passé entre Jean le Pot, tailleur d'images à Beauvais, d'une part, et Nicolas le Febvre et Antoine le Besgue, maîtres et administrateurs de la Confrérie Sainte-Anne et Saint-Claude, fondée en l'église Saint-Sauveur dud. Beauvais, d'autre part, pour faire et tailler de sond. métier une image de saint Claude, de bon bois sec, haute de quatre pieds, suivant le devis et portrait fait par led. Le Pot et paraphé du notaire. Elle sera posée en lad. église avant Noël prochain, moyennant 20 l. tz, payables le jour de la livraison.

MACAIRE.

[Et. Jouan.]

103. — *19 Novembre.* Marché entre Regnault Millet, « carrelier » à Aux Marais et Jean Millet, vigneron à Rieux, près Tillé, d'une part et Jean Pajot le jeune, marguillier de l'église Saint-Etienne de Beauvais, pour tirer des pierres en la carrière de la Tonne, appartenant à lad. église, pendant un an, « tant qu'il conviendra avoir pour la massonnerie et construction de lad. église. » Les carriers amèneront la pierre à Beauvais où il leur sera commandé, au prix de 12 d. p. par pied, soit 6 d. pour la façon et 6 d. pour la voiture. « Lad. pierre, tant dure que tendre, sera comptée treize pour douze, pour le regard de ce qu'ilz en fourniront pour besongner à lad. église et non pour autres. » Ils sont tenus d'entretenir la carrière en bon état et d'en enlever les déblais (1).

DE LOUVEIGNY.　　MACAIRE.

[Et. Recullet.]

(1) Une copie de cet acte est aux *Archives de l'église.*

---

104. — *8 Décembre.* Sommation faite par Antoine de la Croix et Nicole des Loges, prêtres, chanoines de Saint-Vaast de Beauvais, à Pierre Gimart, Jean Pajot le jeune et Pierre Gallopin, marguilliers de la fabrique Saint-Etienne en lad. église Saint-Vaast, pour qu'ils aient « à faire fermer en toute diligence, bien et suffisamment, le cœur d'icelle église, tellement que ce qui est dedens iceluy puist estre en seureté : aultrement et en leur refus ou délay, lesd. chanoines ont protesté que, s'il advient aucun inconvénient, perte ou dommage dedens led. cœur, soit au Corpus Domini et sciboire que aux aournemens et autres choses, ilz fassent réparer le tout. » Ils se réservent de recouvrer sur les marguilliers tous dommages et intérêts.

MACAIRE.

[Et. Recullet.]

1560

104 bis. — *25 Janvier.* Marché passé entre Jean Damiens, peintre à Beauvais et les marguilliers et habitants de la paroisse de Saint-Martin-le Neuf, « pour paindre et dorer, bien et suffisamment, une table d'autel estant de présent en lad. église, de aussy bon or et painture que est la table du grant autel de l'église Saint Thomas dud. Beauvais ; aussi dorer et paindre la crosse et deux coulonnes, deux anges qui sont ou seront apposez à l'entour dud. autel, raffrechir l'ymage de Nostre Dame estant en dessus de lad. table d'autel, paindre et dorer les huisseries de lad. table ; avec ce, paindre ung drap servant à mettre au devant du crucifix de lad. église, en livrant par lesd. margliers la thoile pour ce faire, et historier led. drap de la Passion Nostre Seigneur, comme sont telz draps és autres églises dud. Beauvais. » Le tout sera fait moyennant 200 l. tz et livré à lad. église, de Pâques prochain en un an. Les charrois qu'il faudra faire pour enlever lad. table et la rapporter en lad. église seront aux frais des marguilliers. Pierre Boullet, brodeur et Philippe le Sueur, tailleur d'images, « ont pleigé et cautionné led. Damiens et ont promis faire avec icelluy lesd. ouvrages, dorures et paintures, sur peine de payer auxd. margliers et habitans tous despens, dommages et intérestz. »

DE VAUX.   MACAIRE.

[Et. Recullet]

---

105. — *18 Février.* Marché passé entre Philippe le Sueur, tailleur d'images et les marguilliers et paroissiens de Saint-Thomas de Beauvais, « pour faire et construire une table d'autel en lad. église, à l'endroit où est

de présent l'ymage et autel saint Martin, laquelle table
sera hystoriée de l'hystoire saint Hubert, faite et taillée
de pierre tendre et eslevée de dix poulces, et aura icelle
hystoire et table d'autel cinq piedz de haulteur et de largeur six piedz, pied de roy, et aura l'ymage de saint Hubert trois piedz de hault, estant à genoul, le cerf et autres
choses requises en icelle table bien et suffisamment com-
pensées de haulteur et grosseur ; pareillement faire deux
coulonnes de pilliers des deux costez de lad. table et hors
œuvre, avec la cornice, et ung ymage de saint Martin à
cheval au dessus, ayant en haulteur trois piedz ; le tout
fait de telles façons et enrichissemens qu'il est porté en
ung pourtraict de ce fait, présentement exhibé et qui a esté
paraphé par les notaires, demouré és mains dud. le Sueur,
pour le représenter, quant besoing sera. Toutes lesquelles
ouvraiges led. le Sueur a promis faire et estoffer de bonnes
pierres et bien faire selon led. pourtraict et livrer à ses
despens toutes les estoffes à ce requises, le tout subjet à
visitation. » Le Sueur devra avoir fini led. ouvrage avant
la saint Jean-Baptiste prochain, moyennant 65 l. tz, sur
quoi il a reçu 40 l.; le reste sera payé à la livraison. « Et,
si ung an après lesd. ouvrages livrez, y avoit quelque chose
d'icelles qui se desmolist, iceluy le Sueur sera tenu le
tout réparer à ses despens. »

DE VAULX.   MACAIRE.

[Et. Recullet]

---

106. — *30 Avril.* Marché passé entre Nicolas Pinaigrier, « vittrier », demeurant à Beauvais et les marguilliers
de la fabrique Saint-Thomas dud. Beauvais, savoir Abra-
ham Acher, Pierre Masson et Noël du Francastel, pour
faire en lad. église « une vittre à troys jours, hystoriée de
l'ymage du Crucefix, et aux piedz la Vierge Marie, un saint

Jehan et une Magdalaine, lesd. ymages bien estoffées et
de bonnes coulleurs, aux dictz de gens à ce congnoissans,
selon le pourtraict baillé ausd. margueliers et paraphé des
notaires. » Le tout sera assis et posé en lad. église, aux
dépens dud. Pinaigrier, avant la Notre-Dame de septembre prochain, moyennant 90 l. tz, dont 25 l. payées ce
jourd'huy et le reste payable à la livraison.

DE CREILG.   MACAIRE.

[Et. Jouan.]

---

107. — *4 Mai*. Marché passé entre Antoine Cresson,
« paintre et blanchisseur » demeurant à Goincourt et les
marguilliers de l'église Saint-Thomas de Beauvais, pour
« blanchir le cœur de lad. églize, la chappelle Nostre
Dame, la chappelle saint Nicolas jusques à la neufve église
et la voulte des cloches jusques à l'arche du crucefix, le
tout tant hault que bas ; et quant aux clefs des voultes
d'en haut sera tenu les paindre de coulleurs et en huile, de
vermillon, azur et vert, et reigler la massonnerie en
blanchissant icelle. » Pour ce faire, le peintre fera les
« hourdages » nécessaires et les marguilliers lui livreront les
échelles, bois et autres choses requises. Avant de blanchir,
Cresson sera tenu « ratisser la massonnerie suffisamment ad
ce que lad. blanchissure y puisse tenir. » Le tout sera
fini avant la saint Jean-Baptiste prochain, moyennant
25 l. tz, sur quoi il reçoit 48 s. comptants.

DE CREILG.   ·   MACAIRE.

[Et. Recullet.]

---

108. — *20 Mai*. Quittance donnée par Jean le Pot
l'aîné et Jean le Pot le jeune, tailleurs d'images à Beauvais, à Guillaume le Marchant, couturier aud. lieu, d'une

somme de 50 l. tz pour le rachat de 4 l. de rente, faisant partie de 15 l. 10 s. de rente propriétaire que led. Jean le Pot et son fils avaient le droit de percevoir sur une maison, sise en la rue descendant du portail de l'église Saint-Sauveur au pont du même nom, joignant d'un côté à maître Pierre Petit et d'autre côté « au nouvel œuvre Saint Saulveur. » (1)

DE LOUVEIGNY.

[Et. Jouan.]

(1) En 1561, Jean le Pot taillait une statue de saint Martin pour l'église de ce nom, au prix de 50 s. *Arch. de l'Oise*, Comptes de fabrique de cette église.

---

109. — *20 Juin.* Marché entre Antoine Chéniau, Jean Serpe et Jacques Naquet, maçons, d'une part, et Claude Loisel, bourgeois de Beauvais, pour construire en son hôtel seigneurial sis à Flambermont, une tour ronde « selon la rondité » et semblable à celle déjà faite, avec un mur de pierre sous le corps dud. logis, « du costé du pastis », ayant même épaisseur que les autres murs faits l'an passé, « auquel mur y aura embassement et lermier, servant de glachis et deux demy croisées et aultres petitz jours, si le cas le requiert. » Les travaux seront terminés avant la Notre-Dame de septembre, moyennant 35 tz pour chaque toise, payables à mesure que se fera lad. besogne (1).

DE LOUVEIGNY.   MACAIRE.

[Et. Recullet.]

(1) Jacques Naquet eut une fille de Renée Déarde, sa femme : « le parrin, Augustin de Tilloy : les marrines, Anne de Goudessent et Jehanne Blanchard. » 30 mars 1565. Registre des baptêmes de Saint-Etienne, *Arch. commun. de Beauvais*, GG1.

110. — *20 Juin*. Marché passé entre Jean de Goudessent, Denis Lévesque et Michel Tauberon, maçons, tailleurs de pierre à Beauvais, d'une part, et les maire et pairs de cette ville, acceptans par Louis Hérenger, maître des forteresses dud. Beauvais, d'autre part, pour faire les ouvrages qui suivent en un pont nommé le Pont de Lignières, autrement dit le Pont de Poivre bouilli, savoir « allonger led. pont du costé des héritiers Pierre Cossart de six piedz, et de l'autre costé vers la maison Josse Allart, de neuf piedz, qui servira d'embassement pour led. costé ; de l'autre costé, vers la maison Nicolas le Lanternier, de deux piedz et demy, et de l'autre costé vers le Lion Rampant de six piedz, pour servir aussi d'embassement. » Le tout sera fait de pierre rouge de Savignies, maçonné de chaux et ciment pour les voussures et pieds-droits et achevé dans la quinzaine, au prix de 43 l. tz.

DE LOUVEIGNY.   MACAIRE.

[Et. Jouan.]

---

111. — *18 Août*. Marché entre Clément Roulart, charpentier à Beauvais, et les habitants de Fouquenies, paroisse de Saint-Maxien, « pour faire ung pont de bois aud. Fouquegnies, contenant cent piedz de long et de large cinq piedz, de dedens en dedens, pour aller et venir par dessus la rivière de Thérain, pour aller aux coustumes dud. lieu et faire les tréteaulx d'icelluy de sept piedz en sept piedz, et entre deux tresteaulx y faire une croix bourguignonne pour soustenir les appuis et, pour couvrir iceux tresteaulx, y asseoir planches de poulce et demy d'espesseur. » Les habitants fourniront les matériaux nécessaires. Le pont sera terminé avant la saint Martin d'hiver, moyennant 30 l. tz.

DE CREILG.   MOREAU.

[Et. Recullet.]

112. — *22 Août*. Vente par Jean le Maire, praticien à Beauvais et Gabrielle de Lalict, sa femme, à Laurent Chappon, « vitrier » aud. Beauvais, d'une maison sise petite rue Saint-Sauveur, joignant d'un côté aux hoirs Simon le Briseur, d'autre côté à Jean le Prévost, d'un bout par devant à lad. rue et d'autre bout par derrière à Nicolas Loysel, moyennant 300 l. tz.

DE VAULX.   MACAIRE.

[Et. Recullet]

---

113. — *30 Août*. Titre-nouvel passé par Pierre le Vasseur, fondeur de cloches à Beauvais, pour sa maison où il demeure, sise en la grande rue Saint-Martin, paroisse Saint-Sauveur, qu'il reconnaît chargée de 7 l. 6 d. p. de rente envers Pierre Pastour, dit Gamelin, marchand aud. Beauvais.

DE VAULX.   MACAIRE.

[Et. Recullet]

---

114. — *5 Octobre*. Vente par Pierre Pia, « maistre vittrier » demeurant à Beauvais et Jeanne Labbé, sa femme, à Nicolas Hennin, marchand « gorlier » aud. lieu, de la cinquième partie d'une maison, cour, étable et pourpris, sise rue Saint-Laurent, au-devant des bornes de lad. église, moyennant 47 l. 10 s. tz. La maison leur appartient « du propre de lad. femme » (1).

DE LOUVEIGNY.   MACAIRE.

[Et. Recullet]

115. — *16 Octobre*. Marché passé entre Lamoral de Nainville, fondeur de cloches et les marguilliers et habitants d'Haudivillers, pour « fondre et faire deux cloches, pour servir à lad. église, lesquelles seront bien sonnantes et accordantes à une autre moyenne cloche, demeurée et estant entière au clocher, laquelle moyenne cloche sera pour l'advenir pour la plus grosse cloche ; lesquelles deux cloches led. Nainville sera tenu rendre bien faites et parfaites et accordantes en dedans huitaine d'huy, en luy livrant par lesd. margliers le métail, bois et autres estoffes à ce requises et luy baillant aides ad ce faire. » Le fondeur recevra 24 l. tz, payables 15 jours après lad. fonte, mais les acceptants seront tenus de faire pendre, dans la quinzaine au plus tard après la fonte faite, lesd. cloches en leur place. Pierre Tiersonnier, marchand tapissier à Beauvais, se porte pleige et caution du fondeur.

DE LOUVEIGNY.   MACAIRE.

[Et. Recullet]

---

116. — *12 Novembre*. Pierre Mouret, prêtre, chanoine de Saint-Pierre de Beauvais, vend à Nicolas Pinaigrier, « maistre vittrier » à Beauvais et à Nicole Hersent, sa femme, une maison, cour et lieu, sise rue des Jacobins, joignant d'un côté aud. vendeur à cause de sa maison où pend pour enseigne le Point-du-Jour, moyennant 350 l. tz.; lad. maison chargée de 4 d. p. de cens envers l'évêque de Beauvais (1).

MOREAU.   DE LOUVEIGNY.

[Et. Jouan.]

(1) En 1590, le 9 février, un Nicolas Pinaigrier, prêtre, chapelain de la cathédrale, était témoin d'un acte relatif à Claude de Canonne et Anne Loysel, sa femme, fille de défunt Claude Loysel, élu en l'élection de Beauvais. (Minutes Jouan.)

Il fut reçu, en 1593, chanoine de l'église Saint-Michel, pour desservir la prébende et chanoinie que le chapitre possédait dans la cathédrale : il resta longtemps greffier capitulaire de Saint-Pierre et de Saint-Michel et mourut en 1627. Collection Bucquet, XXXV, 222. En mars 1593, il était parrain d'une fille d'André Riou, maître vitrier; les marraines étaient Marie Millet [fille de Claude, le verrier] et Jeanne Labbé [femme de Pierre Pia, verrier]. Registres des baptêmes de Saint-Sauveur, *Arch. commun. de Beauvais*, GG 146.

---

117. — *7 Décembre.* Marché passé entre Pierre Boullet, brodeur à Beauvais et les marguilliers et paroissiens de l'église Saint-Gilles de Grandvilliers, pour faire « ung chasuble et deux tunicques, le tout de damas cramoisy rouge, dont la plus grand partie dud. damas est donnée par lesd. margueliers et habitans, et le pardessus dud. damas sera led. Boullet tenu le fournir aussi bon et pareil que cestuy qui luy a esté donné. Lesquelz chasuble et tunicque il sera tenu garnir d'offroys de damas blanc, enrichy chacun desd. offroys de quatre onces d'or de Chypre, avec les estoles et phanons respondant ausd. ornemens, saouf qu'il n'y aura aucun or ésdites estoles et phanons ; auquel chasuble sera tenu led. Boullet faire une ymage du Cruxefix et au dessoubz une ymage de saint Gilles et par le devant une ymage de Nostre Dame, le tout d'or de Chipre, suffisamment fait et parfait aux dictz de gens en ce congnoissans. » Le tout sera livré avant la Chandeleur prochain, au prix de 95 l. tz, payables le jour de la livraison.

DE CREILG.   DE LOUVEIGNY.

[Et. Jouan.]

---

118. — *28 Décembre.* Marché passé entre Nicolas le Prince, tailleur d'images et les chanoines de Notre-Dame-du-Châtel de Beauvais, acceptant par Jean Thierry et

Gilles Sioult, prêtres, chanoines de lad. église, « pour
tailler de sond. mestier deux ymages, l'une de saint Pierre
et l'autre de saint Paul, taillées de bonne pierre, nette et
blanche », pour servir en lad. église ; chacune des images
aura 4 pieds de haut, le tout fait et parfait, sujet à visitation, à livrer avant la Pentecôte prochain, moyennant
40 l. tz.   MACAIRE.   DE LOUVEIGNY.

[Et. Jouan.]

1561

119. — *4 Février.* Marché passé entre Pierre le
Prince, « maistre vittrier », demeurant à Beauvais, d'une
part et Huguette le Gendre, veuve de Jean Godin, marchand bourgeois de cette ville, demeurant paroisse Saint-
Sauveur, pour faire « une vittre à quatre jours, où sera painct
le miracle monsieur saint Nicholas », pour asseoir à l'autel dud. saint en l'église Saint-Sauveur de Beauvais ; « le
tout fait et parfait, de bonnes paintures cuittes et recuittes,
selon le pourtraict exhibé aux margueliers de lad. fabricque
et paraphé dud. notaire, subject à visitation »; à livrer avant
la mi-août prochain, moyennant 70 l. tz. dont 30 livres
payées ce jourd'huy (1).   LAMBERT.

[Et. Jouan.]

(1) Sur un des vitraux encore existants de l'église Saint-Etienne
(chapelle de Notre-Dame-de-Lorette), la maison de la Vierge, trans-
portée de Nazareth en Dalmatie, apparaît sous forme d'une belle
chapelle, en haut et à gauche, et l'un de ses contre-forts porte les
lettres P. L. P. qu'on a attribuées à un Pierre le Pot? (Ottin, *Le
Vitrail*, 1 vol. Paris, chez Laurens, planche XXIV.) Ne serait-ce pas
plutôt Pierre le Prince? — En 1557, le 13 octobre, un curateur était
donné à Scipion le Prince, fils d'un Pierre le Prince et de Simone
Davrenelle, tous deux décédés. (Minutes Macaire, étude Recullet.)

120. — *9 Février*. Marché entre Jacques David, Jacques le Febvre et Claude Lenglès, maçons à Beauvais, d'une part, et Regnault Millet, « carrelier » à Aux Marais et Jean Charton, carrier à Goincourt, auxquels lesd. maçons ont baillé un atelier dans la carrière de pierre tendre, dite des « Arnoulets » qui leur appartient jusqu'à la saint Remi prochain. Les carriers sont tenus de payer, en quatre termes, 6 l. tz, d'entretenir l'atelier en bon état et d'en ôter les déblais. Si les maçons on besoin de pierre « comme pierre au pied, carreau et pendant », ils la paieront à raison d'un denier pour chaque pied. 10 s. le cent de carreaux et 5 s. le cent de pendants.

MACAIRE.

[Et. Recullet.]

---

121. — *27 Février*. Marché entre Nicolas Courtois l'aîné, charpentier à Beauvais et Baudechon de Massis, marchand bourgeois de cette ville, pour faire les édifices qui suivent en deux maisons sises grande rue Saint-Laurent, faisant le coin de la rue de l'Ecorcherie, savoir « desmolir entièrement tous les bastimens qui sont de présent bastis aud. lieu et transporter lesd. bastimens et déblais en l'hostel de Beaupré qui est assés près dud. lieu ; ce fait, construire un corps de logis par devant sur lad. rue Saint-Laurent, qui contiendra en largeur sur lad. rue selon l'étendue dud. héritage depuis la rue de l'Escorcherie jusques à la maison Pierre Gueullart et en profondeur 22 piedz, pied de ville, lequel corps de logis sera estoffé de tel bois et de la grosseur et force que bon semblera aud. Massis ; et aura le premier estage de haulteur depuis le rés de chaussée jusques au premier plancher 9 piedz de haut, et sur la devanture faire forme d'ouvroir, et une allée du costé de la rue de l'Escorcherie, laquelle aura de largeur

4 piedz pour aller en la cuisine. Le second estage aura saillie sur les deux rues et de haulteur telle qu'il plaira aud. Massis. Et quant aux pignons seront en telz endroitz qu'il voudra avecq troys piedz de ravallée. Item, faire aud. logis, par le bas, sur la cour, une croisée et demye, et en la chambre hault deux croisées, l'une sur la cour et l'autre sur lad. rue Saint-Laurent et demye croisée vers lad. rue de l'Escorcherie, et faire au comble des fenestres flamengues en telz lieux qu'il plaira aud. Massis. » Les édifices seront faits du bois et des matériaux fournis par de Massis, et l'on emploiera le plus possible de vieux bois. Le charpentier recevra pour le tout 40 l. tz.

Le 6 mars suivant, Antoine Chéniau et Jacques Naquet, maçons, vendent à de Massis toute la pierre, dure ou tendre, nécessaire à la construction de cette maison, savoir « les parpains et ablocs pour soustenir les corps dud. logis et les voussures pour faire les caveaux. » Les carreaux « de la sorte accoustumée aud. Beauvais » sont au prix de 30 s. le cent ; les pierres tendres, venant de la carrière de Saint-Martin-le-Neuf seront livrées au lieu de la construction ; les pendants se paieront 14 s. le cent. Sont présents au marché Nicolas Courtois, charpentier et Thomas Cochon, maçon de briques.

MACAIRE.

[Et. Recullet.]

---

122. — *9 Avril.* Les marguilliers de la paroisse Saint-Martin-le-Neuf se rendent à Beauvais chez Philippe le Sueur, tailleur d'images et Pierre Boullet, brodeur et leur rappellent la promesse qu'ils ont faite, solidairement avec Jean Damiens, peintre, par contrat passé le 25 janvier 1559 (1560). Par devant Florimond de Vaulx et Pierre Macaire, notaires; ils les somment d'exécuter led. contrat, les menaçant « d'obtenir contre eulx commission et exécution, mesme par emprisonnement, et tous coustz, dommaiges et intérestz. » Le Sueur et Boullet répondent qu'ils vont presser Damiens de faire son travail.

Le 28 mai suivant, ils reviennent aux domiciles des artistes, offrant de leur payer d'avance ce qui reste à faire. On leur répond que Damiens est en voyage et cherche des ouvriers, afin de hâter l'exécution du marché. Présents : Pierre Pia, vitrier, et autres.

LAMBERT.

[Et. Jouan.]

---

123. — *24 Avril.* Marché passé entre Pierre Boullet, brodeur et les marguilliers et paroissiens de Thieux, pour leur faire une bannière de damas cramoisi rouge « hystoriée de deux ymages, assavoir ung cruxefix d'un costé et une ymage Nostre Dame de l'autre costé, estant en ung soleil, lesd. ymages faites d'or de masse, du mellieur après l'or fin, de la haulteur de demye aulne demy quart ou environ et les frenges de soye, lad. bannière contenant neuf quartiers de damas, avec ung corporalier de satin de soye rouge, enrichy de broderie »; le tout livré avant la Pentecôte, moyennant 33 l.tz.

DE LOUVEIGNY.

[Et. Jouan.]

---

124. — **8** *Août.* Marché entre Michel Tauberon et Denis Cazier, maçons, tailleurs de pierre à Beauvais et maître Pierre Aubert, écuyer, seigneur de Condé, demeurant aud. Beauvais, pour faire en son hôtel seigneurial de Condé les ouvrages qui suivent : « abattre la porte et le mur estant sur la rivière de Thérain, tenant au grant corps de logis; item, abattre le retour dud. mur jusques à deux piedz et demy par delà le pothuis qui sert pour aller aux marestz, et refaire les deux murs, porte et pothuis de pierre de taille et lever led. mur à l'endroit de l'estude, aussi hault que la charpenterie qui y est pour le présent ; item, faire deux ailes du mur aux deux costez de la grant porte venant en lad. rivière, chascun de la longueur de XII piedz sur deux piedz et demy d'espoisseur ; item, aprez le pont levis faire deux arches, chascune de IX piedz de largeur ; item, faire une arche en fasson de porte, à laquelle arche se fera une targe où seront des armoyries à troys trèfles...... Item, depuys le pont levis jusques au bout dud. pont, se feront des deux costez deux gardefouz, de telle forme et manière que sont ceux de la Porte Paris dud. Beauvais, de la haulteur de troys piedz et d'espesseur de cinq quartz de pied. » Le tout sera fait en pierre de Mérard, pour résister à la gelée et maçonné à chaud et ciment, moyennant 600 l. tz.   MACAIRE.

[Et. Recullet.]

(1) De son mariage avec Jeanne Bernard, fille du maître de l'œuvre de Saint-Pierre, Denis Cazier, eut pour enfants :

« 1561, le XXIII⁰ juillet, Jehan ....; les parrins, maistre Pierre Lalic, Jehan Casier; la marrine, Collechon Collard. »

« 1564, le XI⁰ apvril, Nicolas ...., les parrins Nicolas le Teullier, Augustin Tilloy; la marrine, Marie Tauberonne. »

« 1569, XIᵃ die maii, Maria, filia Dionisii Casier et Johanne Bernard; patrinus, Jacobus David; matrine, Maria Naquet, Barbara Tauberon. » Registre des baptêmes de Saint-Etienne, *Arch. commun. de Beauvais*, GG 1.

---

125. — *12 Août.* Marché passé entre Jean Guérin et Lamoral de Nainville, fondeurs, Pierre Tiersonnier, marchand à Beauvais, leur pleige et caution, d'une part, et les marguilliers et paroissiens de Notre-Dame du Thil, d'autre part, « pour faire et fondre trois cloches, sonnantes et accordantes de *la, sol, fa,* pour servir en lad. église, faites et parfaites en dedans huitaine d'huy; pour quoy seront tenuz lesd. fondeurs livrer toutes matières et ustensiles qu'il conviendra avoir, saouf seulement le métail qui leur est fourny de la part desd. margueliers et habitans » moyennant 22 écus d'or soleil, payables le jour de la livraison.

Le 26 août suivant, les marguilliers reconnaissent avoir reçu ces trois cloches, « jouxte le contenu aud. marché », mais il est convenu entre les parties que, si durant la première année, les cloches se cassent par la faute des fondeurs, ils les refondront à leurs dépens (1).

DE LOUVEIGNY.

[Et. Jouan.]

(1) La plus grosse des trois cloches de cette église, mesure 1 m. 29 de diamètre. Son inscription, en fines lettres gothiques, sans virgules, a été relevée, en 1843, par Peaucelle, de Voisinlieu (manuscrit inédit) :

« L'an mil V quatre-vingt, noble Adrian de Boufflers, sr de Caigny, damp Yves Cuisinier, prier de St Lucian, Me Germain Carré, Me Luc Thvot, Me Eustache Rendu, Maistre Nicole Tristan, bailli de St Lucian, Nicolas de Creil, Augustin de Creil, Robert Tonnellier, Anthoine Capelle, Noël de Henu, Martin Salmon, Nicolas Bérenger, Thomas Dargille, Thibault de Hénu, Lucas Louvet, Pierre Bezenguy, Jehanne Clément, Berthelinne Salmon, Claudine Evrard, Claudinne Salmon, Jehanne le Febvre, Marie Caudel, Pernette le Tonnellier, Denise de la Fraye et suis nommée Lucianne. Me Noël de la Fontaine, vicaire de céans, Anthoine Guagnerel + Claude Régnier, Ambroise Bésenguy, Anthoine Salmon, margueliers pour lors. »

M. Louis Régnier, qui a publié cette inscription (*Société académique de l'Oise, Comptes-Rendus*, 1906, XXXIX) ajoute que le fondeur y a placé plusieurs empreintes en relief, figurant le Christ en croix, accompagné de la Vierge et de saint Jean, la Vierge portant l'Enfant ; saint Lucien, en costume épiscopal, portant sa tête ; saint Pierre tenant un livre et une clef; un saint portant un livre et un coutelas, et qui pourrait être saint Barthélemy. « Au milieu de ces figures de saints est la marque du fondeur : elle montre, sur un écu en bannière, une cloche cantonnée de quatre clochettes, accompagnée de deux croissants, l'un en chef et l'autre en pointe et accostée des lettres J G, initiales de Jean Guérin, le fondeur. »

126. — *19 Septembre*. Marché passé entre Lamoral
de Nainville et les marguilliers de l'église de Loueuse,
pour fondre une cloche, sonnante et bien accordante à une
autre qui est restée en leur église; elle sera faite dans la
quinzaine, moyennant 15 l. tz, payables à la livraison, le
jour où les marguilliers viendront la chercher à Beauvais. Le
fondeur reconnaît avoir reçu 1180 livres de métal, poids de
Paris ; il est tenu d'en rendre compte aux marguilliers, une
fois la cloche faite « et sans déchet ».

DE VAULX.   MACAIRE.

[Et. Recullet.]

---

127. — *29 Septembre*. Mise en apprentissage, pour
5 ans, par « Nicolas de Laue, masson et tailleur de pierre,
demourant à Ponthoise, de Pierre de Laue, son fils, à et
avec Nicolas le Prince, tailleur d'hymaiges, demourant à
Beauvais, pendant lequel temps led. apprentiz sera tenu
et a promis servir icelluy le Prince, son maistre, aud. mestier de tailleur d'hymaiges et en toutes ses autres affaires
licittes et honnestes, son proffit faire et de la part dud. le
Prince sera tenu et a promis nourrir, loger et quérir aud.
apprentiz ses nécessitez corporelles, bien, suffisamment et
honnestement, selon que son estat le requiert, et luy
monstrer l'art et industrie de tailleur d'hymaiges, tellement
que en fin desd. années icelluy apprentiz en soit expert et
bon ouvrier et en puist gaigner sa vie. Et de la part dud.
Nicolas de Laue, sera tenu faire continuer par sond. filz
led. service, les cinq ans durans ; et, où led. apprentiz se
absenteroit, de l'aller chercher et faire parachever sond.
service, sur peine de payer à icelluy le Prince tous coustz,
despens, dommages et intérestz. Pour lequel apprentissage
led. le Prince a confessé avoir receu dud. Nicolas de Laue
la somme de 60 s. tz, et oultre led. de Laue a promis payer

à le Prince 15 l. tz, assavoir 60 s. au jour de Pasques prochain venant et de là en avant continuer pareil payement de 60 s., de six moys en six moys, jusques en fin de paye de lad. somme. »

[Et. Recullet.] MACAIRE.

---

128. — *25 Octobre.* Nicolas le Gendre, compagnon brodeur à Beauvais, se loue comme serviteur et apprenti, pour un an, chez Pierre Boullet, marchand brodeur aud. lieu, qui promet de le loger et nourrir et de lui apprendre le métier, moyennant 30 l. tz, que l'apprenti paiera à son maître, de mois en mois, par égales portions.

DE CREILG.

[Et. Jouan.]

---

129. — *27 Octobre.* Mariage de Fuscien Chappon, « vitrier » à Beauvais avec Barbe Fontaine, veuve de Nicolas de la Treille, demeurant en cette ville : Laurent Chappon « aussi vitrier », promet à son fils, de lui bailler tous les biens qui lui sont échus par la succession de Marguerite le Nain, sa mère, femme dud. Laurent. Barbe apporte en mariage une maison, cour et jardin, sise rue Saint-Pierre et en assure à son mari la jouissance en usufruit.

LAMBERT.

[Et. Jouan.]

---

130. — *10 Décembre.* Marché passé entre André Carion, brodeur à Beauvais et les marguilliers et habitants de la paroisse de Foulangues, pour faire « cinq habitz des trespassez », savoir : une chasuble, diacre, sous-diacre et deux chapes, le tout de demi ostade « et mettre auxd. habitz les offrois de tripes de velours. » Le tout sera livré avant le jour des Rois prochain au prix de 34 l. tz, payables savoir 20 l. le jour de lad. livraison et le reste à la Pentecôte.   LAMBERT.

[Et. Jouan.]

1562

131. — *10 Mars.* Bail, pour 6 ans, par Scipion Bernard, maître maçon de l'œuvre de Saint-Pierre de Beauvais, à Guillaume Carpentier, tisserand en draps à Frocourt, d'une pièce de terre sise aud. lieu, moyennant 30 s. tz de loyer par an. [La contenance n'est pas indiquée.]   MACAIRE.

[Et. Recullet.]

132. — *14 Mars.* Marché passé entre Claude Darie, orfèvre à Beauvais et les marguilliers de la paroisse Saint-Martin d'Essuile, pour leur faire une croix et un crucifix d'argent, pesant deux marcs et demi, « led. crucefix doré par le linge et la teste et les trois clous, huit évangélistres, dont quatre d'un costé et quatre de l'autre, et quatre fleurs de lix d'un costé et quatre de l'autre, le tout doré, avec une pomme de cuyvre doré, la croix du meillieu et l'agneau pascal aussi doré. » Le tout sera livré avant Pâques prochain, moyennant 72 l. 10 s. tz, payables moitié le jour de la livraison, moitié à la volonté de l'orfèvre.
                              DE VAULX.   MACAIRE.

[Et. Recullet.]

133. — *6 Avril*. Bail, pour 6 ans, par Raoul de Hatteville, marchand à Beauvais, à Fuscien Chappon, vitrier, d'une portion de maison, sise grande rue Saint Martin, étant des dépendances de l'Hôtel de l'Epervier, « qui consiste en un ouvroir, sallette basse, deux chambres et un grenier haut, avec un corps de logis consistant en une cuisine basse et un grenier au dessus, avec une estable et une cave soubz la salle dud. hostel, à charge par led. preneur de l'entretenir de pel, verge et couverture », moyennant 30 l. tz de loyer par an.   DE LOUVEIGNY.

[Et. Jouan.]

134. — *13 Mai*. Marché passé entre Lamoral de Nainville, fondeur et Pierre Tiersonnier, marchand tapissier à Beauvais, qui s'en porte pleige et caution, d'une part, et les marguilliers de la paroisse de Montreuil-sur-Epte, « pour fondre et faire trois cloches sonnantes et accordantes, pour servir à lad. église. » Elles seront livrées dans la huitaine, moyennant 22 l. 10 s. tz, payables à la volonté du fondeur ; le métal lui sera fourni par les marguilliers.   MACAIRE.

[Et. Recullet.]

135. — *14 Mai*. Procès intenté par Fuscien Chappon, vitrier, contre Laurent, son père et curateur, afin qu'il lui rende son compte de tutelle pour les biens lui venant de la succession de sa mère. Le prévôt de Beauvais a condamné le père à payer à son fils 60 l. tz « avec une somme de gros voirre », pour tout reliquat de compte. Fuscien reconnaît avoir reçu son dû et donne quittance définitive.
    MACAIRE.

[Et. Recullet.]

136. — *13 Juin.* Thibault Pinaigrier, « vittrier » à Beauvais, est témoin d'un contrat d'apprentissage passé par Jean le Conte, serviteur de messire Charles de Mouy, châtelain « hérédital » dud Beauvais, avec Jacques Regnart, pâtissier.

MACAIRE.

[Et. Recullet.]

---

137. — *16 Juin.* Jean Mallart, meunier à Beauvais et Antoinette de Méry, sa femme, auparavant veuve de Nicolas Cossart, fondeur de cloches, led. Mallart tuteur des enfants Cossart : Jean, Jeanne et Laurence, partagent une maison qui lui appartenait, près du Pont Pinart, en la rue tendant de ce pont à l'église Saint-Thomas. Pour faire ce partage, la maison est visitée par Pierre de Lalict, maçon, maître de l'œuvre de Saint-Etienne. Jean le Grant et Nicolas Gosset, maîtres charpentiers.

MACAIRE.

[Et. Recullet.]

---

138. — *6 Août.* Mise en apprentissage, pour 4 ans, par Adam Patin, marchand à Beauvais, d'André, son fils, chez François Darye, orfèvre aud. lieu, qui promet de le nourrir, loger et chauffer, « luy quérir ses vivres corporelz » et lui montrer l'art et industrie dud. mestier. Le père sera tenu de le vêtir honnêtement et lui faire continuer son service, en payant à Darye 30 l. tz, savoir 15 l. dans un an et le reste un an après.

MACAIRE.

[Et. Recullet.]

139. — *20 Août*. Marché entre Antoine Chéniau, dit Daguien, maçon de pierre et Jean Masson, maçon de briques, d'une part, et Jean Pajot le jeune, marchand bourgeois de Beauvais, d'autre part, pour bâtir « ung corps de logis en la rue de la Frette du Mur, joignant d'un costé à lad. rue, d'autre costé à la court du logis dud. Pajot et des deux boutz aud. Pajot, lequel corps contiendra en longueur XXIIII piedz et de haulteur XXIIII piedz depuis le rez de chaussée et en largeur XIII piedz de dehors en dedans et de XVI piedz de dehors en dehors...; faire le pan de mur sur rue « de pierre et de bricque, et au premier estage faire deux huisseryes de pierre et bricque, deux croisées qui auront les escaufiches et croisillons et voulsures de pierre, et les piédroitz de pierre et bricque ; faire troys pilastres, moytié pierre et moytié bricque et faire les embassemens desd. pilastres de pierre, lesquelz pilastres auront deux poulces ou environ de saillie et douze poulces de face, et auxd. pilastres faire chappiteaux de moullures suyvant l'ordre doricque, et au dessus desd. chappiteaux y aura une arquitrave régnant le long dud. mur qui fera parpain aud. mur et de saillie poulce et demy. Sur laquelle arquitrave y aura une frize de briques, en laquelle frize y aura cinq modelons de pierre, façon doricque, et au dessus de lad. frize et modelons y aura une corniche de pierre, aussy régnant le long du mur, qui aura ung pied d'espesseur, qui portera parpain dud. mur et de saillye huit poulces et servira d'appuy aux croisées du second estage. Le mur dud. second estage aura d'espesseur XV poulces, fourny de deux croisées et deux ovalles, avecq les pilastres pareilz que aud. premier estage ; et lesd. pilastres seront garnys de chappiteaux de l'ordre ionicque, et au-dessus y aura une arquitrave de VIII poulces de hault et de poulce et demy de saillie, sur laquelle arquitrave y aura une frize de bricques faite en rond ou en quarré, au choix dud. Pajot, et au dessus de lad. frize une corniche de pierre de l'espesseur du mur, ayant de saillye IX poulces hors du corps du mur. Sur lad. corniche se érigeront deux lucarnes de pierre ou de bricque, au choix dud. Pajot ; le tout selon que le pourtraict en a esté fait et présentement signé et paraphé par les parties...... Item, faire le pan de mur du costé de la court sur pareille espesseur et haulteur et fasson que l'autre pan cy dessus spécifié, et y aura au premier estage d'embas seulement une assiette de pierre rouge, troys trumeaulx de pierre, assavoir le trumeau du mellieu de troys piedz d'espesseur et les deux autres chascun de deux piedz et demy; sur lesd. trumeaulx seront assis les pilastres, tant hault que bas, de pareille fasson et estoffes que les pilastres du premier pan...... Quant aux ovalles de l'estage d'en hault seront enrichies en chappeau de triumphe, portans médalles, armoryes ou autres enrichissemens telz qu'il plaira aud. Pajot, aussy selon le pourtraict de ce fait et signé..... » Lesd. maçons sont tenus de travailler avec six hommes de leur métier, sans discontinuer ; Pajot fournira sur place tous les matériaux et paiera aux maçons, pour leur façon, 25 s. tz par toise carrée: ils promettent de se rendre à la carrière autant de fois quil faudra, pour donner aux carriers les mesures nécessaires. Présents au marché : Pierre de Lalict, maçon et Guillaume Regnould, charpentier à Beauvais (1).

Macaire.

[Et. Recullet.]

(1) Cette maison, dite du Pont-d'Amour, existe encore à l'angle de la rue de la Frette et de la rue Beauregard. — Denis Simon dit à ce sujet (*Nobiliaire de vertu*, p. 95) : « Petit (sic), architecte, a fait en 1562 la maison du Pont-d'Amour, où il y a une trompe sur le coin, qui est un chef-d'œuvre. »

140. — *27 Août*. Attestation de Philippe le Sueur, tailleur d'images, marguillier de la paroisse Saint-Thomas de Beauvais, certifiant que Philippe Lenglès, laneur en lad. paroisse, actuellement détenu aux prisons de Gournay, a tenu une vie honnête avec sa femme et ses enfants, venant à la messe, aux vêpres et saluts, « qu'il l'a vu recevoir le Saint-Sacrement le jour de Pasques dernier, sans avoir sceu que led. Lenglès ait jamais été atteint d'hérésie. »

MACAIRE.

[Et. Recullet.]

1563

141. — *30 Janvier*. Marché passé entre Pierre Lalou, menuisier à Beauvais et Claude Foucques, « architecteur » du cardinal de Lorraine, demeurant à Paris, acceptant pour monsieur le duc d'Aumale, pour faire la quantité de 24 ou 25 croisées et demi-croisées, pour servir au château seigneurial d'Aumale, « que l'on bastit à présent de neuf » ; lesd. croisées seront de bois sec, loyal et marchand, « sans nœufz ne fracture que ce soit, ayant chacune d'icelles quatorze ou quinze piedz de haulteur, le dessoubz de l'appuie de chacune croizée et demy croizée jusques au plancher d'embas lambruissé, de la mesme façon des penneaulx desd. croizées, à compter deux demy croizées pour une. Lesquelles croizées et chacune d'icelles porteront ung chassiz dormant, six chassiz à verre, dont en y aura deux d'embas qui seront doublés, et dessus lesd. chassiz à verre seront mis huit guichetz à deux parementz, le tout bien fait et à jointz couvertz ; lesquels jointz couvertz seront resaintz ? d'un membre rond entre deux carrez ; et lesd.

huit penneaux de chacune croizée seront à bosses, adornez
et resaintz d'une moullure à l'entour de la bosse. » Lalou
est tenu d'aller poser lesd. croisées au château ; il recevra
14 l. tz pour chacune d'elles.

DE LOUVEIGNY.

[Et. Jouan.]

---

142. — *27 Janvier.* Marché passé entre Pierre Hardouin, peintre à Beauvais et les marguilliers de l'église
Saint-Laurent dud. lieu, pour « paindre, estoffer et dorer
de fin or ung capiteau et le renvers, estant au dessus de
l'hostel de l'ymage saint Nicolas en lad. église, avec l'embassement dud. hostel, et semblablement les deux ymages
d'apostres et leurs capiteaulx et dossiers estant au pepiltre
d'icelle église, près et ensuivant led. hostel saint Nicolas,
avec une ymage de patriarche estant du costé vers saint
Sébastien, et le dossier et le capiteau dud. patriarche aussi
d'or comme dessus, et aussy bien et suffisamment que le
tabernacle et capiteau de l'hostel dud. saint Laurent, sauf
que pour et au lieu de la peinture rouge y estant, led.
respondant sera tenu mettre or et azur et autres couleurs à
ce convenables ; le dedans duquel capiteau de saint Nicolas
sera tenu led. respondant de paindre d'azur, figuré d'estoiles
de fin or, et tous les dossiers desd. ymages aussi de semblable azur et semé d'estoiles de fin or comme dessus. »
Le tout, sujet à visitation, sera achevé avant Pâques,
moyennant 42 l. tz.

DE LOUVEIGNY.

[Et. Jouan.]

---

143. — *4 Février.* Laurent Chappon, « maistre vittrier », cède à frère Pierre le Vasseur, religieux profès de

l'abbaye de Ressons, curé dud. lieu, la quantité de 6 mines de blé de rente, mesure de Beauvais, à 12 deniers la mine « près du meilleur », sur la quantité d'un muid qu'il a droit de percevoir sur deux laboureurs du village d'Andeville.

LAMBERT.

[Et. Jouan.]

---

144. — *4 Mars*. Marché entre Pierre Gimart, Jacques David et Jean Petit le jeune, maçons, d'une part, et Thomas de Canonne, marchand à Beauvais, d'autre part, pour construire un corps de logis « commençant à ung autre corps de logis jà fait de pierre et bricques sur la rue Saint-Panthaléon et continuant, depuis icelluy jusques au coing de la Place Saint Michel, qui est de la longueur de XVIII à XX piedz ou environ, sur laquelle place sera fait ung pignon de semblable ordonnance que le pan dud. logis qui est fait sur lad. rue Saint-Panthaléon...... sous lequel logis sera faite la cave...... De Canonne fournira les matériaux nécessaires; il paiera aux maçons 37 s. 6 d. tz pour chaque toise « à tiltre courant », contenant XXXVI piedz de roy à XII poulces pour pied, sans qu'il soit tenu « payer aulcune chose pour les molures, saillies, bases, arquitraves, chapiteaux, pilastres, plaintes, frize, huisseries, fenestrages, entablemens et autres enrichissemens, sauf les lucarnes qui ne seront mesurées, ains pour chascune d'elles il paiera la somme de 8 l. tz. Et pour la montée qui servira aux deux logis, il sera tenu payer aultant de fois XII s. VI d. tz qu'il y aura de marches et pour chascun pied de la massonnerie de lad. cave (1). »

MACAIRE.

[Et. Recullet.]

(1) Voyez ci-dessous, n° 164.

145. — *15 Mars*. Marché passé entre Pierre Pia, verrier, d'une part, Nicolas Ricquier et Jacques Evrard, marchands, marguilliers de la paroisse Saint-Laurent de Beauvais, d'autre part, pour faire en lad. église, « une verrrière contenant troys jours avec troys souffletz au remplaige d'en hault, où sera painct l'hystoire de la Nativité Nostre Seigneur, selon le pourraict exhibé auxd. margueliers et signé dud. notaire, le tout fait et parfait, enrichy de bonnes paintures et coulleurs »; le tout fini et livré avant la Notre-Dame d'août prochain, moyennant 60 l. tz. Présents : frère Jean Mallet, maître de l'Hôtel-Dieu de Beauvais et autres.

DE LOUVEIGNY.

[Et. Jouan.]

---

146. — *14 Avril*. Fuscien Chappon, « maistre vittrier », procureur de Laurent Chappon, son père, « aussi vittrier », et de Philippe Hermant, pâtissier à Beauvais, se rend vers Jean Patte, chanoine de Saint-Vaast, chargé de l'administration de la cure de la paroisse Saint-Gilles de cette ville « et ayant la garde d'icelle pour la bailler à desservir » et lui parle « en la Porte du Lymeçon. » (1) Il l'avertit que Laurent, son père, et Hermant sont en grand danger de peste et lui demande de bailler à nouveau la cure de Saint-Gilles et son revenu, parce que le desservant, messire Antoine Hermant, prêtre et chapelain de lad. cure, vient de mourir de la contagion. Laurent Chappon et Philippe Hermant, qui étaient ses cautions d'après le bail fait de cette cure, sont en danger de mort et ne se croient plus obligés à aucune garantie de paiement envers led. Jean Patte.

LAMBERT.

[Et. Jouan.]

(1) Les portes de la ville étaient fermées par crainte de contagion.

147. — *15 Avril*. Jean du Then, peintre à Amiens, donne à messire Gilles Sioult, chapelain de l'église Saint-Pierre de Beauvais, son curateur, reçu d'une somme de 20 l. tz, à déduire sur la totalité des deniers, à lui dus sur la succession de ses père et mère. Présents : Simon Hardouin, maître peintre, et Valentin Hardouin, chapelain de lad. église Saint-Pierre.

LAMBERT.

[Et. Jouan.]

---

148. — *10 Juillet*. Pierre Boullet, brodeur à Beauvais, certifie que Nicolas le Gendre, compagnon dud. métier, fils d'Adrien le Gendre, laboureur à Saint-Samson, a fait son apprentissage chez lui, pendant 6 ans, qu'il l'a bien servi « suivant son obligation d'apprentissage » et que les 6 ans sont finis. Il le tient quitte dorénavant de tout service. Pierre Lenglès et Jean Compagnon, maîtres brodeurs à Beauvais, affirment avoir vu led. apprenti, pendant ces six ans, en la maison de Boullet. Présents : François Dage et Robert Régnier, compagnons brodeurs aud. Beauvais.

DE LOUVEIGNY.

[Et. Jouan.]

---

149. — *16 Août*. Marché passé entre Jean Guérin, fondeur de cloches et les marguilliers de la paroisse Saint-Sauveur de Beauvais, savoir : Nicolas Loysel, Jean Mollet et Nicolas Binet, bourgeois, pour fondre « à ses périls et fortune, en dedans un moys, pour servir à lad. église, deux cloches entre deux autres cloches de présent y estant, assavoir celle nommée Nicole, dont l'on a accoustumé sonner la messe de dix heures, qui est la moindre des quatre plus

grosses cloches de lad. église, et l'autre cloche, nommée
Catherine, sonnantes et accordantes entre elles et avec lad.
cloche Nicole et lad. cloche Catherine. » Le métal sera
fourni par les marguilliers et le fondeur fera monter les deux
cloches à la place indiquée par eux, le tout moyennant
70 l. tz, dont 15 l. payées comptant.

DE LOUVEIGNY.

[Et. Jouan.]

---

150. — *2 Septembre*. Nicolas de Malingres, huissier
sergent à cheval au Châtelet de Paris, demeurant à Beauvais, et autres certifient que Laurent Chappon et Fuscien,
son fils, « vittriers », sont riches « et opulens en biens, tant
meubles et immeubles, vivant honnestement en leur estat de
vitrier et marchandise. » Malingres atteste qu'il a eu dud.
Laurent plusieurs obligations et baux à ferme à mettre à
exécution « jusques à plus de 2000 l. à une fois et ce
depuis dix ans; » qu'il a vu l'inventaire des biens venant
de la succession de la femme de Laurent, mère dud. Fuscien, « qui monte à grands deniers » et dont Laurent a rendu
compte à son fils et qu'il a aussi vu led. Fuscien riche et
opulent depuis deux ans environ, « se gouverner honnestement en son ménage et faisant son train et proffit, tant de
sond. mestier de vitrier que de marchandise ». Il connaît
aussi Barbe Fontaine, femme dud. Fuscien, « laquelle est
fort bien meublée de toute sorte de ménage, tels que litz,
linge, menuiserie, vaisselle d'estain, chandrelas, et autres
meubles ainsy qu'il pourroit avoir à des bonnes maisons de
Beauvais. » Lesd. Chappon et Barbe Fontaine demandent
aux notaires copie de cette attestation.

MACAIRE.   LAMBERT.

[Et. Recullet]

151. — *5 Septembre*. Bail, pour 4 ans, par Antoine Pinguet, marchand bourgeois de Beauvais, à Joachim Catoire, fondeur de cloches aud. lieu, d'une maison sise rue Saint-Jean, moyennant 30 l. tz par an. (1)

MACAIRE.

[Et. Recullet.]

(1) Catoire est cité, en 1557, pour sa maison, sise paroisse Saint-Sauveur, grande-rue Saint-Martin et voisine des maisons d'Adam Cacheleu, peintre, de Pierre Boullet, Jean Compagnon et Pierre Lenglès, brodeurs. Déclaration des maisons qui paient cens ou rentes au chapitre de Beauvais, *Arch. de l'Oise*, G, non coté.

152. — *21 Septembre*. Marché passé entre Philippe le Sueur, tailleur d'images. demeurant près l'église Saint-Thomas de Beauvais, et les marguilliers de la paroisse Saint- Léger d'Andeville, pour faire « ung Crucefix, hault de trois piedz et demy, taillé et fourny de croix à l'équipolent, l'ymage de la Vierge Marie, de saint Jehan, chacune de troys piedz de hault avec l'ymage de Marie Magdelaine, convenables à la mesure des autres ymages, avec une terrasse pour fassonner soubz lesd. ymages, scavoir une croutte servant de mont de Calvaire », avec trois anges pendant au Crucifix, recevant la représentation du sang de Jésus-Christ, chacun d'un pied de haut; item, l'image de monsieur saint Léger, martyr et confesseur, de trois pieds et demi de haut, « tenant en sa main une croche avec ung tarel et ung livre; item, deux images d'anges avec coulombes et pilier, chacun de pied et demy, garni d'ung chandellier et à telle condition que toutes icelles ymages seront de chesne ou noisetier, bon boys et loial. » Le tout sera livré avant Noël, moyennant 25 l. tz.

DE CREILG.   MACAIRE.

[Et. Recullet.]

153. — *2 Octobre*. Marché passé entre Nicolas Nitart, peintre à Beauvais, et les marguilliers de la paroisse Saint-Barthélemy de La Bosse, pour « paindre et estoffer une table d'ostel, pour mettre et asseoir en lad. église, d'aussi bonne estoffe que celle de monsieur Saint Gilles de Beauvais, et les fermetures aussi bonnes et pareilles que celles dud. Saint Gilles, dont lad. table taillée du mestier de tailleur est en l'hostel et domicile dud. Nitart, et promet led. Nitart icelle paindre et dorer de pareil or et aussi bon que lad. table dud. monsieur saint Gilles, et les charnières pareilles et semblables, et les terrasses d'orbel mué de brun vert, avec des roches semées de greusel ?............ (1) jaspre au long des bordures ung fillet de fin or et la reste de jaspre et par les dedans or et pareil de fin or de lad. table, et le demeurant de vermillon glaché et vermeil, le tout fait à huille et de fin or, bonne et marchant et aussi bonne que celle dud. Saint Gilles. » Le travail sera achevé avant Pâques prochain, moyennant 205 l. tz, payables savoir : 60 l. comptant, 45 à Noël, 40 le jour de Pâques et le reste, montant à 60 l., le jour de saint Barthélemy qu'on dira 1564. Nitart promet d'aider à « asseoir » lad. table en l'église de La Bosse.   LAMBERT.

[Et. Jouan.]

(1) Ce passage est très difficile à déchiffrer, comme la plupart des actes rédigés par le notaire Lambert : j'ai soumis cette lecture à Mr E. Coyecque, qui l'a vérifiée; je ne saurais trop le remercier de son aimable obligeance.

Ce retable existe encore à l'église de La Bosse, mais il n'a plus ses volets. Caché sous verre et derrière le tabernacle, il ne peut être photographié.

---

154. — *26 Novembre*. Mise en apprentissage, pour 3 ans, par Estienne Vallée, prêtre, demeurant à Saint-

Crépin près Ibouvillers, de Claude, son neveu, âgé de 14 ans, avec François Mareschal, « maistre maçon de l'œuvre de Saint Pierre de Beauvais », pour demeurer en la maison de son maître et le servir. Mareschal promet de loger et nourrir son apprenti et lui apprendre le métier. Vallée sera tenu d'entretenir son neveu de vêtements, linge et chaussures et de lui faire continuer, jusqu'à la fin, son temps d'apprentissage.

DE LOUVEIGNY.

[Et. Jouan.]

155. — *29 Novembre*. Marché passé entre Claude Dampierre, orfèvre à Beauvais, et les marguilliers de l'église Notre-Dame de Villeneuve-le-Roi, pour faire une croix d'argent, de deux pieds de long environ et « ung pied de crezié », pied de roi, selon le modèle et portrait à eux montré par led. Dampierre. La croix sera garnie de quatre évangélistes de chaque côté et deux « deadames », avec le titre de *Jésus de Nazarest, roy des Juifz*; elle pèsera 4 marcs d'argent environ, et les évangélistes et diadêmes seront dorés de fin or. Le travail sera achevé avant Pâques prochain, au prix de 20 l. tz pour chaque marc.

MACAIRE.

[Et. Recullet.]

156. — *(Date effacée)*. François Mareschal, maître maçon de l'œuvre de Saint-Pierre, mari et bail de Marguerite Bernard, et Antoine le Maire, archer des ordonnances du roi, de la compagnie du sieur du Perron, demeurant à Beauvais, mari et bail de Jeanne Bernard, sa femme, se reconnaissent tous deux héritiers, chacun pour

un tiers, de défunt Scipion Bernard, en son vivant maître
maçon de l'œuvre de Saint Pierre. (1)

MACAIRE.

[Et. Recullet.]

(1) « 28 novembre 1576, François Mareschal, archi-charpentier
de l'église, n'aura pas d'autres gages que les ordinaires; mais le
chapitre lui fera don, chaque année, de 30 livres, à condition qu'il
visitera souvent les ouvrages de l'église. » *Mélanges Troussures,
Extraits des Registres capitulaires, IV, 414*

1564

157. -- *27 Février.* Marché passé entre Antoine
Fournier et Martin Tilloy, maçons, tailleurs de pierre à
Beauvais, d'une part, et les marguilliers de l'église Saint-
Etienne de Tillé, pour « planter ung pillier dans lad.
église », en face d'un autre pilier déjà planté, pour « subvenir » aux voûtes et arches qu'il conviendra faire ci-après
et aussi pour réédifier un autre pilier....... [La suite du texte
est illisible.] Les travaux seront terminés à la Saint Remi
prochain; les marguilliers sont tenus de fournir aux maçons
tous les matériaux nécessaires et de leur payer 135 l. tz.

LAMBERT.

[Et. Jouan.]

158. — *11 Mars.* Marché passé entre André Carion,
brodeur à Beauvais, d'une part, les marguilliers de la paroisse d'Espaubourg et Anselme Bigot, prêtre, curé de lad.
église, d'autre part, pour faire une bannière de damas
rouge cramoisi, du meilleur damas, valant 9 l. tz l'aune,

« historiée de l'image saint Martin d'un costé et de l'aultre costé d'une autre image de Nostre Dame de Pitié, lesd. images faites d'or fin à façon d'or cler, garnye de frenge de soye allentour »; lad. bannière « portant » deux aunes et demie de damas, avec un bâton pour la porter et deux pommes dorées d'or fin : le tout sera livré avant la Pente-côte, au prix de 55 l. tz.   DE LOUVEIGNY.

[Et. Jouan.]

---

159. — *28 Mars.* Marché passé entre Jean Vaast et Antoine Chéniau (1), maçons, tailleurs de pierre, d'une part, et les maire et pairs de Beauvais, acceptant par Philippe Hérenger, maître des forteresses de la Ville, pour refaire la voussure du second pont de la Porte Saint-Jean, qui est rompu; sous ce pont passe un cours d'eau, nommé la rivière d'Avelon et venant de la Tour Boileaue. Les maire et pairs ont demandé à l'abbé et aux religieux de Saint-Symphorien de contribuer à cette dépense; leur réponse n'est pas encore connue, mais, comme la réparation est urgente, les maçons promettent de faire la voussure de ce pont, d'en réparer les pieds-droits, élever les garde-fous de la hauteur d'un pied au-dessus « du rez de chaussée du pavé »; le tout, fait en pierre rouge de Savignies et terminé avant le 1er mai prochain. Les maçons fourniront tous les matériaux nécessaires et enlèveront les déblais, au prix total de 75 l. tz, dont la moitié doit leur être payée par les religieux de Saint Symphorien.   DE LOUVEIGNY.

[Et. Jouan.]

(1) Il est appelé « Séneau » pour une maison qu'il possède rue Saint-Jean, touchant à l'hôtel de Sarcus, en 1557. *Arch. départ. de l'Oise,* Déclaration des maisons qui paient cens au chapitre de Beauvais, série G, non coté.

Le 9 mars de l'année suivante, Antoine Chéniau et P. de Lalict

faisaient un rapport sur leur visite des fortifications de Beauvais, disant :
« Nous... par ordonnance de messieurs les maire et pairs et lieute
nant de monsieur le capitaine d'icelle Ville, avons veu et visité
plusieurs endroitz de le forteresse d'icelle, où avons trouvé plusieurs
bresches et endroitz fonduz des murailles d'icelle par la malice des
gelées, anticquité des ouvraiges que autrement, qui seroient surve-
nues en lad. ville depuis certaine visitation, naguères faicte par noble
homme Jehan de Lorme, seigneur de Saint-Germain, maistre des
œuvres général du royaulme de France et requis de faire ce présent
nostre rapport par escript, pour icelluy estre présenté avec la susdite
visitation à monseigneur le mareschal de Montmorency, gouverneur pour
le roy de Paris et Isle de France..... » Original, papier, ancien Fonds
de Troussures, *Recueil de pièces sur Beauvais*, VII.

---

160. — *28 Mars*. Marché passé entre Pierre Boullet, brodeur, et Pierre Naquet, laboureur à Bailleul-sur-
Thérain, pour lui faire une chapelle de damas rouge, semblable à l'échantillon présenté par led. brodeur, garni
d'orfrois d'or de masse, aussi bien fait et parfait qu'un
orfroi d'une autre chape qui est en l'église de Bailleul et
a été fait par Boullet. Le brodeur fournira les étoffes nécessaires et livrera led. ouvrage avant la Pentecôte, au prix
de 32 l. 10 s. tz.

LAMBERT.

[Et. Jouan.]

---

161. — *17 Avril*. Marché passé entre Gilles le
Maistre, fondeur de cloches à Pontoise, et les marguilliers
de la paroisse de La Neuville-Garnier, pour leur faire trois
cloches, sonnantes et accordantes. Il est entendu entre les
parties que, si elles ne sont pas bien accordantes, « aux
ditz de gens ad ce congnoissans », le Maistre devra les
refondre à ses dépens, à quoi il s'est obligé « royallement. »

Les marguilliers lui fourniront toutes les matières nécessaires et lui paieront 30 l. tz « pour sa peine et salaire. »

De Louveigny.   Léger.

[Et. Jouan.]

---

162. — *9 Mai*. Mise en apprentissage, pour 3 ans,
par Angadrème Luzurier, veuve de Denis Darras, demeurant à Beauvais, de Simon Darras, son fils, âgé de 15 ans,
chez Scipion Hardouin, maître peintre, qui promet de le
loger, nourrir et chauffer et lui enseigner l'art et industrie
dud. métier, moyennant 16 l. tz que la veuve paiera, savoir
moitié à la Pentecôte prochaine et le reste en fin des trois
ans. Elle s'engage, sous peine de tous dépens, à faire
continuer à son fils ses années d'apprentissage.

Macaire.

[Et. Jouan.]

---

163. — *19 Juin*. Marché passé entre Antoine Chéniau, dit Daguien et les marguilliers et habitants de la
paroisse de Marissel, assistés de Nicole des Loges, chanoine de Saint-Vaast de Beauvais, curé de lad. paroisse et
de Nicole Brocart et Prix Louvet, tous deux vicaires de
lad. église, pour construire un portail avec une « soubzelle »,
pareille et semblable à celle qui est présentement fondée
du côté vers Beauvais; pour faire en outre, entre led. portail et la sous-aile, une montée pour aller auxdites sous-ailes
et au clocher, plus un arcboutant, des claire-voies et des
dalles de chaque côté, selon le dessin et portrait fait par
led. Daguien et signés de lui et du notaire; pour faire en
outre la voûte de la nef et sous-aile et y laisser une « trouée »
pour asseoir les cloches au clocher. Le maçon promet aussi

de tailler, au rampant du pignon d'en haut, six « bestions »
en manière de gargouilles, afin de découper et décorer le
pignon du clocher, avec trois autres gargouilles auxdites
sous-ailes pour évacuer les eaux qui tomberont du ciel. Il
fera encore les claires-voies et amortissements des piliers,
du côté des pressoirs, « sur corniche qui est jà faite. » Pour
édifier led. portail, led. Daguien sera tenu « premièrement
faire la massonnerie des fondementz, pour sur iceulx asseoir
led. portail et soubzelle, garnys de pilliers par dedans et
par dehors lad. église, selon led. pourtrait; lesquelles ouvrages seront faites toutes de pierres dures, saouf et réservé
que tous les enrichissementz se feront de pierre tendre,
prinses en la carrière de la Tonne ou de Thilloy ou autres
carrières qui bon semblera ausd. margueliers, ensemble tous
les piliers par dedans œuvre et hors œuvre et toutes les
arches qu'il conviendra faire; le tout sera fait à raze de
pierres dures, pour obvier aux fardeaux et esboulementz
dud. clocher. » Les marguilliers et habitants s'engagent à
faire faire les déblais, pour que le terrain soit prêt à ma-
çonner, parce que Daguien n'est tenu « que des façons; »
ils lui fourniront sur les lieux toutes choses nécessaires, telles
que pierres dures et tendres, blocaille, cornières, cordages,
cable, chaux, sablon et tout le bois utile pour faire les
« hourdages », mais lesd. « hourdages » seront faits par le
maçon, à ses dépens, et on lui baillera un engin à bras,
prêt à monter sur l'échafaud. Tous ces ouvrages seront faits
et parfaits, suivant led. portrait et sujets à visitation. Si
l'on y trouve faute, Chéniau sera tenu de les refaire à ses
dépens. Il se fera aider de trois ouvriers seulement avec
lui. Les marguilliers lui paieront 700 l. tz, savoir 7 s. à
lui-même et 6 s. à chacun de ses trois ouvriers, pour chaque
jour ouvrant, jusqu'à concurrence de lad. somme. Quand
les marguilliers, faute d'argent, voudront faire cesser le
travail, ils devront en aviser Chéniau, un mois d'avance; il
reprendra l'ouvrage, avec ses compagnons, quand il en aura

été averti un mois à l'avance. En outre, il promet de se rendre à la carrière chaque fois qu'il en sera requis, pour y donner aux « carreliers » tel échantillon de pierre qu'il faudra et pour toiser et mesurer la pierre, sans en recevoir aucun salaire. Enfin il devra prendre le double dud. portrait, à ses dépens, et en garder la copie « pour luy servir. » (1) DE CREILG. DE LOUVEIGNY.

[Et. Jouan.]

(1) Voyez ci-dessous. n°s 257 et 297.

----

164. — *29 Juillet.* Transaction passée entre Thomas de Canonne, marchand bourgeois, d'une part, Jacques David, maçon, Antoine Petit, aussi maçon et ayant la procuration de Jean Petit et de Pierre Gimart, de pareil état, pour les travaux de maçonnerie faits en la maison de Canonne, sise Place Saint-Michel et rue Saint-Pantaléon : les maçons recevront une somme de 155 l. tz. (1)
MACAIRE.

[Et. Recullet.]

(1) Voyez ci-dessus, n° 144.

----

165. — *11 Août.* François Mareschal, maître maçon de l'œuvre de Saint-Pierre et Marguerite Bernard, sa femme, Michel Wauquier, marchand orfèvre, demeurant à présent à Marseilles et Marguerite Bernard, sa femme, et Jeanne Bernard, veuve d'Antoine le Maire, tutrice de ses enfants mineurs, tous héritiers de défunt Scipion Bernard, maître de l'œuvre de Saint-Pierre et Thomasse Chambiges, leur père et mère, reconnaissent la validité des partages de biens qu'ils ont faits entre eux. MACAIRE.

[Et. Recullet.]

166. — *11 Août.* Jean Vaast et Pierre de Lalict, maîtres de l'œuvre de l'église Saint-Etienne, Nicolas Gosset et Guillaume Regnoult, charpentiers jurés, demeurant à Beauvais, visitent, pour y faire les réparations et clôtures nécessaires, deux maisons et leurs dépendances, appartenant à Jean Paumart, prévôt d'Angy et Nicolas Paumart, marchand bourgeois : les deux maisons sises à Beauvais, sur le marché, joignant d'un côté à l'hôtel des Barillets et par derrière à la rivière de Merdenson.

MACAIRE.

[Et. Recullet.]

167. — *20 Novembre.* Antoine de la Place, tisserand en draps et estamets à Beauvais, loue pour un an à Laurent Chappon, vitrier, une maison et lieu, où demeure led. Chappon, rue Saint-Jean, joignant d'un côté à la veuve de Simon Pinart, barbier chirurgien et par derrière à l'Hôtel de la « Machue », moyennant 8 l. tz de loyer. (1)

MACAIRE.

[Et. Recullet.]

(1) Laurent Chappon mourut fin décembre 1584, d'après les mentions suivantes :

« Pour la sonnerye de Laurens Cappon, LXs. » Comptes des marguilliers de Saint-Etienne, Noël 1584-1585. *Archives de l'église.*

« Pour la sonnerye du bout de l'an de Laurens Cappon, du XVIIe décembre, LV s. » Mêmes Comptes, Noël 1585-1586. Collection Bucquet, t. XXXVIII, p. 120.

168. — *14 Décembre.* Fuscien Chappon, vitrier, vend à Christophe Sénéchal, teinturier, demeurant à Saint-Jacques de Richebourg, 20 « monceaux » de bois de hêtre, de longueur accoutumée, à livrer dans la huitaine, au prix de 55 s. tz le monceau.   MACAIRE.

[Et. Recullet.]

169. — *28 Décembre*. Jean Guérin, fondeur de cloches et bourgeois de Beauvais, stipulant pour Pierre, son fils, donne procuration pour plaider en un procès pendant au Parlement de Paris. Et voici l'état de la cause : Pierre, chapelain de la chapelle Saint-Denis en la cathédrale de Beauvais, avait résigné à Pierre Gardinier, prêtre, vicaire de l'église Saint-Vaast de cette ville, son bénéfice; puis, le 16 juillet 1563, il révoqua cet acte de résignation, prétendant ne l'avoir fait que par force « et mauvais conseil. »

MACAIRE.

[Et. Recullet.]

---

170. — *30 Décembre*. Testament de Pierre Roger, tailleur d'images à Beauvais, fils de défunt Sébastien Roger: il élit sa sépulture au cimetière de Saint-Etienne; son corps y sera conduit par le collège des chanoines de Saint-Vaast avec les treize croix et curés de la ville et porté par deux Jacobins et deux Cordeliers. Après avoir réglé la distribution de ses services d'enterrement et du luminaire, il lègue aux pauvres 100 s. tz, et le résidu de ses biens à André Carion, brodeur et Jeanne Mallet, sa femme, ainsi qu'à Jean Roger, fils de lad. Jeanne et de feu Nicolas Roger, aussi brodeur, son premier mari. Il leur donne notamment le quart indivis d'une maison, sise au carrefour de la rue des Jumeaux, où pend pour enseigne la Bannière de France, à charge par eux de le loger, nourrir et vêtir, sa vie durant, et d'exécuter, après sa mort, les clauses de ce testament.

DE LOUVEIGNY.   MACAIRE.

[Et. Recullet.]

1565

171. — *31 Mars*. Marché passé entre deux « carreliers », demeurant à Bonliers et les marguilliers de cette
paroisse, pour tirer de la carrière dudit lieu toute la pierre
qui sera nécessaire pour continuer les ouvrages déjà commencés par Jean Vaast, maître maçon à Beauvais; ils besogneront jusqu'à ce que le travail du maçon soit achevé et
recevront 115 l. tz.

MACAIRE.

[Et. Recullet.]

---

172. — *25 Avril*. Bail, pour 3 ans, par Jacques Pinguet, marchand à Beauvais, à Guillaume Petit et Jacques
le Febvre, maçons tailleurs de pierre, de la carrière dite des
« Hernoulletz », sise à Saint-Martin-le-Neuf, joignant d'un
côté à la carrière Saint-Etienne et d'autre côté au chemin
d'Aux Marais, moyennant 12 l. tz pour les trois années.
Les preneurs seront tenus d'entretenir cette carrière, y faire
les déblais nécessaires et la rendre en bon état à la fin du
bail. Si le bailleur veut y prendre de la pierre pour bâtir,
il le fera sans que les preneurs puissent lui réclamer aucune
redevance; ils auront seulement « le droit de forestage accoustumé. »

MACAIRE.   LAMBERT.

[Et. Recullet.]

---

173. — *10 Mai*. Marché passé entre Jean le Secq,
« tailleur d'ymages et de menuiserie » à Beauvais et les
marguilliers de l'église Saint-Etienne pour faire de son

métier deux anges, de quatre pieds de haut, de bon bois de chêne, « secq, loial et marchant, » portant chacun un chandelier, pour servir en cette église à l'autel Notre Dame de Toute-Joie, à livrer avant la Notre-Dame d'août moyennant 25 l. tz, payables le jour de la livraison.

MACAIRE.

[Et. Recullet.]

174. — *23 Octobre*. Marché passé entre Jean le Secq, « tailleur de menuyserie » et Philippe Boicervoise, marchand bourgeois de Beauvais, pour faire « ung dressouer, ouvré de taille, tant moulures, ovales, gauderons que fueillages, tel qu'il est de présent commencé et a esté monstré en l'ouvrouer dud. le Secq, fourni de dossier correspondant à l'ouvrage dud. dressouer, les piedz dud. dressouer respondans à la table cy après spécifiée et ayant lesd. moulures dembas ouvrées comme ainsi est de présent ; item, une table ralongée, comme aussi est de présent encommencé; item, deux chalitz, assavoir lict et couchette à quatre pilliers tournez, ouvrez, ayant leurs moullures enrichies, correspondant à la façon dud. dressouer, ouvrez de deux moullures en hault et en bas, avec marquerie (*sic*) entre les moullures rapportant comme dessus ; item, six chaizes à doz à six pilliers et les quatre tournez, et les dossiers desd. chaizes taillez de telle façon, respondant aud. dressouer, six escabelles carrées à quatre pilliers tournez ; toutes lesd. ouvrages faites de bon bois de noyer, subjectes à visitation, à livrer en dedans du jour d'hier en cinq semaines », moyennant 102 l. tz.

MACAIRE.

[Et. Recullet.]

175. — *6 Novembre*. Marché passé entre Nicolas le Prince, tailleur d'images et les marguilliers de la paroisse Saint-Laurent de Beauvais, savoir : Nicolas le Cat, Cardin Vacquerie et Jean du Puis, « pour faire et parfaire de son estat une histoire de la Résurrection Nostre Seigneur Jhésu Crist, où y aura huit personnaiges, qui seront faitz de bon boys de chesne seq, le tout selon le pourtraict de ce fait, présentement exhibé et qui a esté signé dud. le Prince et dud. notaire, demouré és mains des margliers, de telle fasson, de haulteur et grandeur en personnaiges et y ayant autant de personnages et aussi suffisant que est ung sépulchre estant de présent en l'église Saint Maclou de Ponthoise, qui a esté fait en partie par icelluy Nicolas le Prince, et correspondant à la Descente de la Croix, faite par led. le Prince en lad. église Saint Laurens ; et le tout bien et suffisamment fait et parfait, assavoir lad. histoire de la Résurrection en dedens le jour de mykaresme prochain venant et led. sépulchre en dedens du jour d'huy en ung an aussy prochain venant, et ce, parmi la somme de deux cens quarante livres tz, que lesd. margliers ont promis payer à le Prince, assavoir cinquante livres tz au jour de Noël prochain, cinquante l. au jour de Pasques ensuyvant et la reste à portion que se fera lad. besongne. Obligeans le Prince corps et biens et les margliers les biens, revenu et temporel de lad. église Saint Laurens. Présents, Anthoine Petit et Jacques David, maistres maçons aud. Beauvais. » (1)

MACAIRE.

[Et. Recullet.]

(1) En 1548, les marguilliers de la paroisse avaient demandé aux chanoines l'autorisation de faire pour leur grand autel un rétable de ~~bois~~ avec l'histoire de la Passion. « Matricularii parrochie hujus ecclesie, ad capitulum accedentes, exposuerunt dominis capitulantibus conclusum esse condere de novo, sub tamen beneplacito eorumdem dominorum et capituli, ad majus altare chori quamdam tabulam ligneam, hystoriam Passionis domini nostri Jesu Christi continentem, cum uno candelabro ereo in medio dicti chori, requirentes per eosdem dominos

id fieri permitti et concedi. Quorum requeste domini capitulantes benigne et gratanter annuerunt. » Délibérations du chapitre de Saint-Laurent (1489-1553). *Arch. de l'Oise*, série G, non coté.

Voyez ci-dessous, n° 188.

Denis Simon en parle ainsi (*Nobiliaire de vertu*, p. 78) : « Le Prince [sans désigner le prénom], qui a fait la Descente de Croix et la Résurrection à l'église Saint-Laurent, travailloit en 1590. »

Le sépulcre de Saint-Maclou de Pontoise existe encore.

176. — *6 Novembre.* Marché passé entre Lamoral de Naynville, fondeur, et les marguilliers et paroissiens de Serqueux-en-Bray, pour leur fondre deux cloches, sonnantes et accordantes, du poids de 600 livres environ. De Naynville confesse avoir reçu des acceptants 380 livres de métal et promet de rendre lesd. cloches bien et duement faites à Beauvais, « en dedans de vendredy prochain en huitaine », moyennant 10 l. tz, payables le jour de la livraison. Si les cloches pèsent plus que les 380 livres, ils paieront au fondeur le surplus du métal employé, au prix de 25 l. pour cent de ce métal. Pierre Tiersonnier, marchand tapissier à Beauvais, se porte pleige et caution du fondeur.

DE CREILG.   MACAIRE.

[Et. Recullet.]

1566

177. — *2 Mars.* Marché passé entre Guillaume Penel, horloger et serrurier à Beauvais et les marguilliers et habitants de Saint-Just-en-Beauvaisis, acceptant par Jean Hauy, menuisier et autres, pour faire de son métier une horloge « garnie de rouages portant le rond des chevilles

pied et demy de diamètre, portant l'espesseur de ung plat
bareau et les autres roues à ce convenables à lad. horloge ;
ensemble fournir ung gros marteau tel qui sera nécessaire
pour faire toucher et battre lad. orloge sur la grosse
cloche de l'église dud. Saint Just ; mesmes faire monstrer
et merquer les heures du jour au cadran. Et, pour faire
lad. orloge, Penel sera tenu fournir tout le fer et assier
qu'il conviendra avoir, à ses despens, et a promis livrer
lad. orloge et la rendre sonnante en dedans le jour de Pasques prochain venant, et mesmes de ayder et eslever icelle
orloge au clocher de lad. église et aidera asseoir le cadran
au lieu où il sera mis. » Il recevra 50 l. tz, dont 10 l.
payées comptant.   LAMBERT.

    [Et. Jouan.]

---

178. — *27 Mars.* Jean Serpe et Michel Tauberon,
maçons à Beauvais, baillent pour deux ans à Millet, « carrelier » à Aux Marais, les deux tiers indivis, dont les trois
font le tout, de deux carrières, l'une à pierre dure, nommée
la Vieille Carrière, située au-dessous du Bois de la
Grange, paroisse de Saint-Martin-le-Neuf, et l'autre de
pierre tendre, nommée le Trou aux Mouches, sise aud. lieu,
à charge par le preneur de payer aux bailleurs les deux
parts de 110 s. tz pour acquitter les cens dus au seigneur
d'Aux Marais, dont sont tenues lesd. carrières, et payer
en outre 80 l. tz de loyer par an à chacun des bailleurs,
par moitié. De plus, le preneur fournira auxd. maçons toute
la pierre, dure ou tendre qu'ils pourront demander, au prix
de 12 d. le pied de pierre dure et 60 s. le cent de pierre
tendre, le tout pris aux carrières, « pourveu que ce soit pour
besongner és atteliers qu'auront lesd. bailleurs et non ailleurs. »   MACAIRE.

    [Et. Recullet.]

179. — *31 Mars*. Marché passé entre Nicolas Anselin, tailleur de menuiserie à Beauvais et Claude Bachelier, marchand bourgeois de cette ville, pour lui faire les ouvrages qui suivent : « c'est assavoir deux chaaliz de menuiserie de bois de noier, assavoir lit et couche, ayant les façons qui ensuivent, savoir les pilliers à coullonnes cannelez de telle et semblable façon que sont les coulonnes cannellées des chaalitz ou couches de Jehan de la Croix, bourgeois dud. Beauvais, fors que tous lesd. pilliers et coulonnes à chacune desd. couches seront faitz semblables et enrichis l'un comme l'autre et garnys de vases, tant bas que hault et au-dessus desd. coulonnes y mettre une pomme de boys tourné, les moulures d'embas enrichies de façons de fueillages, telles que led. comparant en a fait à une couche qu'il a livrée au seigneur de Harchies, et la moulure d'en hault, garnye d'un ron entre deux carrez et une doulcine dessus, et le penneau d'entre les deux pièces portant ung ron avec ung creux entre deux carrez, avec ung gros ron fourny de petitz goderons à queue, avec ung aultre creux et ung ron garny de guillochis, et le dossier sera tout uny avec fons d'aspicq, avec une petite pomme au couplet et quatre tringles dessus pour soustenir le cyel. Item, faire ung buffet, une table ralongée, de telle façon que celle estant à la maison de maistre Nicole Gouyne, avec demy douzaine d'escabeaux carrez à piedz tornez, deux chaizes à pan, à pilliers tournez, et y faire telles armoyries au dossier desd. cheizes qu'il plaira aud. Bachelier ; le tout de bon boys secq de noyer, fini et livré avant la saint Jean-Baptiste prochain, moyennant 40 l. tz, dont 10 l. sont payées d'avance.

MACAIRE.

[Et. Recullet.]

---

180. — *12 Août*. Marché passé entre Françoise Moreau, veuve d'Hector le Masson, demeurant à Beauvais et

les marguilliers et habitants de la paroisse de Bonliers,
pour couvrir d'ardoises le chœur de leur église ; Françoise
fournira les ardoises, lattes, contrelattes et clous ; les habitants bailleront les « canlattes » et apporteront l'ardoise, à
leurs dépens, au pied de l'église. Le chœur qu'il faut couvrir contient 36 pieds de long et la couverture a 24 pieds
de hauteur. Le travail sera terminé avant la saint Martin
d'hiver, moyennant 216 l. tz.

MACAIRE.

[Et. Recullet.]

181. — *26 Septembre*. Mise en apprentissage, pour
4 ans, par Jeanne le Febvre, veuve d'Antoine de la Halle,
demeurant à Beauvais, d'Henri, son fils, avec Quentin du
Crocq, « tailleur d'anticques », demeurant en cette ville,
qui promet de lui enseigner l'art et industrie dud. métier,
« tellement que en fin dud. temps il en puist gaigner sa
vie, si à luy ne tient et retenir ne veult. » La veuve promet de loger, nourrir et entretenir son fils, pendant trois
ans ; du Crocq sera tenu, pendant la quatrième année, de
le loger, nourrir et « sustenter bien et suffisamment. » Ce
contrat est passé moyennant 100 s. tz que lad. veuve a promis payer au maître, moitié à Pâques prochain et moitié
d'aujourd'hui en un an.

MACAIRE.

[Et. Recullet.]

182. — *3 Octobre*. Mise en apprentissage, pour
3 ans, par Martin Boyleaue, grainetier du Grenier à sel et
lieutenant du capitaine de Beauvais, de Martin Bourson,
son pupille, avec François Quevillier, « tailleur d'antic-

ques », demeurant à Beauvais, qui promet de lui enseigner « l'art, science et industrie dud mestier ». Le tuteur est tenu de le loger et nourrir et de payer au maître 6 l. tz avec trois mines de blé. Quevillier confesse avoir déjà reçu 60 s. et deux mines de blé; le reste lui sera payé dans un an.

MACAIRE.   LAMBERT.

[Et. Recullet.]

1567

183. - *18 Avril*. Toinette le Vasseur, veuve d'Antoine le Franc, meunier à Beauvais, après l'inventaire fait de la succession de feu Pierre le Vasseur ,son père, fondeur de cloches en cette ville, déclare renoncer à ses droits au profit de Jean, son frère, aussi fondeur de cloches aud. lieu. Jean promet d'acquitter les clauses du testament et les frais funéraires de leur père et de payer les cens et charges dus pour les héritages. En outre, Toinette recevra de son frère 14 l. tz.

MACAIRE.

[Et. Recullet.]

184. — *12 Mai*. Vente, moyennant 160 l. tz, par André Tierce, marchand à Beauvais, à Antoine du Boys, peintre aud. lieu. d'une maison, cour et jardin, sise en la Chaussée Saint-Nicolas, tenue de l'évêque de Beauvais, à cause de son vidamé de Gerberoy, et chargée de 25 s. tz de rente envers la chapelle Saint-Sébastien, fondée en l'église Saint-Pierre.

LAMBERT.

[Et. Jouan.]

185. — *19 Mai.* Mise en apprentissage, pour 4 ans, par Absalon Dantin, marchand à Gannes, d'Antoine, son fils, avec Nicolas Nitart, peintre à Beauvais, « pour demeurer en la maison dud. paintre et le servir en toutes ses affaires licittes et honnestes. » Nitart promet de lui enseigner le métier, le loger, nourrir et chauffer : le père s'engage à payer 13 l. tz à la volonté du maître, à lui faire continuer et achever son temps de service, sous peine de tous dépens.   DUBOS.

[Et. Jouan.]

186. — *22 Mai.* Antoine Petit, maçon, tailleur de pierre, Jean Petit l'aîné, peintre et vitrier, Jean Petit le jeune, maçon, tailleur de pierre, et François Petit, aussi maçon, tous frères et héritiers, chacun pour une septième partie, de feu Pierre Petit, maître maçon, tous demeurant à Beauvais, « pour la bonne et vraye amour fraternelle » qu'ils ont pour Madeleine, Jeanne et Marie Petit, leurs sœurs, aussi filles de feu Pierre Petit et d'Alix de Lalict, à présent sa veuve, leur mère, « et pour leur ayder à trouver leur party », cèdent à leurs trois sœurs les droits de succession qu'ils possèdent sur l'héritage de leur père; cette donation faite « par ce qu'ilz ont dit leur plaisir estre ainsy le faire. » Présents : Guillaume Petit, maître maçon, Nicolas Hardouin, maître menuisier et messire Pierre David, prêtre (1).   DUBOS.

[Et. Jouan.]

(1) En 1572, un Gilles Petit, menuisier, commençait les stalles du chœur de la cathédrale, recevant chaque jour, pendant deux mois, un pain de chapitre; en 1574, on lui donnait, en acompte, 25 l. pour les partager avec Jean Taveau, qui l'aidait. Ces chaires achevées, en 1579, au prix de 80 livres, furent réparées, l'année suivante, moyennant deux écus sol pour chacune d'elles et un pain de chapitre par

jour. Il y travaillait encore en 1582; mais les chanoines, mécontents de sa lenteur, lui supprimèrent le pain de chapitre quotidien.

Cependant (juin-septembre 1579), Blanchet Hardouin, menuisier, faisait la chaire à prêcher. Extraits des Registres capitulaire, *Mélanges Troussures*, IV, 371, 383, 392.

Antoine Petit eut deux enfants : « 1557, XXIX^a januarii, Hieronimus, filius Anthonii Petit; patrini, Nicolas Hardouyn avus, Hieronimus le Mercier; matrina, Magdalena Petit. » « 1560, V^a octobris, Katherina, filia Anthonii Petit; patrinus, Franciscus Mareschal; matrine, Katherina le Pol (sic), Guilmetta de Renty. » Registre des baptêmes de Saint-Etienne, *Arch. commun. de Beauvais*, GG1.

---

187. — *25 Juin*. Bail, pour 12 ans, par Gilles le Noir, peintre à Beauvais, à Jean le Noir, son frère, laboureur à Ansauvillers-en-Cauchie, d'une pièce de terre contenant 6 muids et un quartier, sise aud. terroir, lieu-dit Lhéraule, avec une mine de terre sise à la Vallée de Gannes, moyennant deux mines de blé, mesure de Beauvais, y rendu, pour chaque mine de terre, avec un pourceau gras de 60 s. tz, le tout de loyer par an (1). Dubos.

[Et. Jouan.]

(1) « 1581, die XVIII^a maii, Dionisia, filia Egidii le Noir, et Luciane Hardouin; patrinus, Dionisius Beuzeville; matrina, Maria Hardouin. » Registre des baptêmes de la Basse-Œuvre, *Arch. commun. de Beauvais*, GG 163.

1568

188. — *10 Mars*. Marché passé entre Nicolas Nitart et Jean Nitart, peintres à Beauvais, d'une part, et les marguilliers de l'église Saint-Laurent, savoir : Cardin Vacquerie, Jean Dupuis et Jean Carpentier, d'autre part, pour faire de leur mestier de paintre les ouvrages qui

ensuivent en ung sépulchre de nouveau fait en lad. église :
assavoir de paindre et estoffer les ymages dud. sépulchre
en forme et mode de albastre, polis au plus près du naturel, lequel ressemblera à la sépulture du roy estant à Saint
Denys en France, touchant le blanc et du polys avec les
filetz d'or fin à l'huile et les charnures et visaiges à l'huile,
le nud de Dieu et les autres nudz estoffez en telles façons
et les envers des habitz d'azur, semez de fleurs d'or par
voye, et aucuns envers de brochy d'or pouldré d'azur et aucuns pouldrez de sinope, qui sera brochy d'or et aucuns
d'argent; item, ès deux premiers jours de deux pans, en
entrant dedans la chappelle, y faire deux paysages à
l'huille avec hystoires convenables aud. sépulchre et les
troys autres seront faitz de pied en pied de voirre mis dans
les chassis de boys, et y aura figures d'anticque et de
moresque, de fin or, et les fons d'azur, ressemblant à l'ay-
mail et les chassis dorez et des filletz, par voye, de vermillon à l'huille ; et, pour la voulte, les fons d'ouvraiges
entaillées à la voulte seront faites d'azur et les fueillages
et anticques seront faitz de blanc de plomb à l'huille et les
filletz d'or fin à l'huille, par voyes, là où il sera requis.
Les augives seront dorées et les creux de dedans seront de
vermillon à l'huille et les costez des moullures, aucunes
d'or et aucunes de vermillon, et les plattes bendes seront
d'une anticque dorée ? avec un champ de lacque et le rond
et la fleur du cul de lampe pendant, doré à l'huille et
nuée de brun vert. » Le tout, sujet à visitation, sera terminé avant Pâques prochain, moyennant 360 l. tz payables
auxd. Nitart en quatre termes égaux, de trois mois en trois
mois; « obligeans les margliers les biens de lad. église et
lesd. Nitard corps et biens. » Témoins, Nicolas le Prince
et autres (1). MACAIRE.

[Et. Recullet.]

(1) Voyez ci-dessus, n° 175.
Le 21 août 1570, à la suite d'un procès soulevé entre les mar-

guilliers et les peintres, « sur ce que lesd. marguiliers avoient fait visiter les ouvraiges que lesd. Nitart s'estoient obligez faire en ung sepulchre de nouveau fait en lad. église, de tout ainsy que plus au long est contenu au contract passé par devant Pierre Macaire, notaire à Beauvais, en date du X° mars 1567, et aiant trouvé par lad. visitation que le commencement desd. ouvraiges n'estoit suffisant; au moien de quoy auroient lesd. margueliers fait adjourner lesd. Nitart par devant monsieur le lieutenant général du bailliage de Beauvais, ad ce qu'ilz fussent tenuz faire lesd. ouvraiges », une transaction intervint, où les peintres s'obligèrent à rendre cet ouvrage terminé avant la Toussaint, en payant aux marguilliers 100 livres tournois. *Arch. départ. de l'Oise*, fonds Saint-Laurent, non coté.

---

189. — *25 Mars.* Marché passé entre Jean Charton, carrier à Goincourt, d'une part, et Antoine Chéniau, Jean Serpe, Jean Marcadé, Jacques Naquet et Michel Tauberon, maîtres maçons à Beauvais, pour tirer à leur usage toutes les pierres, carreaux, « bouttiz et pendantz », qui lui seront commandés par les maçons, pour la construction des murs par eux commencés au couvent des Jacobins de cette ville. Le carrier ne pourra besogner pour d'autres sous peine de tous dépens ; il recevra 14 s. tz pour chaque cent de carreaux « garny de troys bouttys, qui seront comptez chacun boutty pour ung carreau », selon la mesure et l'échantillon baillés ; il aura 6 s. 6 d. pour chaque cent de pendants et 60 s. pour chaque cent de pierre, payable à mesure que se fera la besogne. La pierre sera tirée de la carrière de Saint-Symphorien, lieu dit Le Trou-aux- Mouches.

Dubos.

[Et. Jouan.]

190. — *12 Mai*. Marché passé entre André Carion, brodeur à Beauvais, d'une part, Valentin de Saint-Job, prêtre, vicaire de la cure de La Boissière et Alexandre, son frère, laboureur au Petit-Fercourt, paroisse de La Boissière, pour livrer à lad. église une chape et chasuble des Trépassés, faits de demi-ostade noire, doublée de bougrant noir, « garny d'offroys de satin de Bruges blanc, garnys de testes et ossemens » ; une autre chape de camelot d'Amiens teint en cramoisi, « garny d'offroys de demye ostade violet avecq quelques moresques dessus lesd. offroys »; item, une bannière de camelot d'Amiens et fournie de deux aunes et demie, « où sera mis les ymages Nostre Dame et saint Denys, faites d'or de Paris » et garnie de franges alentour. Le tout sera livré dans la quinzaine, au prix de 27 l. 10 s. tz, payables avant le 31 août prochain.

MACAIRE.

[Et. Recullet.]

191. — *12 Juillet*. Denis de Journy, facteur d'orgues à Beauvais, et sa femme, vendent à François Fournier, laneur, une maison sise rue Saint-Jean, moyennant 140 l. tz. Présents : Jean Vast, potier d'étain et autres.

MACAIRE.

[Et. Recullet.]

192. — *30 Juillet*. Marché fait par adjudication entre Michel Tauberon, maçon tailleur de pierre et les maire et pairs de Beauvais, acceptant par Pierre Binet, maire et Claude le Lanternier, l'un des pairs, pour faire « ung berceau et voussure » de 18 pieds de long, 12 de large entre deux pieds-droits avec un « évent » de 3 pieds de long, qui se fera jusqu'à la hauteur de la plate-forme, près des bat teries et canonnières de la Tour de Bar, avec une huisserie de pierre de taille et voussure de 27 pieds de long, 6 de large et 18 de haut sous voûte. Il sera posé, au lieu le plus convenable qu'il sera avisé, une image de Notre Dame, de 5 pieds de haut, portant son enfant, avec un tabernacle et couronnement, « les armes impérialles de France portant l'ordre et celles de lad. ville à costé, qui seront encloses en ung chappeau de triumphe », ayant chacune 4 pieds de haut et 3 de large, « le tout enrichy comme le cas le requiert. » Le travail sera terminé dans deux mois. Jean Marcadé, maçon, se porte caution de Tauberon. Le tout est adjugé au prix de 11 l. 17 s. chaque toise de maçonnerie (1).   MACAIRE.

[Et. Recullet.]

(1) Pour ces statues placées au-dessus des portes de la Ville, les Comptes de dépenses de 1384-1385 donnent : « A Jehan Truquet, charpentier et ses compaignons, qui ont ouvré à le Porte de Paris, à tailler une boise sur quoy est une ymage de Nostre Dame et pour seeler led. ymage, XXIII s. » Copie. *Bibliothèque de Bretizel*, Carton XX.

---

193. — *18 Août*. Marché passé entre Noël Compagnon, brodeur à Beauvais, et les marguilliers de la paroisse Saint-Denis de Sérifontaine, pour faire trois chapes de velours rouge, semblable à l'échantillon baillé aud. brodeur, « avec les offrois d'or de masse, à champ de velours rouge, où il y aura deux anges tenans une hostie, couvertes de fleurons sur le velours, d'or de masse pareil desd. offrois, avec les troys chaperons de façon, l'un de la Résurrection, l'autre d'ung Cruchifiement et l'autre de l'ymage monsieur saint Denis et ses compaignons. » Le tout sera livré pour cette église avant la saint Denis prochain, moyennant 210 l. tz ; les étoffes seront fournies par le brodeur.

[Et. Jouan.]   LAMBERT.

194. — *9 Décembre*. Antoine Fournier, maçon, tailleur de pierre à Beauvais, reconnaît avoir reçu des marguilliers et habitants de la paroisse de Saint-Ouen |Therdonne] le paiement total des ouvrages de maçonnerie qu'il a faits jusqu'à ce jour, avec ses aides, en l'église du lieu, suivant le marché passé par devant Denis de Villes, notaire à Beauvais, le 21 septembre 1566, sans préjudice des travaux qui lui restent encore à faire selon led. marché. Fournier avait voulu faire toiser les ouvrages terminés, prétendant qu'il lui était dû une plus grande somme. Il accepte 50 l. tz et quitte les marguilliers du surplus qui pourrait lui être dû. MACAIRE.

[Et. Recullet.]

---

195. — *28 Décembre*. Nicolas le Prince est témoin en un contrat d'apprentissage fait par sœur Marguerite Caurras, religieuse de l'Hôtel-Dieu de Beauvais et « mère des orfelins dud. hostel », qui loue comme serviteur et apprenti, pour 3 ans, Jean Darras, « pauvre orfelin, naguères servant à garder les bestiaulx à corne dud. hostel », à François le Leu, cordonnier en vieux. Il sera logé et nourri chez son maître ; la sœur promet de l'entretenir « pour l'amour de Dieu, sans que pour led. apprentissage lesd. parties puissent demander salaire l'une à l'autre. » (1) MACAIRE.

[Et. Recullet.]

(1)En cette année, Le Prince recevait des marguilliers de Saint-Martin 60 s., « pour avoir faict et taillé l'agniau paschal qui est à la grand voulte du cœur d'icelle église..... A esté paié à maistre Jehan, paintre, pour avoir doré lad. voulte près la grand verrière et led. agniau..... » Comptes de Saint-Martin, *Arch. de l'Oise, non coté.*

196. — *29 Décembre*. Bail, pour 5 ans, par Nicolas Nitart, peintre, à Pierre Martin, pâtissier à Beauvais, d'une maison, cour, étable et lieu, où demeure led. Martin, sise rue Saint-Jean, à l'enseigne du Roi Pépin, moyennant 40 l. tz de loyer par an (1 .   MACAIRE.

[Et. Recullet.]

(1) Elle était vis-à-vis l'Hôtel du Grand Chat, au coin de la ruelle menant à l'Hôtel Saint-Christophe.

1569

197. — *4 Juillet*. Louise le Vasseur, veuve de Jean Vaast, demeurant à Beauvais, Thomas du Nesme, mari et bail de Laurence Vaast, sa femme et Noël du Francastel, mari et bail d'Annette Vaast, sa femme, sœurs et héritières dud. Jean Vaast « marchant estainier » aud. Beauvais, cèdent à Jacques Mayoul, de pareil état, le reste du temps de bail à faire en une maison, avec cuisine basse où led. défunt faisait sa fonderie, et une chambre à mettre son charbon, le tout faisant partie de l'Hôtel Saint-Jacques, sis en la rue de la Halle, d'après le bail passé le 3 janvier précédent. Cette cession est faite moyennant 30 l. tz de loyer.   DUBOS.

[Et. Jouan.]

197. — *9 Juillet*. Pierre Hardouin, peintre et Mariette Pelletier, sa femme, demeurant à Beauvais, vendent à Michel de Provins, couturier à Bonnières, une pièce de terre sise en la prairie de Milly, moyennant 25 l. tz, lad. terre mouvant du seigneur de La Neuville-sur-le-Vault.   MACAIRE.

[Et. Recullet.]

198. — *7 Août*. Acte de mariage passé entre Antoinette Hardouin, veuve de Jacques Fournier, sergent au bailliage de Beauvais et Alizon de Lalict, veuve de Pierre Petit, maître maçon, pour marier Philippe Fournier, marchand chaussetier à Beauvais, fils dud. Jacques, avec Madeleine Petit, fille dud. Pierre. Chacun des époux reçoit une somme de 200 livres, tant en argent que meubles ; Alizon promet de les loger gracieusement, pendant 5 ans, dans la moitié de sa maison. Assistent au contrat : Côme et Blanchet Hardouin, maîtres menuisiers, oncles de Philippe ; Antoine Petit, maître maçon, frère de Madeleine et Jacques David, aussi maçon, cousin germain de lad. Madeleine.

DUBOS.

[Et. Jouan.]

---

199. — *10 Octobre*. Thomas le Pot, peintre à Beauvais et Agnès Boullet, sa femme, acceptent le compte de tutelle rendu pour lad. Agnès par Guillaume Vaillant, mercier en cette ville; ils lui donnent quittance et décharge d'une somme de 9 l. 11 s. tz. Nicolas le Prince, peintre, [la mention de *peintre* est rayée et remplacée par celle de *tailleur d'images*], qui a promis à Vaillant de lui faire donner cette quittance par le Pot et sa femme, assiste et signe au contrat, car Vaillant affirme que, sans la promesse de Le Prince, il n'aurait rendu ce compte de tutelle et payé ce reliquat que par devant justice.

MACAIRE.

[Et. Recullet.]

1570

200. — *2 Mars.* Thomas le Pot, peintre et sa femme, vendent à Jean Minette, marchand à Beauvais, un jardin sis hors et près la Poterne Sainte-Marguerite, tenant d'un bout à la rivière de Gonart, moyennant 13 l. 10 s. tz (1).

MACAIRE.

[Et. Recullet.]

(1) En 1569, le 16 septembre, Thomas le Pot et Nicolas Nitart, peintres, demandaient au chapitre de la cathédrale le paiement de 82 l. qui leur restaient dues sur 400 livres, par le contrat fait entre les parties, pour avoir peint les voûtes de la croisée avec la pyramide élevée par Jean Vaast et qui devait tomber quatre ans plus tard. *Mélanges Troussures.* Extraits des Registres capitulaires, IV, 360. En 1571, le 16 mars, le même le Pot recevait 20 l. sur les 40 l. à lui promises pour peindre le jubé, nouvellement établi entre le chœur et la croisée, avec un Christ qui y est posé. Et le 28 mars suivant, Nicolas le Prince recevait 20 livres en acompte sur le marché conclu avec lui « ad construendam imaginem crucifixi in pulpito. » *Ibidem,* IV, 367.

Cette même année, Le Prince travaillait aussi pour l'église Saint-Etienne : « Item, le XVe novembre 1571, payé à Nycolas le Prince, tailleur d'images, la somme de quatre livres p., pour parpaie des deux images de la chappelle Nostre Dame derrière le cœur, assavoir saint Anthoine et saint Fiacre. » Comptes des marguilliers, *Archives de l'église.*

---

201. — *29 Mars.* Marché passé entre Antoine Fournier et Balthazard Laurent, maçons, tailleurs de pierre à Beauvais, d'une part, les marguilliers et messire Etienne Bertherand, curé de la paroisse de Tillé, d'autre part, pour faire en lad. église « une espace » de voûte, avec la vis ou montée pour aller et venir sur les voûtes ; item, faire « ung pillier débboutté » hors l'église, semblable à ceux qui y sont

déjà faits, et laisser aud. pilier, « tant dedans que hors
œuvre, des harpes attendans les voultes » que l'on pourra
faire dans la suite pour la nef de lad. église ; défaire aussi
une verrière tenant à la montée, en attendant d'achever le
jambage déjà commencé et « faire à lad. verrière le remplaige avec l'escaufiche, lesd. ouvrages de mesme haulteur,
moulures et façons que celles y estant de présent » ; le
tout sera fini en un an. Les marguilliers et le curé fourniront les matériaux tels que pierres et bois, avec les cordages, l'engin et le câble nécessaires ; ils assureront les
déblais et « estaiemens » et paieront aux maçons 160 l. tz.

DUBOS.   BOULLET.

[Et. Jouan.]

---

202. — *7 Avril.* Claude le Vasseur, fondeur de cloches et Jeanne Tiersonnier, sa femme, veuve de Jacques
Favier, font avec Antoine Carion, marchand brodeur, tous
deux demeurant à Beauvais, un échange de terres sises à
Frocourt, Bongenoult et environs (1).

MACAIRE.

[Et. Recullet.]

(1) « Carion eut pour enfants : 1558, die XV⁹ martii, Nicolaus,
filius Antronii Carion et Denise Favier; patrini, magister Johannes
Bocquet, canonicus Sancti Petri Belvacensis, Nicolaus Lange; matrina,
Dionisia Minette. » Registre des baptêmes de Saint-Etienne, GG1.

« 1562, le 23ᵉ aoust, Toussains, filz Anthoine Carion et Denise
Favier; les parrins, Toussains Foy, Phorian Roger; la marrine, Katherine Bachellier, fille Adam Goguet. » Ibidem, GG1.

« 1565, le XXIIIᵉ aoust, Estienne, filz Anthoine Carion et
Denise Favier; les parrins, Nicolas Salmon, Andry Carion; les
marrines, Margueritte Godart, Jehanne Tonnellier. » Ibidem, GG1.

203. — *15 Avril.* Marché passé entre Thomas le Pot, peintre et messire Florent Obry, prêtre, demeurant à Guignecourt, pour peindre une table d'autel, large de 9 pieds et haute de 7, de mêmes « estoffes » couleurs et dorures que la table qui est dans la chapelle Notre-Dame de Pitié, en l'église des Jacobins de Beauvais, « et paindre les guichets par le dedans, ainsy que est la table d'autel de l'église dud. Guignecourt, et y faire au dehors l'histoire de saint Nicolas, de mesmes couleurs que celles du dedans ». Le tout sera livré, fait et parfait, avant un an, sujet à visitation par gens à ce connaissants, moyennant 200 l. tz, dont 40 l. sont payées ce jour. Le reste sera acquitté par led. Obry en trois paiements, savoir 50 l. à la saint Remi et 50 l. à Noël et 60 l. le jour de la livraison (1).

MACAIRE.

[Et. Recullet.]

(1) Ce retable était destiné à l'église de La Fraie, qui n'est pas nommée dans le marché. Voyez ci-dessous, n° 220. — Il existe encore avec ses guichets ou volets. Obry est sans doute le prêtre qui prie dans l'angle inférieur gauche. Voyez ci-contre les phototypies de ce retable et de ses volets.

---

204. — *22 Avril.* Antoine Roussel, « vittrier », demeurant aux Routis, paroisse du Coudray-Saint-Germer, vend à Georges le Boucher, élu en l'élection de Beauvais, demeurant en cette ville, une demi-mine de terre, sise aux Routis, moyennant 40 l. tz (1).

MACAIRE.

[Et. Recullet.]

(1) En 1579, Antoine Roussel « racoutroit » en l'église de Gisors la verrière de saint Claude, attribuée aux Le Prince? (Comptes des marguilliers de la fabrique, cités par Patte, *Histoire de Gisors*, 1896, p. 273.

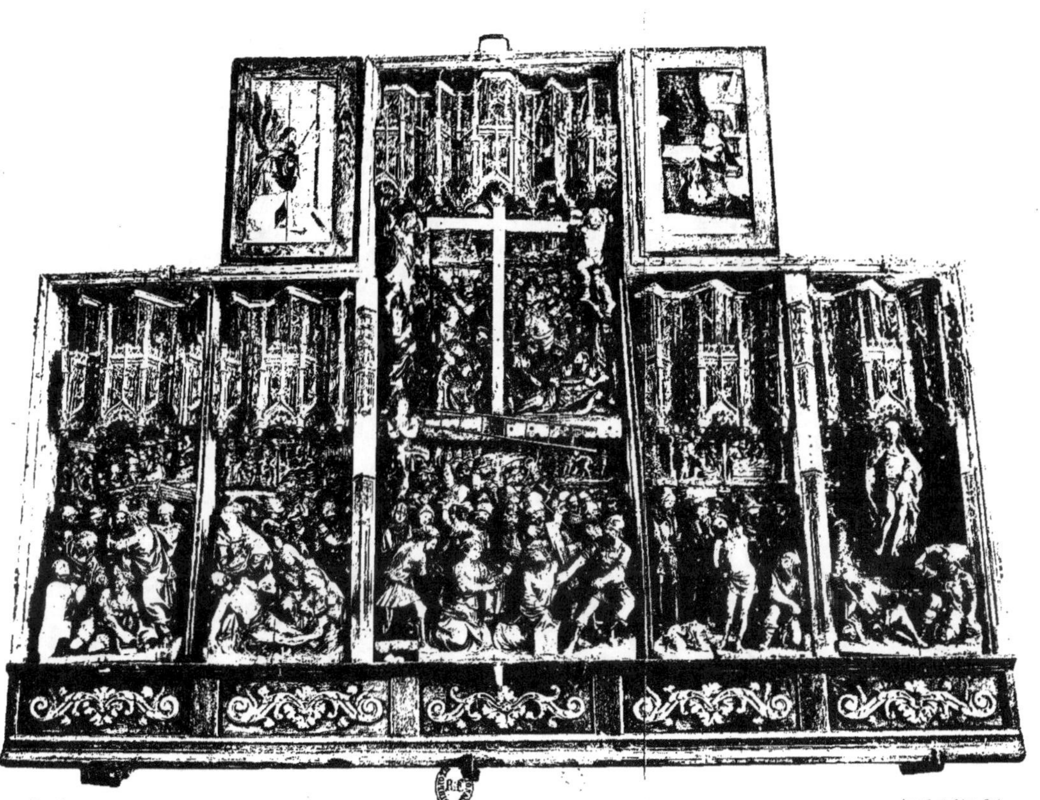

RETABLE DE LA FRAIE

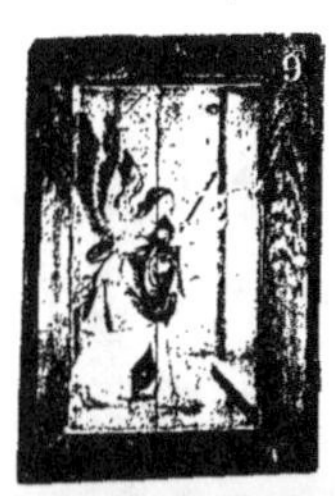

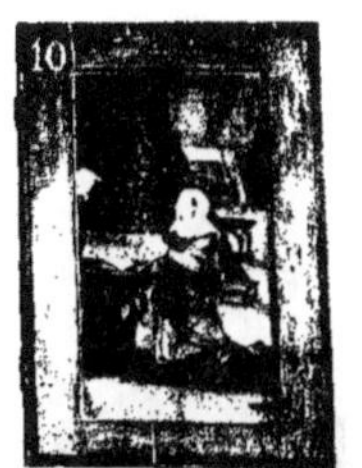

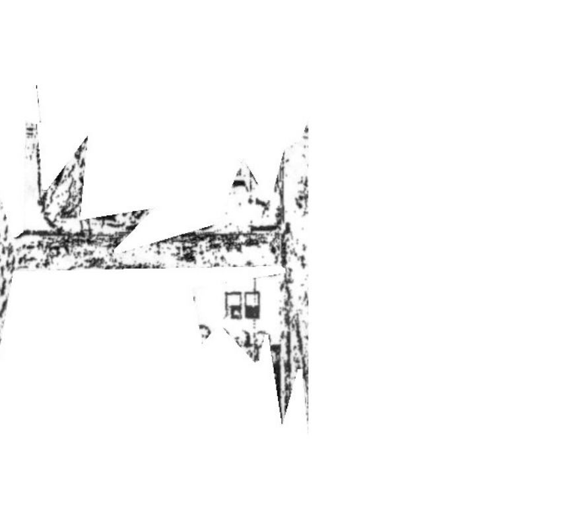

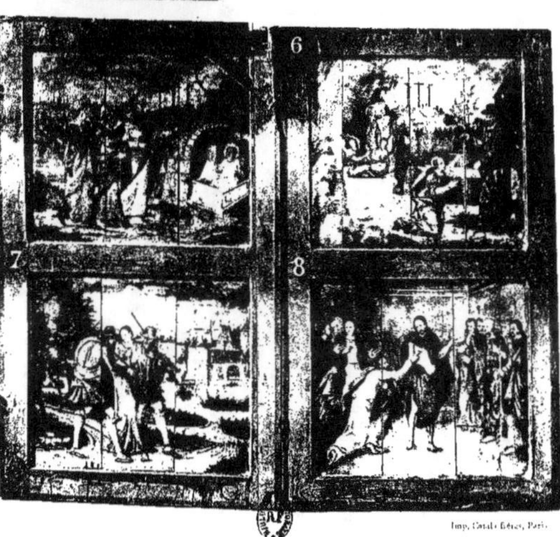

VOLETS DU RETABLE DE LA FRAIE

1. Jésus chassant les vendeurs du Temple.
2. Entrée de Jésus à Jérusalem.
3. La Cène.
4. Le Lavement des pieds.
5. Les Saintes Femmes au Tombeau.
6. Apparition de Jésus en jardinier.
7. Jésus et les pèlerins d'Emmaüs.
8. Apparition de Jésus à saint Thomas.
9-10. L'Annonciation.

205. — *12 Juillet*. Jacques David, maçon, tailleur de pierre et Barbe le Prince, sa femme, vendent à Christophe Salmon, menuisier à Beauvais, moyennant 64 l. tz, le tiers indivis d'une maison sise en la rue tendant du Pont Saint-Sauveur au Pont du Poivre bouilli, autrement dit de Lignières, joignant d'un côté à maître Guillaume Petit, maçon, et d'un bout sur la rivière de Thérain, et chargée de 37 s. 6 d. tz de rente envers l'église Saint-Sauveur (1).

MACAIRE.

[Et. Recullet.]

(1) De son mariage avec la fille de Nicolas le Prince, David eut pour enfants : « 1559. die XXIII^a maii, Katherina, filia Jacobi David et Barbaræ Le Prince; patrinus, Petrus David; matrinæ, Margareta Bernard et Katherina le Po (sic). » Registre des baptêmes de la paroisse Saint-Etienne de Beauvais, *Arch. commun.*, GG1.

« 1560, die ultima maii, Catherina, filia Jacobi David et Barbaræ le Prince; patrinus, Johannes le Pol (sic); matrinæ, Katherina Pol et Magdalena Gavrée. » *Ibidem*, GG1.

« 1568, le IIIe mars, Charles, filz de Jacques David et Barbe le Prince; parrins, maistre Jehan Hariel et Pierre Binet; marrine, Jehanne Petit. » *Ibidem*, GG1.

---

206. — *16 Août*. Jean Guérin, fondeur de cloches et Marguerite de Hénu, sa femme, vendent à Noël Favier, marchand à Saint-Jacques-de-Richebourg, moyennant 20 l. tz, la moitié indivise d'un jardin sis en la rue d'Amours, mouvant de l'abbaye de Saint-Symphorien (1).

Et le 31 août suivant, Lucien Guérin, fondeur et Jeanne Tellier, sa femme, vendent au même Favier l'autre moitié de ce jardin au prix de 100 s. tz.

MACAIRE.

[Et. Recullet.]

(1) « 1566, XXVIIIe juillet. Anselme, filz Jehan Guérin et Marguerite de Hénu; les parrins, Me Anselme Lespart, chantre de

l'église de Beauvais, M° Jehan Coffinet, prebtre; les marrines, Katherine Thierry, Marthe du Fresnoy. » *Ibidem*, GG1.

(2) « 1590, du 12° aoust. Robert, filz de Lucian Guérin et Jehanne Tellier, sa femme; parrins, Robert Guérin et Jean le Mercier; marrine, Jeanne Harbonnières. » *Ibidem*, GG2.

---

207. — *27 Décembre*. Mise en apprentissage, pour 2 ans, par Jeanne Mercier, veuve de Jean Platel, orfèvre à Beauvais, de Pierre, son fils, avec Claude le Clerc, orfèvre en cette ville, qui promet de le loger, nourrir, et lui enseigner led. métier; la mère est tenue de payer 25 l. 10 s. tz au maître, savoir 100 s. à la volonté de Le Clerc, 100 s. à Pâques prochain et le reste à Pâques de l'année suivante. Présents : Jean de Buigny. barbier chirurgien et autres.

MACAIRE.

[Et. Recullet.]

1571

208. — *3 Mai*. Vente par quatre « carreliers » demeurant à Frocourt aux marguilliers de l'église de La Madeleine de Beauvais, savoir : Pierre Courtois, Eustache de la Fontaine et Antoine Molain, de mille pieds de pierre de taille, pour employer en lad. église; cette pierre sera prise en la carrière de Saint-Pierre, sise entre Frocourt et Bongenoult. suivant l'échantillon baillé aux carriers par les maçons qui travaillent en lad. église. Elle sera livrée en la Place de la Madeleine, avant la saint Remi prochain, au prix de 2 s. 6 d. tz le pied, payables chaque semaine, à mesure que se fera la livraison. Il est convenu entre les parties que, si ces pierres sont altérées par la gelée, un an après leur livraison et avant de les mettre en œuvre, en ce

cas les carriers devront les remplacer, en quantité équiva-
lente et à leurs frais. Les nouvelles pierres seront aussi
laissées un an en leur place, avant d'être employées. Les
marguilliers paient en outre 55 s. tz pour le vin de ce marché. LAMBERT.

[Et. Recullet.]

---

209. — *12 Mai*. Marché passé entre maître Jean Forestier, prêtre, écrivain et François Forestier, marchand,
demeurant tous deux à « Charcus », diocèse d'Amiens,
d'une part, et Jean Coffinet, prêtre, chanoine de Saint-
Barthélemy de Beauvais, d'autre part, « pour faire et parfaire quatre antiphoniers, par cayers de velin, pareilz et
semblables que sont les antiphoniers des chanoines de Saint
Vaast de Beauvais, tant en lettres, escriptures, lignes,
nottes que velin, de pareil volume que ceux desd. de Saint-
Vaast, et le tout livrer en dedans trois ans de ce jour d'huy,
si plus tost ne sont faitz, le tout subject à visitation. » Ils
seront tenus de rapporter, avant le premier dimanche de
l'Avent, aux chanoines de Saint-Vaast l'antiphonier de
l'Avent qui leur a été prêté aujourd'hui « fraiz et entier »
par led. Coffinet, pour leur servir de « protocole ». Ce
marché est fait moyennant 240 l. tz, soit 60 l. pour chacun
des antiphoniers ; Coffinet en paiera la moitié d'avance. Il
est entendu que si maître Jean meurt avant d'avoir terminé
ses écritures et notes, Coffinet paiera au survivant ce qui
aura été fait, au prorata et selon l'estimation des experts
désignés par les parties (1). MACAIRE.

[Et. Recullet.]

(1) Il s'agit ici sans doute d'un des deux antiphonaires du chœur
de l'église Saint-Vaast [Saint-Etienne] que j'ai signalés (*L'église et
la paroisse Saint-Etienne de Beauvais*, au XV⁰ s., *Bulletin philol. et
historique*, 1913), d'après les Comptes du Chapitre, de 1451, conser-

vés à la Bibliothèque nationale, lat. 9972, fol. 35-38. Un nommé Pierre Tirelire y est mentionné pour relier et recouvrir de cuir de cerf l'antiphonaire placé à droite dans le chœur et avoir fait écriture et note sur celui de gauche : « Domino Petro Tirelire, pro religatione antiphonalis dextre partis chori: pro corio cervi quo cooperitur dictum antiphonale; pro duabus corigiis corii Hongarie, positis in dicto antiphonali: *item*, supradicto Tirelire, pro pluribus collaturis factis in antiphonali sinistre partis chori: pro scriptura et nota sex foliorum positorum in antiphonali supradicto..... »

---

210. — *27 Mai*. Marché passé entre Nicolas le Prince, tailleur d'images, d'une part, les marguilliers et habitants de la paroisse de Muidorge et messire Guillaume le Rat, curé, d'autre part, pour « faire et parfaire bien et suffisamment une table d'hôtel, de bois de chesne taillée de pareilles hymages et ouvrages que la table qui est de présent à l'église de Niviller et y mettre par dessoubs et en embassement douze portraictz et figures des Apostres; lad. table de la largeur de sept piedz de roy et de la haulteur de sept piedz par le miten.......... et des costez en haulteur de cinq piedz ou environ, le tout de bois de chesne...... icelluy le Prince sera tenu et a promis livrer en son hostel à Beauvais, subject à visitation, faict et parfaict, bien et suffisamment, en dedans le jour de Pasques prochain venant, et ce moyennant la somme de quatre-vingtz cinq livres tz que lesd. manans et habitans ont promis payer aud. le Prince, assavoir vingtz livres le jour saint Jehan Baptiste prochain venant, quarante livres au jour que led. le Prince asseoira ou fera asseoir icelle table d'hostel en l'esglise dud. Muidorge, et la reste ung an après ensuivant.... » (1).

LAMBERT.

[Et. Jouan.]

(1) L'écrture de cet acte est très difficile à déchiffrer. — Voyez les reproductions phototypiques du marché et de ce retable.

Le prix de 85 l. payé pour ce retable représente la valeur d'un

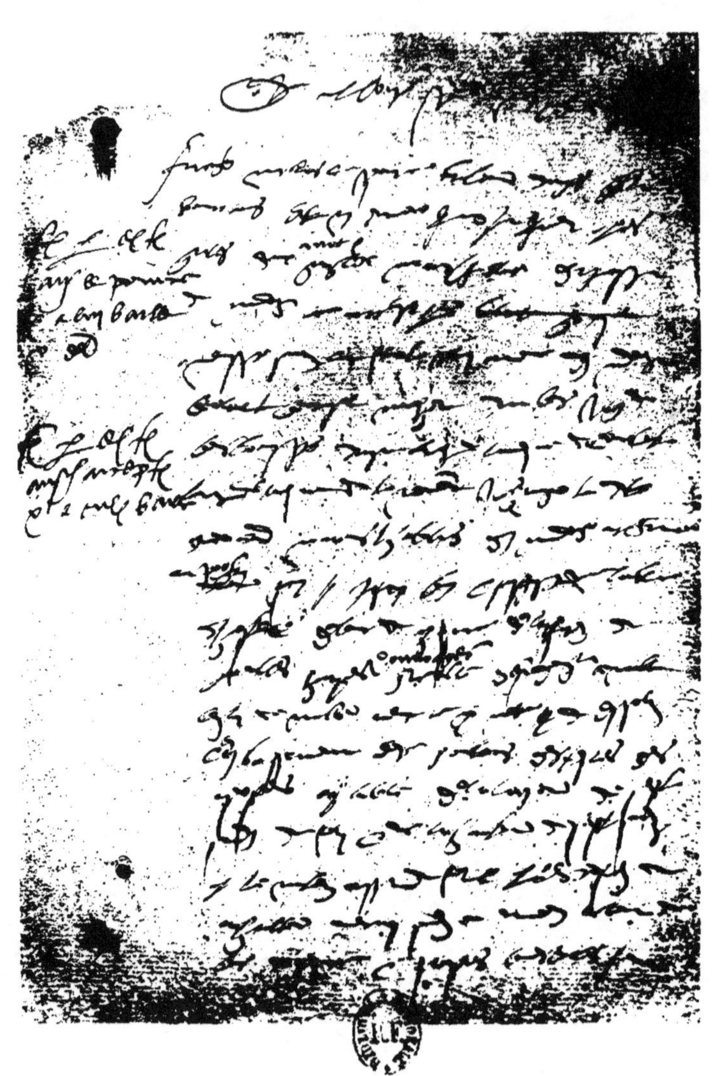

MARCHÉ SIGNÉ DE NICOLAS LE PRI

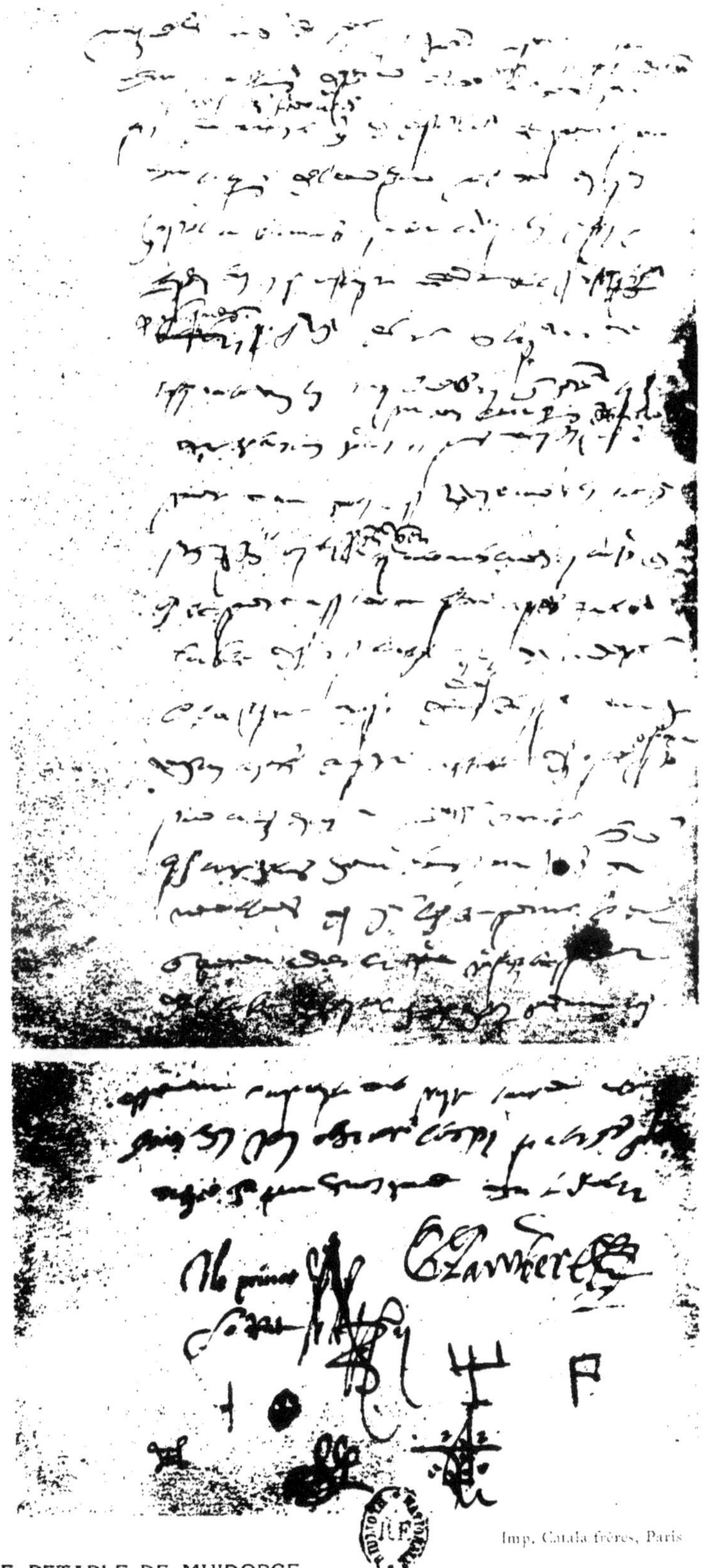

Imp. Catala frères, Paris

OUR LE RETABLE DE MUIDORGE

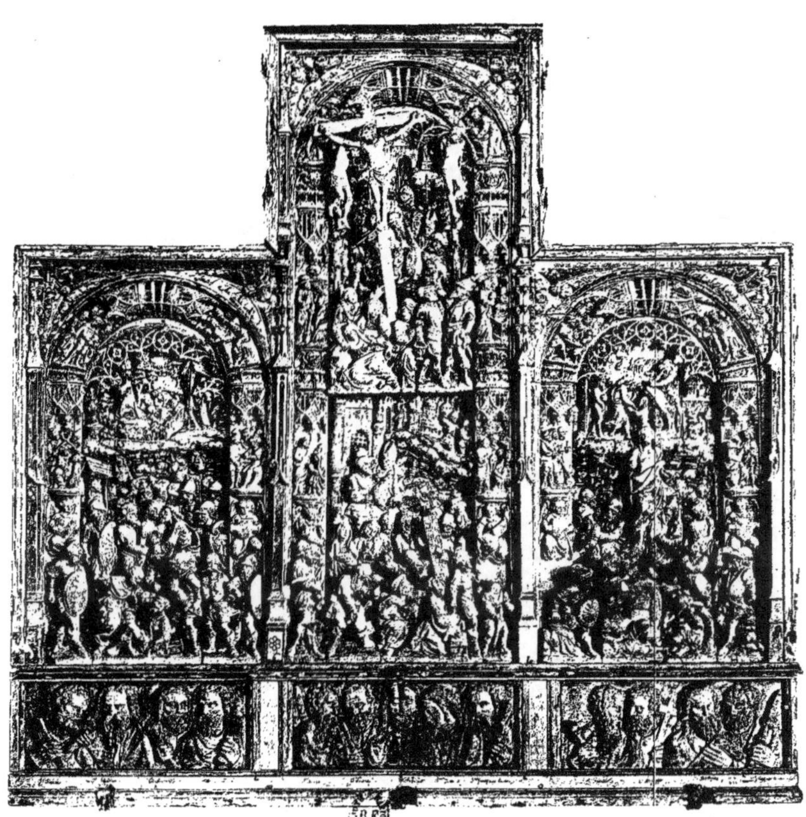

RETABLE DE MUIDORGE

cheval, ou de 4 bœufs, ou de 30 moutons, ou d'un coche fait par un charron de Beauvais. Minutes notariales. Comptes de l'Hôtel-Dieu (1567, 1574, 1581). .

---

211. — *25 Septembre*. Marché passé entre Nicolas Nitart, « maistre paintre » à Beauvais et Nicole Brocard, prêtre, demeurant à Marissel, « pour paindre, brunir et estoffer de sond. mestier une table d'autel nuefve, pour le présent estant en l'hostel dud. Nitart, pour servir et poser sur le grant autel de l'église Nostre Dame de Marissel, d'aussi bonne et belle painture, estoffes et matières que la table d'autel de l'église monsieur Saint Gilles de Beauvais, les huys et guichetz de lad, table aussi bien faitz, tant dedans que dehors et d'aussi bonnes couleurs que ceulx qui sont de présent en la table de l'église Saint Thomas dud. Beauvais, et mettre au dedans desd. huys et guichetz les histoires de la Passion Nostre Seigneur et au dehors les histoires de Nostre Dame, telles qu'il plaira aud. Brocard luy deviser; plus, paindre et estoffer de semblable peinture et convenables à lad. table troys barres de boys qui servent à soustenir les chandeliers et les anges estans à l'enton... dud. grant autel, avec lesquelz quatre anges ensemble ung tabernacle estant sur led. grant autel, aussi convenable à lad. table et avec la crosse, d'aussi bonnes matières et estoffes que celles dud. Saint Thomas. Le tout fait et bien fait, subjet à visitation, en dedans le premier jour d'apvril prochain venant, et moyennant la somme de 216 l. 16 s. tz, que led. Brocard a promis payer aud. Nitart, assavoir 100 l. présentement baillez, en la présence du notaire soubzsigné ; et quant au pardessus desd. 216 l. 16 s. led. Brocard promet les payer au jour que led. paintre aura livré lesd. ouvrages. Présents : messire Estienne Guérin, docteur en théologie et chanoine de l'église de Beauvais, messire Prix Louvet, prêtre, curé de lad. église de Marissel, Anthoine Chéniau, Nicolas le Prince et autres. »

Par un acte daté du 29 août 1573, Nitart donne à Brocard la quittance du paiement total de cette somme.

DUBOS.

[Et. Jouan.]

1572

212. — *30 Janvier*. Les religieuses de l'abbaye de Penthemont-lès-Beauvais, dont Marguerite Loysel, abbesse et Antoinette Pajot, religieuse, baillent à surcens à Pierre de Lalict, maçon, tailleur de pierre, « une terre qui s'estend depuis la croix qui est près de lad. abbaye jusqu'à la Vallée Mérel, en forme de carrière », pour en faire tirer de la pierre, lui et ses héritiers, à toujours, à charge d'y faire à ses dépens une porte fermant à clef. Il sera loisible aux religieuses de faire prendre de la pierre en cette carrière, pourvu qu'elle soit employée dans leurs bâtiments et non vendue à d'autres. Ce bail est fait moyennant 40 s. tz de surcens ou rente propriétaire et perpétuelle.

LAMBERT.

[Et. Jouan.]

---

213. — *3 Mars*. Jean Darou, tailleur d'images à Beauvais, promet à Pierre du Fresnoy, « maistre » tailleur d'images « de le servir aud. mestier », depuis le jour de Pâques prochain jusqu'à la saint Remi, sans qu'il puisse besogner pour d'autres, au prix de 14 s. tz par chaque jour ouvrant. Si, les jours de fête, du Fresnoy voulait envoyer

Darou « aux champs » pour ses affaires, il lui paiera le
même salaire journalier. Darou sera logé, couché, chauffé,
bien et suffisamment.

MACAIRE.

[Et. Recullet.]

---

214. — *3 Mars*. Marché passé entre Jean Compagnon,
brodeur à Beauvais et les marguilliers de l'église de La
Bosse, pour faire une bannière de damas cramoisi rouge,
de deux aunes et demie de damas, de pareille étoffe que
celle montrée par les marguilliers, garnie d'un côté d'une
image de Notre-Dame et de l'autre de saint Barthélemy,
avec une douzaine de fleurs de lis, plus deux pommes
dorées et un bâton aussi doré, avec un tortil; les images
seront d'or de masse; le tout livré avant Pâques prochain,
au prix de 40 l. tz.

LAMBERT.

[Et. Jouan.]

---

215. — *2 Avril*. Thomas le Pot, peintre à Beauvais,
reconnaît devoir à Robert Martin, marchand à Orléans, la
somme de 95 l. tz., restant de 215 l. que Jean le Pot, son
frère, devait à Martin, suivant une obligation passée par
devant Claude Samin et de Bellineau, notaires à Chinon,
le 24 octobre 1566. Jean avait été condamné à ce paiement
par sentence des juge et consuls de Beauvais, du 24 avril
suivant. Martin cède à Thomas tous ses droits, afin de
poursuivre Jean le Pot et lui faire rembourser cette dette.

MACAIRE.

[Et. Recullet.]

216. — *13 Mai.* « Comparut personnellement Romain Buron, maistre vitrier demourant à Gisors, lequel recongnut avoir promis et par ces présentes promet à Nicolas Brocard, marchant demourant à Beauvais, à ce présent et acceptant, de faire et fournir deux espaces de vittres estans en la chappelle Saint Eustache, en l'église Saint Estienne dud. Beauvais, et en icelles deux espaces historyer comme une pestilence mortelle assaillit les serviteurs et chambrières de monseigneur saint Eustache et les occyst tous, et peu de temps aprez tous ses chevaulx et toutes ses bestes moururent soudaynement, et comme aucuns des compaignons dud. monseigneur saint Eustache entrèrent par nuyct en sa maison et ravyrent et emportèrent or et argent et le despouillèrent de toutes autres choses, mesmes que luy, sa femme et enffanz s'en fuirent par nuict tous nudz de biens, et comme nonobstant toutes lesd. adversitez mon seigneur saint Eustache rendit grâces et louanges ? à Dieu, et au dessoubz desd. hystoires pour mettre et hystorier deux priantz qui seront pourtraictz au mieulx que led. Buron pourra faire..... les personnes de feu Mahiot Brocard, père dud. Nicolas et Huguette de Bray, sa femme, et au dessoubz desd. priantz

. . . .

et le tout rendre et livrer, faict et parfaict d'aussi bonnes estoffes et matières que les autres vittres estans en lad. chappelle, assavoir la moictyé desd. hystoires en dedans le jour de Toussaintz prochain venant, et l'autre moictyé le jour de Noël prochain venant; et moyennant ce led. Brocard sera tenu et promet aud. Buron, ce acceptant, de luy bailler et payer au feur et à mesure qu'il besongnera, assavoir dix huit s. tz. pour chacun pied desd. vittres; lesquelles estoffes et matières dessusdites led. Buron sera tenu livrer à ses despens, hors mis le fer, lequel fer led. Brocard sera tenu livrer avecq le plattre qu'il conviendra. » (1).

[Et. Jouan.]   THUREAU.   DUBOS.

(1) Ce vitrail, qu'on attribuait jusqu'à présent à Nicolas le Prince, existe encore dans la chapelle Saint-Eustache, dite des Malinguehen.

L'inscription porte : « *Mahiot Brocard a donné ceste vitre, lequel trespassa le* XIXe *jour d'avril 1572. Priez Dieu pour luy. 1575.* » — Stanislas de Saint-Germain, qui le décrit dans sa *Notice historique sur l'église Saint-Etienne* (1843), p. 64, cite le passage de la *Légende dorée* illustré par cette verrière et ce texte est reproduit intégralement dans l'acte notarié signé du vitrier. Je n'insiste pas sur la valeur documentaire de ce fait. — Cf. E. Mâle, *L'art religieux au XIIIe s.,* ch. IV, *La Légende dorée.*

En outre, le panneau voisin, donné, en 1554, par Eustache Payen, marchand-bourgeois au « Cheval bardé », et qui figure un autre épisode de la vie du saint, porte un monogramme que je lis PIA (voyez pl. V   n° 311), attribué jusqu'ici à un Le Pot ou Le Prince : ce Pia (Pierre), verrier de Beauvais, nous le connaissons maintenant par des verrières des églises Saint-Laurent (1562) et Saint-Sauveur (1574).

Le marché passé ici par R. Buron est très détérioré par l'humidité; j'ai remplacé par des points les passages illisibles; le reste n'a pu se déchiffrer qu'après un badigeonnage par le sulfure d'ammonium.

---

217. — *12 Juillet.* Titre-nouvel donné par Thomas le Pot, peintre et Agnès Boullet, sa femme, Jean le Secq, tailleur de menuiserie et Collechon le Vasseur, sa femme, pour une maison contenant trois manandises, où pend pour enseigne le Cheval qui tourne, sise en la rue du Pont Godard, joignant d'un côté et d'un bout aux hoirs de Pierre Lalou, aussi tailleur de menuiserie, et chargée de 60 s. tz. de rente propriétaire envers Jean Pajot, marchand bourgeois de Beauvais et Catherine Gérin, veuve de Jean de Renty.   DE CREILG.   MACAIRE.

[Et. Recullet.]

---

218. — *31 Août.* « Je soubzsigné, Lamoral de Naynville, demourant à Beauvais, confesse avoir receu des marguelliers de l'église Saint Estienne la somme de VIII^{xx}

VIII l. tz. faisant le reste et parpaye de III^c cinquante l. tz., à quoy s'est monté le prix du candelabre fait en lad. église, pesant ung millier, à raison de XXXV l. [le cent], suyvant le marché fait avec lesd. marguelliers et leur tiens quitte de tout ce qu'ilz estoient tenuz me bailler pour led. candelabre. Fait ce dernier jour d'aoust 1572. » (1).

L. DE NAYNVILLE [clochette].
THUREAU.

[Et. Jouan.]

(1) Les Comptes des marguilliers de l'église, de 1571, donnent : « Le Xe décembre, baillé à Cosme Hardouyn, pour avoir fait le pourtraict du candelabre, XII s. »

« Je soubzsigné, Lamoral de Naynville, confesse avoir receu en argent comptant de Jehan du Quesne, maistre Nicolas aux Cousteaux et Jehan Pillon, marguelliers de lad. église, la somme de cent livres tz suivant certain marché que j'ay fait avec eulx, par lequel je suis tenu et ay promis faire et parfaire, livrer toutes matières et estoffes qu'il conviendra pour faire ung candelabre de cuyvre et rendre icelluy parfait de toutes bonnes et loyales matières et assis dans le cœur de lad. église, de la haulteur, fasson et selon les ouvraiges et pourtraict qui est en lad. église, près l'image monsieur saint Cristophe et lequel a esté fait pour figure de patron, et icelluy rendre fait et parfait et assis aud. lieu, en dedens le premier jour d'aoust prochainement venant, sur paine de tous despens, dommages et intérestz, et ce moiennant le pris de XXXV l. tz pour chacun cent de pesant, poix de Paris, que je doibz avoir à mesure que je besongneray. A esté accordé par led. marché expressement que led. candelabre ne doibt point peser plus de neuf cens de pesant, et, au cas que se trouvera de plus grant poix que de neuf cens, je ne doibs estre payé que pour led. pesant, et du par dessus ne doibs rien avoir. Et si se trouve moins peser que neuf cens, je ne doibs estre payé que à portion de ce qui se trouvera peser comme dessus est dit. A aussi esté accordé que je doibs prendre le cuivre que lesd. margueliers me bailleront pour le pris que me coustera celluy que j'acheteray et livreray pour led. candelabre, sans lesquelles clauses led. marché n'eust esté accordé. Fait le XXVIIIe décembre 1571. L. de Naynville. » La signature est suivie d'une clochette.

Et les comptes de 1572 mentionnent la quête faite à ce sujet par les marguilliers chez les paroissiens et la dépense « pour deffaire les pas de devant le grant hostel, pour y mettre pierre de liés amenée de la carrière Saint Simphorian. » *Archives de l'église.*

219. — *16 Septembre*. Attestation de Jean Allard, écuyer de cuisine de la reine et autres habitants de Beauvais, de Bastien Jouenne, vigneron à Marissel et autres vignerons de cette paroisse : ils certifient que Jean Nitart, peintre en cette ville, est homme de bien, conversation et mœurs, « catholicque et chrestien, non suspect de la nouvelle religion et aussi qu'il est bon cirurgien, ydoine, capable et suffisant, mesmes qu'il les a pensé et médicamenté, et aussy leurs femmes et enffans, de plusieurs accidents de maladies en plusieurs parties de leurs corps et, en ce faisant, à l'ayde de Dieu et de la paine et labeur que led. Nitart auroit eu, seroient tous esté guéris. Et affirment avoir esté au commencement de leurs maladies vers aulcuns barbiers et chirurgiens dud. Beauvais pour les penser et médicamenter, ce qu'ilz n'auroient pu faire. Et ainsi ce que dessus lesd. attestans ont affermé véritable en leurs consciences, dont Nitart a requis lettres aux notaires soussignez. »

WALON.   LAMBERT.

[Et. Jouan.]

---

220. — *8 Octobre*. « Comparurent Thomas le Pot, peintre demeurant à Beauvais, d'une part et messire Flourent Obry, prebtre, vicaire de l'église de Guignecourt, y demeurant, d'autre part, lesquelz font entre eux les promesses qui s'ensuyvent : c'est assavoir que, combien que le Pot soit tenu et a promis fournir et livrer en l'église de La Fraye, en dedans vendredy prochain, une table d'autel, telle et comme il est contenu en un contract, pour raison de ce passé entre les parties auparavant ce jour dhuy, sy est ce que led. le Pot sera tenu et a promis le faire veoir et visiter en icelle église par gens et ouvriers dud. estat de paintre, ydoines et capables et suffisans pour ce faire, pendant et en dedans ung an dhuy, aux despens de qui il appartiendra, pour scavoir si elle sera de la fasson et estoffes comme il est tenu faire par led. contract. Et, faisant icelle visitation, sy se trouve que lad. table d'authel ne soit suffisante et telle que il est contenu par lad. obligation, en ce cas led. le Pot sera tenu et a promis la racoustrer et réparer à ses despens, et lad. table sera receue par led. Obry que après qu'elle luy sera livrée faicte et parfaicte, bien et suffisamment, après lad. visitation et que led. le Pot l'aura faicte et fournie comme cy dessus est mentionné. » (1).

WALON. LAMBERT.

[Et. Jouan.]

(1) Comparez ce retable de La Fraie avec ceux de Muidorge et de Rochy-Condé, et avec celui de Marissel figuré dans les *Mémoires de la Société académique de l'Oise*, t. XV (1892).
Voyez n°ˢ 203 et 284.

---

221. — *26 Octobre*. Marché passé entre deux laboureurs, habitants de Vessencourt, paroisse de Frocourt d'une part et Jean du Parcq et ses fils, « carreliers », demeurant à Frocourt, pour quérir et recevoir en la carrière de ce lieu toutes les pierres qui y seront chargées afin de les amener à Beauvais, « en l'attelier de l'œuvre de l'église Saint-Pierre nouvellement rompue », depuis ce jour jusqu'à la saint Remi prochaine, sans discontinuer et sans que les charretiers puissent travailler ni voiturer pour d'autres, moyennant 20 d. tz. pour la voiture de chaque pied de ces pierres. Ils seront tenus de travailler « fait à fait qu'il conviendra faire lesd. charges en l'attelier de lad. carrière. »

THUREAU. DUBOS.

[Et. Jouan.]

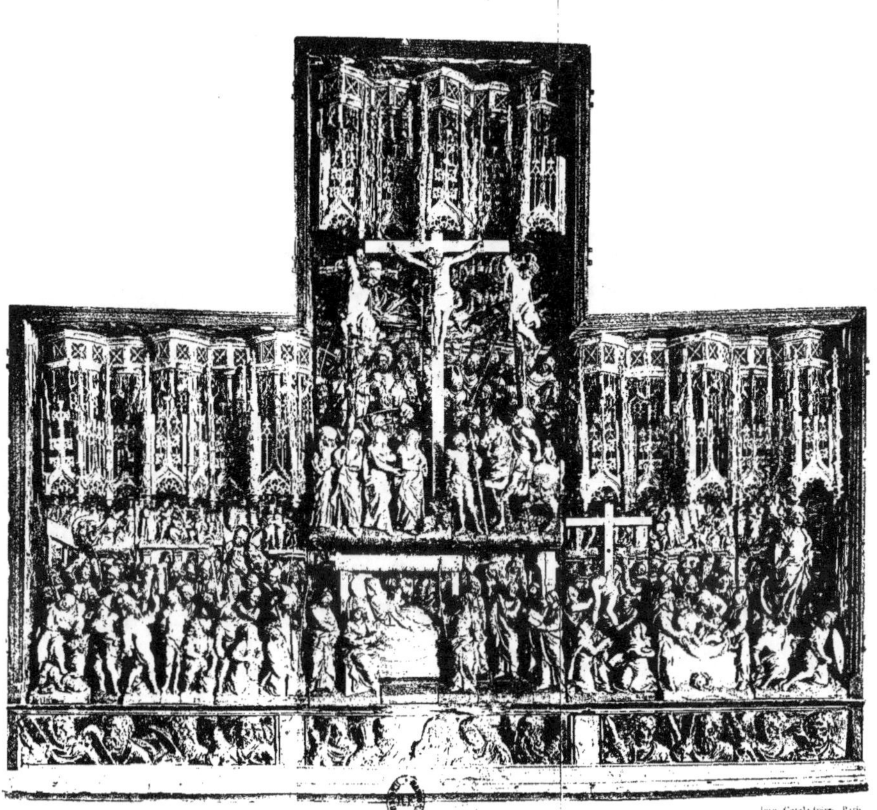

RETABLE DE ROCHY-CONDÉ

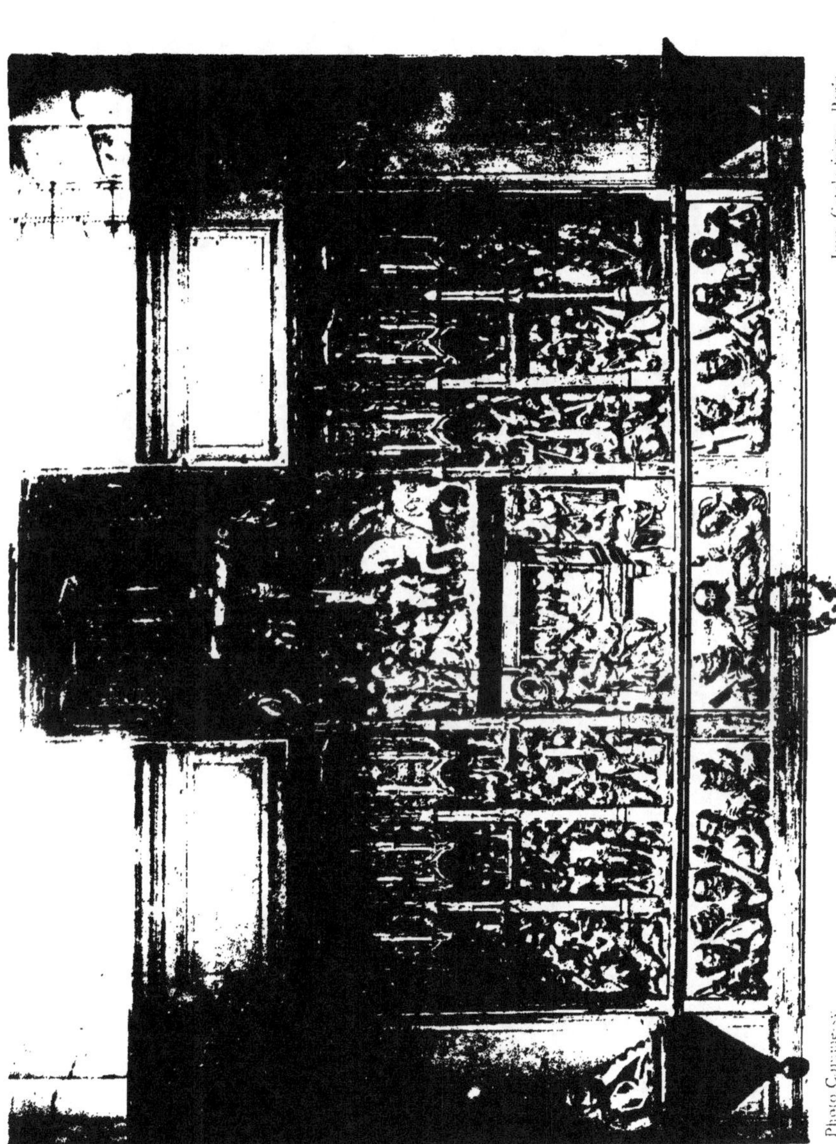

Photo Cumière

Imp. Catala frères, Paris

RETABLE DE MARISSEL

222. — *17 Novembre.* Marché passé entre Guillaume Petit et Michel Tauberon, maçons, tailleurs de pierre à Beauvais, d'une part, et les marguilliers de l'église Saint Sauveur, savoir : Laurent Vacquerie, Jean du Buisson et Lucien Leüllier, pour faire « le remplaige en forme des verrières » au pourtour du chœur de lad. église, faire « deux espaces de voulte » de pierre de taille, de semblable façon qu'a été faite la dernière, refaire les pendants et les ogives « le plus commodément que faire se pourra, sans aucune fraction », en sorte qu'ils puissent servir aux autres voûtes, s'il est possible de le faire; y abattre trois arches, dont deux qui font la fermeture du chœur et l'autre qui répond sur la croix de la nef; retailler tous les piliers étant à l'entour desd. ouvrages, et, « s'il se trouve dans lesd. pilliers aucune blocaille, les réparer de bonne pierre de taille, ainsy que on a fait les aultres pilliers estant du costé dud. cœur; item, tailler ung piédroit et faire les hourdages tellement que les chayères dud. cœur n'en soient endommaigées. » Le tout sera terminé, bien et suffisamment, sujet à visitation, avant le dimanche de la Passion prochain, moyennant 180 l. tz., payables à mesure que se feront lesd. ouvrages (1).

DE CREILG.   MACAIRE.

[Et. Recullet.]

(1) La reconstruction de cette église a été commencée vers 1478 : « Magistro Guillelmo Dole, pro minuta certarum litterarum accordii inter capitulum Sancti Vedasti, ex una parte, et matricularios Sancti Salvatoris, ex altera parte, super recdificationem hujusmodi ecclesie Sancti Salvatoris, IX s. II t. » Comptes du chapitre de Saint-Vaast (1478), *Bibl. nat.*, lat. 9972, fol. 53-58.

Voyez, ci-dessous, n°ˢ 235 et 239.

---

223. — *17 Novembre.* Claude le Vasseur, fondeur de cloches et Jean, son frère, tisserand, demeurant à Beauvais, au nom de Perrine, leur sœur, tous enfants de feu Jacques le Vasseur, fondeur de cloches, louent pour 9 ans, moyennant 50 s. tz. par an, à Marin Dambrune, tisserand, le quart indivis d'une maison appartenant à Perrine et sise paroisse Saint-Martin, devant l'Hôtel des Cuirets (1).

LAMBERT.

[Et. Jouan.]

(1) Perrine épousa Lamoral de Naynville.

---

224. — *17 Décembre*. Marché passé entre Noël Compagnon, brodeur à Beauvais et les marguilliers de la paroisse Saint-Denis de Mogneville, pour faire, au prix de 60 l. tz., une chape de damas cramoisi rouge « avec les offroiz d'or de masse, où il y aura deux anges tenans une hostye. » Le brodeur promet de fournir les matières nécessaires : l'ouvrage sera livré avant Pâques prochain et payé ce jour-là.

WALON.   LAMBERT.

[Et. Jouan.]

---

225. — *20 Décembre*. Marché passé entre Nicolas le Prince, tailleur d'images et les marguilliers de l'église Saint-Etienne de Beauvais, savoir : maître Nicole Aux Cousteaux, avocat et Jean Pillon, marchand bourgeois, pour leur faire une image de saint Claude, ayant 4 pieds de haut, « de bon boys de chesne, secq, loial et marchant et l'asseoir en la chappelle monsieur saint Claude de lad. église, » avant Pâques prochain, au prix de 9 l. 10 s. tz.

WALON.   LAMBERT.

[Et. Jouan.]

226. — *24 Décembre*. Marché passé entre Nicolas Nitart, peintre et les marguilliers de l'église Saint-Sauveur de Beauvais, pour « paindre et estoffer de son mestier une table d'autel pour poser sur le grant autel de lad. église, d'aussy bonne et belle painture, estoffes et coulleurs qu'icelle table estant en l'église Saint Laurens dud. Beauvais, et les huys et guychetz tant au dedens que dehors aussy bien faitz et de bonnes coulleurs, et hystorier au dedens desd. huys les hystoires de la Passion Nostre Seigneur et au dehors l'hystoire de Nostre Dame, telle qu'il plaira auxd. margueliers; » le tout sujet à visitation, à livrer avant Pâques prochain, moyennant 200 l. tz., dont moitié est baillée ce jour; le reste payable au jour de la livraison.

MACAIRE.

[Et. Jouan.]

1573

227. — *18 Janvier*. Jean le Vasseur, fondeur de cloches et Jeanne Forest, sa femme vendent, moyennant 150 l. tz., à Pierre Pia, « vitrier » à Beauvais, la moitié indivise d'une maison, puits et cave, sise grande rue Saint-Martin (1).

MACAIRE.

[Et. Recullet.]

(1) Cette maison, vis-à-vis le chevet de l'église Saint-Martin, était, en 1557, à Pierre le Vasseur, aussi fondeur, père de Jean. Déclaration des maisons du chapitre de Beauvais, *Arch. de l'Oise*, G, non coté.

228. — *3 Février.* Marché passé entre Antoine Fournier, maçon, tailleur de pierre à Beauvais et les marguilliers de l'église de La Madeleine de cette ville, pour faire en leur église « troys espaces de voultes avecq deux pans de murs, l'un faisant l'allée pour commencer ? le pourtour et l'aultre pour y pozer et asseoir un escallier ou viz, pour servir à monter et descendre sur la deuxième voulte, qui servira de thésaurerie, et dedans led. pan et paroi de mur y faire deux huisseries, l'une pour entrer dedans le revestiaire et l'aultre pour entrer dedans led. escallier; et dedans led. pan de mur y laisser deux formes, portant chacune une escaufiche ou ce qui sera trouvé estre commode, et garnir led. pan de mur de deux pilliers, l'un ayant son regard au gros pillier, pour y faire tas de charge et doubleaux, pour icelle espace voulter, et l'autre petit pillier servira par dedans œuvre, du costé dud. revestiaire, pour ayder à soustenir la voulte dud. revestiaire; et sera planté sur un cul de lampe en façon de moullure ou saillye. Et sera tenu led. Fournier faire et enter dedans le viel mur aussy ung cul de lampe, pour ayder à soustenir le doubleau desd. voultes, et laisser dedans led. viel mur les verges à ce convenables, pour donner clareté dedans le revestiaire. » Le tout sera achevé avant la Toussaint. Les marguilliers fourniront les matières nécessaires, telles que pierres, chaux, sablon, cintres, un cable et autres choses convenables et paieront aud. Fournier 275 l. tz., à mesure qu'il besognera. Présents à ce marché : Jacques Fournier, maître maçon et Jacques Lespart, maître charpentier, à Beauvais.   DUBOS.

[Et. Jouan.]

---

229. — *6 Mars.* Marché entre Pierre Boullet, brodeur et les marguilliers de l'église Saint-Etienne de Beauvais, pour leur faire une chasuble, deux tuniques avec trois chapes, le tout de damas blanc, avec fleurs d'or; faire les

orfrois des six pièces selon le portrait exhibé par les marguilliers et paraphé des notaires, « et aussy enrichir les offroys
selon que est profillé et enrichy ung parement d'hostel de
satin de Bruges blancq, remply tout de brodure, estant en
l'église Saint-Pierre de Beauvais et y servant à l'hostel
Nostre-Dame de la Paix, dedans le cœur de lad. église, au
mellieu; auquel parement est le pourtraict de la Vierge
Marie. » Les marguilliers fourniront le damas et le satin
rouge, pour faire le fond des orfrois, avec la toile d'or
pour tailler le feuillage sembable au portrait. Sur chacune
des chapes et chasuble, le brodeur fera, au dos du chaperon, dans un ovale, savoir : à la chasuble, une histoire
de la Résurrection; à l'une des chapes, une Nativité Notre
Seigneur; à l'autre, une Annonciation et à la troisième une
Assomption Notre-Dame. Le tout sera terminé et livré à
Pâques, sous peine de 10 écus d'or soleil d'amende en cas
de retard. Le prix convenu est de 36l., payables à mesure
que se feront les ouvrages (1).

THUREAU.   DUBOS.

[Et. Jouan.]

(1) Les comptes des marguilliers ne mentionnent pas cette dépense.

---

230. — *15 Juin.* Marché passé entre Lamoral de
Naynville, fondeur et les marguilliers de Saint-Martin-le-
Neuf, pour leur fondre trois cloches sonnantes et accordantes avec celle qui est restée au clocher de lad. église,
le tout livré dans trois semaines. Les marguilliers fourniront
le métal nécessaire, mais le fondeur leur rendra ce qui res-
tera après la fonte. Ce marché est fait au prix de 40 l. tz. (1).

BIGOT.   DUBOS.

[Et. Jouan.]

(1) Sur une cloche on lisait, avant sa refonte en 1845, l'inscription suivante : « + L'an mil Vc LXXIII fus faicte et nommée Loyse

par Loys de Mailly, escuier, sieur de Rumesnil, Aumarest, Silly et
Tillart, gentilhomme de la chambre du roy, lieutenant de cinquante
hommes d'armes et damoiselle Anne Dongnyes, sa femme et damoiselle Jehanne de Casenove, sa mère, Jehan de Mailly. » A la suite
de cette inscription, en caractères gothiques, était l'écu des Mailly :
*à une croix, accompagnée de trois maillets, deux en chef et un en
pointe.* (Copie Peaucelle, de Voisinlieu.)

---

231. — *26 Août.* Marché passé entre Lamoral de
Naynville, fondeur, maître Nicole Aux Cousteaux, avocat à
Beauvais et Jean Pillon, marchand, tous deux marguilliers
de l'église Saint-Etienne de cette ville, « pour fondre et
faire sept cloches, dont il y en aura six de bon accord de
ut, ré, mi, fa, sol, la, les trois premières grosses cloches
estant de ton en ton plain et parfait et les trois aultres suivantes accordées de ton en ton avec lesd. trois autres; et la
première et plus grosse estant de la grandeur, largeur et
espesseur que la grosse cloche de lad. église et entonnée
d'aussi bon ton que celle du plus gros ton desd. cloches pour
le moins et les aultres ensuyvans de grosseur et de largeur
convenables proportionnées et la septiesme cloche d'accord
entonnée avec la plus petite qui est au clocher d'icelle église,
à ung ton plus bas; le tout bien et suffisamment fait, subject
à visitation de gens à ce congnoissans. Mesmes au cas que
lesd. cloches ne fussent accordantes, comme dessus est dit,
led. de Naynville sera tenu de les fondre tant et jusques [à
ce] qu'elles se trouvent accordantes à ses périlz et fortunes,
sans pour ce avoir aultre somme de deniers que celle dont
sera cy après parlé. Tenu led. de Naynville faire tous desblaiz, fournir bois, charbons, ustensilles, peines d'ouvriers et
aultres choses nécessaires, faire et deffaire fourneaux, bailler
toutes matières hors mis le métail et rendre lesd. cloches
pendues, bien et deuement faites, dedans la nef de lad.
église, en dedans le jour monsieur saint Luc prochainement

venant, sur peine de tous despens, dommaiges et intérestz, et de la part desd. margueliers ont promis fournir aud. de Naynville le métail nécessaire pour faire lesd. sept cloches et de luy bailler la somme de huit vingtz livres tz., payables à mesure et à portion que led. fondeur besongnera. » Comparut en même temps Robert Tiersonnier, marchand à Beauvais, qui s'est porté pleige et caution du fondeur (1).

DUBOS.   THUREAU.

(1) « Extraict des minutz aux contractz de Françoys Thureau, notaire. » *Archives de Saint-Etienne.* — Je n'ai pas trouvé l'original de ce marché aux Minutes notariales.

Ces cloches n'existent plus; les cinq qui sont encore au clocher datent de 1805.

Les Comptes de cette église mentionnent : « Le XIe décembre 1575, à Lamoral de Nainville, pour la voiture de II^c LXXVI livres de métail délivré par Nicolas Paulmart, LV s. » Et Lamoral y figure aussi « pour avoir escuré les chandelliers et lampes de l'église. »

---

232. — *27 Décembre.* Marché passé entre Jean Guérin et Lucien, son fils, fondeurs de cloches à Beauvais et les marguilliers de la paroisse de « Morein la Ville » pour leur fondre trois cloches, bien sonnantes et accordantes, à livrer le jour des Rois prochain. Les marguilliers fourniront sur place le métal et matières nécessaires, excepté les outils du métier de fondeur, et paieront aux Guérin 20 l. tz. « pour la paine de leur fonte. »   DUBOS.

[Et. Jouan.]

1574

233. — *3 Mai.* Marché passé entre Jean Charton, « carrelier » à Goincourt et les marguilliers de l'église Saint

Etienne de Beauvais, pour leur voiturer, depuis la carrière de la Tonne, sise en la paroisse de Saint-Martin-le-Neuf, appartenant à la fabrique de Saint-Etienne, deux mille pieds de pierre, soit 250 pieds par semaine, sans discontinuer, au prix de 15 d. tz. pour la voiture de chaque pied (1 .

LAMBERT.

[Et. Jouan.]

(1) Il existe aux *Archives de l'église* de nombreux marchés passés avec divers carriers pour l'extraction et le transport de la pierre de cette carrière : quelques-uns sont encore aux Minutes notariales.

---

234. — *3 Mai*. Marché passé entre Jean Darou, tailleur d'images et Simon Darras, peintre, demeurant à Beauvais, d'une part, et deux vignerons de Bracheux, d'autre part, pour leur faire un crucifix, ayant 4 pieds de hauteur, avec une Notre-Dame et un Saint Jean, le tout de bon bois de chêne, sec et loyal, peint et doré, à livrer en l'église de ce village, avant la Toussaint, moyennant 35 écus d'or.

DUBOS.

[Et. Jouan.]

---

235. — *9 Mai*. Marché passé entre Jean Charton père et fils, carriers à Goincourt et les marguilliers de la fabrique de Saint-Sauveur de Beauvais, pour fournir toute la pierre tendre nécessaire à la fondation du bâtiment des croisée et chapelle de cette église et de ce qui en dépend, et depuis lesdites croisée et chapelle jusqu'au clocher de l'église, jusqu'à ce que ces ouvrages soient achevés. On leur paiera 21 d. tz. chaque pied de pierre, rendu à l'église; 100 s. leur sont baillés d'avance (1).   MACAIRE.   ADRIAN.

[Et. Recullet.]

(1) Voyez n°s 222 et 239.

236. — *23 Mai.* Pierre du Fresnoy et Jean Darou, tailleurs d'images à Beauvais, vendent à Scipion Hardouin, peintre, un crucifix de bois de chêne, « tel et de semblable taillure que est le grand crucifix, de l'église de l'Hostel Dieu dud. Beauvais » : le tout fait et parfait, sujet à visitation, à livrer avant le 15 juin prochain, au prix de 30 l. tz, dont 15 l. payées à l'avance. Si l'ouvrage n'est pas fourni à la date fixée, ils rabattront aud. Hardouin deux écus soleil sur les 15 l. qui restent à payer (1).

Macaire.   Lambert.

[Et. Recullet.]

(1) En 1593, Hardouin travaillait encore à la cathédrale, et le chapitre lui donnait un atelier, voisin de la fenêtre où se distribuait le pain du chapitre : « XI'II^a maii, Scipioni Hardouin, pictori, conducitur tegurium, contiguum fenestrae u'ii panis capitularis distribuitur. » *Mélanges Troussures,* IV, 459.

---

237. — *10 Juin.* Marché passé entre Pierre Boullet, brodeur et Aman Lobgeois, laboureur à Nointel près Clermont, pour faire une bannière de damas cramoisi; l'étoffe a été baillée par Lobgeois. Le brodeur y mettra deux images, l'une de Notre-Dame d'un côté et une de saint Vast, de l'autre; ces images seront faites de broderies d'or et d'argent fin, avec les côtés de fine soie et rehaussés d'or fin et chacune des images aura deux pieds de haut « sans comprendre la terrasse ». Boullet fournira les franges de soie de couleurs verte, rouge et blanche; les pommes seront dorées d'or fin et le bâton sera orné d'un « torty ». L'ouvrage doit être livré avant la mi-août prochain, moyennant 35 l. tz.

Macaire.   Lambert.

[Et. Recullet.]

238. — *11 Juin.* Marché passé entre Pierre du Fresnoy, tailleur d'images et les marguilliers de Saint-Etienne de Beauvais, pour faire « une image de madame sainte Catherine, de pierre blanche, nette et saine », ayant quatre pieds de haut, suivant le portrait montré par du Fresnoy et paraphé des notaires, à livrer en cette église avant la saint Rémi prochain; prix : 25 écus sol.

THUREAU.   DUBOS.

[Et. Jouan.]

---

239. — *14 Juin.* Marché passé entre Guillaume et Antoine Petit, maçons, tailleurs de pierre à Beauvais, d'une part, et les marguilliers de l'église Saint-Sauveur, savoir Jean de Buisson et Jean du Hamel, pour faire en leur église les fondations depuis le clocher jusqu'à la fondation de la chapelle près de la croisée « de la largeur de demy pied davantage que lad. fondation de la chapelle, si besoing est, et aussy basse s'il est besoing »;y faire tous les déblais et en conduire les immondices dans les fosssés de la ville, aux dépens des maçons. L'ouvrage sera terminé avant la saint Martin d'hiver prochain, moyennant 7 l. tz. pour chaque toise de maçonnerie,« lad. thoise ramenant à 108 piedz pour thoise, faisant la moitié de 216 piedz pour une thoise carrée, payables à mesure que se feront lesd. ouvrages ». Les marguilliers fourniront les matériaux nécessaires, avec les cordages, « hours » et bois convenables (1).

MACAIRE.   ADRIAN.

[Et. Recullet.]

(1) Voyez ci-dessus, n°s 222 et 235.

240. — *14 Juin*. Marché passé entre Pierre Pia, vitrier à Beauvais et les marguilliers de l'église Saint-Sauveur de cette ville, « pour faire une verrière à troys jours, où sera emprainct l'hystoire de la Nativité Nostre Seigneur et aux remplaiges d'en hault une Nostre Dame tenant son enfant, assize en une chayère avec des anges jouans de leurs instrumentz, le tout enrichy de coulleurs comme l'hystoire le requiert, bien cuites et recuites, à asseoir en lad. église en dedans le jour de Noël prochain venant ». Prix : 65 l. tz., dont 30 l. sont payées ce jour d'huy; le reste, payable à livraison.

MACAIRE.   ADRIAN.

[Et. Jouan.]

----

241. — *26 Juin*. Marché passé entre Jean Darou, tailleur d'images et Pierre Hardouin, peintre, demeurant à Beauvais, d'une part, les marguilliers de la paroisse de Songeons et Nicole Darie, curé de ce lieu, d'autre part, pour tailler, peindre et étoffer une table d'autel, où sera l'histoire de la Passion, à livrer en cette église avant Noël prochain, moyennant 100 écus d'or soleil, payables moitié comptant, le reste à la livraison.

THUREAU.   DUBOS.

[Et. Jouan.]

----

242. — *26 Juillet*. Augustin Ricouart loue pour 5 ans à Félix Soulliart, « tailleur d'anticque ouvrage de menuiserie » demeurant à Beauvais, moyennant 11 l. tz par an, une maison et jardin sis en la rue de Lannoy, contigus à l'hôtel de ce nom.

DE CREILG.   LAMBERT.

[Et. Jouan.]

243. — *3 Août*. Marché passé entre Jean Darou, tailleur d'images et les marguilliers de la paroisse d'Allonne, pour faire une image de saint Martin, haute de quatre pieds, « taillée de bon boys de chesne », à livrer avant la Toussaint, au prix de 8 écus sol. Présent à ce marché messire Robert le Roy, curé de la paroisse.

DUBOS.   THUREAU.

[Et. Jouan.]

244. — *20 Octobre*. Mise en apprentissage, pour deux ans et demi, par Arthur Picot, menuisier à Beauvais, de Lucien, son fils, avec François Quevillier, « tailleur de menuiserie » en cette ville, qui promet de le loger, coucher et nourrir pendant la dernière année seulement, parce que le père sera tenu de le loger et « gouverner » pendant une année et demie. Quevillier enseignera son métier à l'apprenti, moyennant 10 l. tz.

MACAIRE.   ADRIAN.

[Et. Recullet.]

245. — *1ᵉʳ Décembre*. Antoine Mignot, laboureur à Velennes, reconnaît avoir mis en apprentissage, pour 6 ans, Pierre, son fils, avec Noël Compagnon, en son vivant brodeur à Beauvais, d'après le contract passé par devant Lambert, notaire, le 24 août 1570. Il loue aujourd'hui son fils, pour les 21 mois qui restent à faire, chez Jean Compagnon, fils de Noël, qui promet d'exécuter les clauses du précédent contrat.

HOUPPIN.   LAMBERT.

[Et. Jouan.]

246. — *22 Décembre*. Marché passé entre Philippe le Sueur, tailleur d'images et Nicolas, son fils, « paintre et sculteur », demeurant à Beauvais, d'une part, et Marguerite Gamet, femme de Nicolas de Cormeilles, docteur en médecine, en ce lieu, du consentement de son mari, pour tailler et peindre une image de sainte Angadrème, de bon bois de chêne, « bien et deuement painte de bonnes couleurs », qui sera posée en l'église Saint Etienne de Beauvais, avant Pâques prochain, moyennant 25 l. tz., que la dame promet de payer, moitié ce jour d'huy et le reste à la livraison (1).

THUREAU. LAMBERT.

[Et. Jouan.]

(1) Philippe travaillait pour l'église Saint-Médard de Creil en 1574 et 1576 : « A Philippes le Sueur, maistre tailleur d'imaiges à Beauvais, pour avoir fait le crucefix et deux imaiges en lad. églize, payé XXX l. tz. » — « A Philippes le Sueur, la somme de cent solz pour faire la parpaie de la somme de XXVII l. pour l'imaige saint Médart estant de présent en lad. église. » Comptes des marguilliers, *Bibliothèque de la Société académique de l'Oise.* — Nicolas épousa Marguerite de Cormeilles, fille du médecin, puis, en 1580, Ide de la Roquette.

1575

247. — *7 Février*. Marché passé entre Pierre Boullet, brodeur et les marguilliers de la paroisse de Saint-Deniscourt, pour faire une chasuble, une chape, deux tuniques avec les trois étoles et fanons, garnis d'orfrois de Paris; plus une bannière où sera d'un côté une Notre-Dame et de l'autre un saint Denis, avec les pommes d'or fin, le bâton orné d'un tortil et les franges de fine soie; le tout sera fait de damas cramoisi et d'aussi bonne qualité que celui montré par le brodeur aux marguilliers en l'hôtel de Marin Vaast, chanoine de Beauvais. Ces ouvrages seront livrés avant les Rameaux, au prix de 180 l. tz (1).   DUBOS.

[Et. Jouan.]

(1) En 1578, il travaillait pour l'église Saint-Etienne de Beauvais : « A Pierre Boullet, broudeur, pour avoir racoutré les chappes de velours tenné et aufroys, racoutré l'or, garni de ruben de soye vert, VIII l. » *Arch. de l'église.*

---

248. — *21 Mars.* Marché passé entre Gilles Petit, « tailleur de menuiserye » et Germer Millet, nattier à Beauvais, pour faire au revestiaire de l'église Sainte-Marguerite de cette ville le plancher de bois de chêne sec « à longuette » et y mettre de la braise par dessous, les baucques de deux épaisseurs, « et y mettre des solleaux, si besoing est », le tout fait avant deux mois et demi. Petit fournira le bois, les clous et autres matières convenables et recevra 14 l. tz. dont 30 s. payés ce jour. Germer a commandé ces ouvrages, pour exécuter la dernière volonté de Nicolas Millet, son père.   MACAIRE.   LAMBERT.

[Et. Jouan.]

---

249. — *24 Mars.* Marché passé entre Pierre Boullet, brodeur et Antoine Alespée, laboureur à Heulcourt, paroisse de Fresnes-Léguillon, pour faire une chape de damas rouge, « hystoriée de la Nativité ou de la Résurrection, au choix dud. acceptant »; plus, une bannière, de même étoffe, garnie d'un côté de l'Assomption Notre-Dame et de l'autre d'un saint Nicolas, aux franges de fine soie, les pommes dorées et le bâton peint, orné d'un tortil doré. Le tout sera livré avant Pâques prochain, au prix de 187 l. 10 s. tz.   DUBOS.

[Et. Jouan.]

250. — *14 Mai.* Jean Guérin, fondeur de cloches, loue pour 3 ans à un laboureur demeurant à Vaux, paroisse de Berneuil, une vache sous poil rouge, à charge par le preneur de la nourrir, « establer et enchampestrer », la garder de tous périls, « sauf de mort commune » et la rendre « en bonne santé » à la fin de ce bail. Il donnera à Guérin chaque année 60 s. tz. avec 4 livres de beurre.

MACAIRE.   LAMBERT.

[Et. Jouan.]

---

251. — *28 Mai.* Marché passé entre Pierre Boullet, brodeur, et les religieux de l'abbaye de Lannoy, acceptant par Dom Salomon de Courchelles, religieux, procureur de lad. abbaye, pour leur faire une chasuble, tunique et dalmatique de camelot cramoisi rouge, sans ondes, les orfrois de satin bleu de Bruges et remplis de feuillages d'or, avec une Trinité mise à la croix de lad. chasuble, un saint Bernard plus bas et un saint Benoît avec un saint Robert au-devant de lad. chasuble. Aux orfrois des deux tuniques, il y aura un David, un Isaïe, Jérémie et Ezéchiel, saint Pierre, saint Jean, saint Jacques et saint Paul, et « au domatique les quatre docteurs de l'Eglise et les quatre évangélistes, avec les armoyries de l'église et de l'abbé d'icelle, tant d'avant que d'arrière; aux armoyries de laquelle abbaye sera mis en ung roulleau : *Timor Domini manet in eternum* ». Le tout, sujet à visitation, sera livré avant la saint Jean-Baptiste prochain par le brodeur qui fournira toutes les matières nécessaires; il recevra 29 l. tz, dont 15 l. payées ce jour; le reste lui sera baillé à la livraison.

MACAIRE.   ADRIAN.

[Et. Recullet.]

---

252. — *13 Juin.* Mise en apprentissage, pour 4 ans, par Gilles Vivien, tailleur de pierre, à Pontoise, de Jean, son fils, avec Nicolas le Prince, tailleur d'images à Beauvais : « led. apprenty a promis servir led. acceptant, son maistre, en son hostel à Beauvais et autres lieux, aud. mestier de tailleur d'ymages et de la part dud. le Prince a promis de nourrir, coucher et chauffer l'apprenty, bien et deuement, selon son estat, et de luy monstrer l'art, science et industrie dud. mestier, et moyennant ce led. Gilles sera tenu et a promis de payer aud. le Prince la somme de quarante l. tz, assavoir quinze l. tz. au jour saint Martin d'hyver prochain venant, autres 15 l. au jour saint Martin 1576 et la reste en fin des trois premières années ». Le père s'engage à entretenir son fils de vêtements et de chaussures et à lui faire continuer son apprentissage sous peine de dommages et intérêts (1).

MACAIRE.   LAMBERT.

[Et. Recullet.]

(1) Voyez ci-dessous, n° 299.

----

253. — *28 Juin.* Marché passé entre Jean et Lucien Guérin, fondeurs et les religieux de Saint-Symphorien de Beauvais, acceptant par Dom Masson, religieux, trésorier de l'église et Dom Pantaléon Bigot, aussi religieux, prieur de Saint-Pater, pour refaire « ung aigle de cuyvre estant à l'église de l'abbaye et refondre les estoffes és endroitz qu'il sera besoing, le tout subject à visitation et, pour ce faire, livrer par lesd. Guérin les estoffes nécessaires ». Le travail sera terminé avant la Notre-Dame d'août, moyennant 40 l. tz. dont 15 l. payées comptant.

ADRIAN.   MACAIRE.

[Et. Recullet.]

254. — *13 Août.* Marché passé entre Jean Compagnon, brodeur à Beauvais et les marguilliers de la paroisse de Nourard-le-Franc, pour faire une bannière de damas cramoisi rouge, « l'un des costez garny de l'histoire de saint Vaast et par l'autre d'une Nostre Dame avec deux anges qui tiendront une [hostie], d'or de masse, et garnye de frenges de soye », le tout de deux aunes et demie de damas, les pommes dorées d'or fin et le bâton peint en azur, semé de fleurs de lis « d'orbel ». L'ouvrage sera livré avant la Notre-Dame de septembre, moyennant 40 l. tz.

WALON.   LAMBERT.

[Et. Recullet.]

1576

255. — *24 Mars.* Marché passé entre Pierre Boullet, brodeur à Beauvais et les marguilliers de la paroisse de Fresnoy-en-Thelle, acceptant par Jean Templier, « fermier » de lad. église, pour faire deux tuniques de camelot rouge « undé », les orfrois de satin de Bruges bleu ou pers, « garnis de huit images aux orfrais et la reste des orfrais remplis tous de fueillages tallez de satin jaune et profilé d'or de Paris, lesd. tunicques doublées de bougran pers et frengées de fines soyettes de couleur ». Le tout sera livré, avec une étole et deux fanons, à Beauvais avant samedi prochain en huitaine; moyennant 42 l. tz. Le brodeur fournira les étoffes nécessaires (1).   ADRIAN.   MACAIRE.

[Et. Recullet.]

(1) A la mort de Pierre Boullet, les chanoines de la cathédrale choisirent Mathieu du Mont comme brodeur de leur église (19 septembre 1580); mais, le 23 septembre, sur sa requête, Jean Boullet, fils de Pierre, fut mis à ce poste. *Mélanges Troussures,* IV, 386.

256. — *16 Mai.* Nicolas Marie et François Fouquenot, marchands à Beauvais, louent pour un an, moyennant 7 l. tz. à Michel du Hamel, « voyrrier » en cette ville, un cellier « estant sur la trappe » du premier cellier de l'Hôtel de la Ville, « à la réservation de l'ouverture de lad. trappe pour entrer aud. cellier ».

LAMBERT.   HOUPPIN.

[Et. Jouan.]

---

257. — *3 Juillet.* Marché passé entre Jacques Fournier et Jacques David. maçons à Beauvais, d'une part, les marguilliers et habitants de Marissel, messires Prix Louvet, curé de lad. paroisse et Nicole Brocard, prêtre, habitué de lad. église, d'autre part, « pour parachever de construire ung portail et soubzelle, qui a esté encommencé par deffunt Anthoine Dagyen, en son vivant masson à Beauvais, faire la voulte de la nef, joignant led. portail avec une autre petite voulte de la soubzelle du costé vers Beauvais, et réparer toutes les ouvrages de lad. massonnerie neufve qui est encommencée, et faire et parfaire les clairevoyes qui restent à faire jusques au cœur de l'église, réparer les pilliers qui ont esté gelez et refaire une guargouille qui a esté rompue; de faire deux huys à la montée qui est encommencée joingnant ausd. portail et soubzelle, pour aller et venir sur les dalles, aussy faire les admortissemens des pilliers qui restent à parfaire, telz et semblables que ceulx qui sont jà faits, et généralement faire toutes les ouvrages qui restent à faire en l'église depuis le devant jusques au cœur, le tout suyvant le pourtraict qui en a esté fait, signé desd. notaires et desd. Fournier et David, qui a esté baillé et mis és mains desd. margueliers pour en faire la guarde et iceluy pourtraict représenter et ayder ausd. Fournier et David, quant ilz en auront à faire. Et par ce que lesd. massons sont seullement tenuz des façons, seront tenus les margueliers de fournir sur le lieu toutes choses nécessaires... » [Le suite, comme au marché de 1564, ci-dessus nᵒ 147]. Fournier et David n'auront avec eux que deux ouvriers, soit quatre en tout, « si davantage il ne plaisoit ausd. margueliers, lesquelz seront tenuz payer ausd. Fournier et David la somme de six cens dix livres tz, assavoir ausd. Fournier et David et à chacun des deux ouvriers dix solz tz par chacun jour ouvrant de la sepmaine qu'ilz besongneront, qui seront pour chacun jour quarante s. tz et ainsy continuer jusques à concurrence de lad. somme totale ». Quand les marguilliers voudront faire cesser led. travail, faute d'argent... [La suite comme au contrat de 1564]. « Obligeans lesd. margueliers les biens et revenu de lad. église et lesd. Fournier et David corps et biens, l'un pour l'autre, sans division (1) ».

LAMBERT.   MACAIRE.

[Et. Recullet.]

(1) Voyez nᵒˢ 163 et 297.

Antoine Chéniau dit Daguien était mort à la fin de novembre 1575, à la suite d'une chute qu'il fit du haut des voûtes de la cathédrale : « 28 novembre 1575, une somme de 10 livres est donnée à la veuve d'Antoine Chesneau, maçon, qui tomba du haut de l'église, en y travaillant. On lui donne encore 60 s., le 12 décembre suivant, pour payer le chirurgien. » Registres capitulaires, *Mélanges Troussures*, IV, 406.

Aussi bien, les Comptes des marguilliers de Saint-Etienne, de 1575, donnent : « Du XXVIIᵉ novembre, Anthoine Dagien a légatté II s. p. » Et sa veuve, née Claude Pia, fille de Pierre Pia, verrier, qui, depuis 1571, avait 40 sous par an pour « racoustrer » le linge de cette église, figure encore à ce titre aux comptes des années suivantes. *Archives de l'église.*

Ce trait marque la condition modeste de ces artisans.

---

258. — *19 Novembre.* Attestation donnée par maître Jean Vaast, maçon demeurant à Beauvais, « âgé de soixante-sept ans ou environ (1) », Nicolas le Febvre le jeune, maire de Beauvais, Nicolas le Febvre l'aîné, ancien maire, Jérôme Liépart, bailli de la justice du chapitre de Beauvais, Pierre Liépart, procureur du roi en la prévôté d'Angy et autres : ils certifient qe maître Pasquier Paris, procureur en la cour ecclésiastique de Beauvais et notaire apostolique, a toujours vécu en bonne réputation « et qu'on ne sauroit luy reprocher aucun cas vilain ou déshonneste et est de la relligion catholicque et romaine ».

MACAIRE.

[Et. Recullet.]

(1) Il a fait suivre sa signature de la date : « 1576. » En 1578, le 2 janvier, le chapitre de Beauvais approuvait le marché fait par Jean Vaast avec Jacques Naquet et Denis Cazier, maçons, pour reparer la grande voûte de la cathédrale, vers les orgues, au prix de 350 l. tz, plus 3 écus d'or pour le vin du marché : ces travaux étaient achevés le 30 mai suivant.

Le 8 novembre 1581, à la demande de Marin et Florent Vaast, ses enfants, le corps de Jean Vaast, « principal architecte de la cathédrale » était enterré près de la chapelle Saint Pierre et Saint Paul, selon sa volonté testamentaire. *Mélanges Troussures*, IV, 390, 416.

---

259. — *22 Novembre.* Robert Neveu, boulanger à Beauvais, loue pour 9 ans, à Jean le Secq, « tailleur de menuiserye », moyennant 100 s tz. par an, la septième partie indivise d'une maison, où pend pour enseigne le Cheval qui tourne, joignant d'un côté à Thomas le Pot, peintre.

MACAIRE.

[Et. Recullet.]

---

260. — *28 Décembre.* Jean le Vasseur, « maistre paintre et vittrier » demeurant à Andeville, reçoit de Pierre

de Massoubrée, commis d'Antoine Briat, receveur des aides
et tailles de l'élection de Beauvais, les lettres de provision
du roi pour l'office de greffier des tailles de la paroisse
d'Andeville, moyennant 24 l. tz.

HOUPPIN.   LAMBERT.

[Et. Jouan.]

---

261. — [*Date de mois et jour effacée*]. Procès par
devant le Châtelet de Paris entre Lamoral de Naynville et
Claude le Vasseur, fondeurs à Beauvais, où une sentence
est rendue au profit de Naynville touchant le marché qu'il
avait fait avec les marguilliers et habitants de Villiers-le-Bel,
pour la façon des cloches de leur église. Quoique dans ce
contrat Le Vasseur ne fût point nommé, de Naynville avait
prétendu qu'il devait y avoir part. Par un accord passé entre
eux, le Vasseur promet de payer tous les dépens, mais de
Naynville lui remettra 15 l. tz. sur le prix du marché (1).

HOUPPIN.   LAMBERT.

[Et. Jouan.]

(1) Voyez ci-dessus, n° 275.

1577

262. — *24 Mars*. Marché passé entre Guillaume Penel
et Jean Baully, horlogers et arquebusiers à Beauvais, et les
marguilliers de la paroisse de Boury, près Gisors, pour leur
faire « et rendre sonnante sur la grosse cloche de leur église »
une horloge faite selon le marché signé entre eux; elle sera
livrée dans les trois semaines, moyennant 75 l. tz. dont 37 l.

sont payées à l'avance. Le jour qu'ils la mettront en place, Penel et Baully seront logés et nourris aux dépens des marguilliers, qui paieront aussi les frais du voyage.

HOUPPIN.

[Et. Jouan.]

---

263. — *28 Mars.* Mise en service et apprentissage, pour 3 ans, par Jean Morel, marchand à Bachivilliers, de Jacqueline, sa fille, avec Pierre Hardouin, peintre et Marie Pelletier, sa femme, demeurant à Beauvais, qui promettent de nourrir Jacqueline, la loger et chauffer, « luy faire apprendre sa créance et l'instruire en bonnes mœurs »; la femme lui montrera le métier de couturière en linge, moyennant 15 l. tz. et 4 mines de blé.

ADRIAN. MACAIRE.

[Et. Recullet.]

---

264. — *7 Avril.* Les marguilliers de la paroisse de Songeons reconnaissent devoir à maître Nicole Darie, curé de leur église, chanoine de Saint-Pierre de Beauvais, la somme de 40 l. tz., qu'il leur avait prêtée pour rembourser à Nicolas Paumart, marchand à Beauvais, le prix du métal employé, il y a trois ans, pour fondre les cloches de leur église. Ils donnent en gage à Darie un calice d'argent doré.

MACAIRE. ADRIAN.

[Et. Recullet.]

---

265. — *11 Avril.* Marché passé entre Jean et Lucien Guérin, fondeurs et les marguilliers de la paroisse de Jouy-en-Thelle, pour fondre une petite cloche, « faisant la

moindre de troys, les deux autres estans en lad. église », à
livrer à Beauvais, avant Quasimodo prochain, moyennant
40 l. tz. Si cette cloche pèse plus de 1.058 livres, qui est
son poids actuel, les marguilliers paieront le surplus du
métal employé, au prix de 6 s. tz. la livre (1).

HOUPPIN.   LAMBERT.

[Et. Jouan.]

(1) Cette année, Jean Guérin et Lamoral de Naynville fondaient
six cloches pour l'église Saint-Gervais de Gisors, d'après les Comptes
des marguilliers de cette paroisse, Patte, *Histoire de Gisors*, 1896,
p. 316.

---

266. — *17 Avril.* Jacques Macquerel, meunier à Cramoisy, promet aux marguilliers de cette paroisse de faire
fondre à ses dépens, en l'espace d'un mois, deux cloches de
l'église : une grosse « de largeur de deux piedz huit poulces
et demy, et la seconde, plus petite, de largeur de deux
piedz et demy, pied de roy, de diamètre hors œuvre, portans espesseur et haulteur suffisantes, et bien sonnantes et
accordantes ensemble du ton de *la sol fa,* adjoint led. ton à
la plus grosse cloche qui est de présent pendue au clocher
dud. lieu, et ausquelles deux cloches y faire mettre les
hargnes bonnes et suffisantes, avec les escriptures et dates,
comme elles sont aux deux pareilles cloches que les dessusd.
estans aud. clocher, et de fournir au par dessus toutes
matières nécessaires pour ce faire et les deux cloches rendre
de pareil poix que icelles qui sont aud. clocher, dont sera
fait poix auparavant que les rompre, sauf que, si il y avoit
déchet de métal après lad. fonte faite, iceluy sera desduit
et rabattu sur led. poix. » Les marguilliers promettent à
Macquerel de conduire à Beauvais les deux cloches qui sont
au clocher et de fournir jusqu'à 300 livres de métal pour
servir à la fonte, puis de ramener ces deux cloches, à leurs

dépens, périls et fortune, en payant en outre 35 l. à Macquerel. Si les deux cloches ne sont pas bien concordantes de ton avec la grosse qui reste au clocher, Macquerel les fera refondre, à ses dépens, dans un délai d'un mois.

Ce même jour, Jean Guérin, fondeur, promet à Macquerel de lui faire les deux cloches aux conditions énoncées au contrat précédent, moyennant 45 l. tz., dont 9 livres sont payées d'avance.

HOUPPIN.   LAMBERT.

[Et. Jouan.]

---

267. — *3 Mai*. Marché passé entre Jean Compagnon, brodeur, et les marguilliers de la paroisse Saint-Martin de Cauvigny, pour faire « deux chappes, diacre et soubz diacre et ung chasuble, le tout de satin rouge à gros grain, fasson d'Amiens et non de soye et les offroyz de satin de Bruges bleu », pareils à ceux de l'échantillon présenté par le brodeur, « et y faire des pourtraictz d'images, assavoir aux deux chappes l'istoire de la Résurrection et la Penthecouste » et à la chasuble l'image de saint Martin, à livrer à lad. église avant la saint Martin d'hiver prochain, moyennant 68 l. tz.

HOUPPIN.   LAMBERT.

[Et. Jouan.]

---

268. — *18 Novembre*. Bail, pour 9 ans, par Jacques de Thou, abbé de Saint-Symphorien-lès-Beauvais, acceptant par Claude Darie, son receveur et procureur, à Pierre Radenne, marchand demeurant à Saint-Jean-lès-Beauvais, de deux carrières, l'une de pierre dure sise sous le Bois de la Grange et l'autre dite la « Carrière à l'eaue », qui appartiennent toutes deux à l'abbaye et sont au terroir de Saint-Martin-le-Neuf; ce bail fait moyennant 6 l. tz. par an. Le preneur livrera à l'abbé toute la pierre dure et tendre dont il aura besoin « pour faire une hystoire telle qu'il luy plaira au cloistre des Cordelliers de Beauvais. »

Walon.   Macaire.

[Et. Recullet.]

- 1578

269. — *6 Avril.* Marché passé entre Antoine Mollain, tailleur d'images à Beauvais et les marguilliers de Saint-Etienne de cette ville, pour leur faire un Crucifix de bois de chêne, de 4 pieds de haut, avec une image de Notre-Dame et une autre de saint Jean, à asseoir en leur église; le tout, sujet à visitation, sera livré avant la Pentecôle, au prix de 20 écus d'or sol, dont 10 écus payés ce jour et le reste à livraison. Présents : Etienne Pastour, curé de la paroisse et autres (1).

Houppin.   Lambert.

[Et. Jouan.]

(1) Le 26 mars 1575, Marguerite Rabardel, femme divorcée d'Antoine Mollain « tailleur d'anticques » à Beauvais, faisant son testament pour élire sa sépulture en l'église des Cordelliers, avait légué 17 l. de rente au couvent de Saint-François de Beauvais, et le reste de ses biens à partager entre ses deux filles, qui étaient religieuses, l'une en ce couvent, l'autre à l'*Ave Maria* de Paris.

[Et. Jouan.]   Lambert.

270. — *27 Mai*. Marché passé entre Jean Compagnon, brodeur à Beauvais, d'une part, Antoine de Beaulieu, prêtre, curé de Noyers et Claude Bedel, laboureur en ce lieu, d'autre part, pour faire une chape « guarnye d'or fraiz et d'or de mas et de damas cramoisy rouge », le tout semblable à l'échantillon baillé par le brodeur, à livrer pour l'église de Noyers avant le 30 juin prochain, au prix de 24 écus d'or sol, payables savoir : 8 écus un tiers aujourd'hui, pareille somme à la livraison, 3 écus deux tiers à la saint Martin d'hiver prochain, le reste à la saint Martin d'été qui suivra. WALON. MACAIRE.

[Et. Recullet.]

---

271. — *12 Juin*. Maître Etienne Guérart, graveur et doreur, demeurant à Beauvais, cède à Martin Jullian, sergent royal en l'élection de cette ville, y demeurant, son droit de bail sur la terre et seigneurie d'Aumont, selon les conditions imposées par Georges de Montmorency, chevalier, seigneur du lieu; cette cession faite moyennant 12 écus d'or sol. HOUPPIN. LAMBERT.

[Et. Jouan.]

---

272. — *28 Septembre*. Mise en apprentissage, pour 3 ans, par Françoise de Bouricourt, veuve de Jean Pulleu, demeurant à La Neuville-en-Hez, de Louis, son fils, chez Jean le Secq, tailleur de menuiserie à Beauvais, qui s'engage à loger et nourrir l'apprenti et lui enseigner, bien et suffisamment, son métier, moyennant 6 écus deux tiers que la mère baillera au maître, savoir trois écus à Noël prochain, le reste dans un an : elle s'engage à faire terminer son service à l'apprenti, sous peine de tous dépens.

MACAIRE. ADRIAN.

[Et. Recullet.]

273. — *27 Octobre.* Claude le Vasseur, fondeur et Jeanne Tiersonnier, sa femme, vendent à Nicolas Paumart, maire de Beauvais, trois écus de rente à percevoir sur leur maison sise en la rue du Pont d'Amour « nommée la Fenestre du mur. » (1).

LAMBERT.   HOUPPIN.

[Et. Jouan.]

(1) Claude le Vasseur et Jeanne Tiersonnier eurent plusieurs enfants : « 1570, V" novembre, Nicolas, filz de Claude le Vasseur et Jeanne Thiersonnier; parrins, messire Nicole Evrard, prebtre, et Jacques de Nainville; marrine, Collechon Pinard. » Registre des baptêmes de la paroisse Saint-Etienne, *Arch. commun. de Beauvais,* GG1.

« 1572, le XIIIe octobre, Marie, ...; parrin, Jehan le Vasseur; marrines, Michelle de la Court, Marie Tiersonnier. » *Ibidem,* GG1.

« 1577, XXVIIIe janvier, Robert, ...; parrins, Lamoral Nainville, Antoine Evrard; marrine, Laurence Crédé. » *Ibidem,* GG2.

« 1579, 24e may, Anthoinette . . . .; parrins, Jehan Thiersonnier, Jehan Regnault; marrines, Anthoinette du Puis, Marguerite Carion. » *Ibidem,* GG2.

« 1584, du 6e juing, Symphorian, ... parrins, Symphorian Roger, Pierre Fcy; marrine, Laurence de Bucamps. » *Ibidem,* GG2.

---

274. — *28 Octobre.* Marché passé entre Antoine Mollain, tailleur d'images à Beauvais et les marguilliers de l'église Saint-Sauveur de cette ville, savoir : Raoul de Hatteville, Cardin Vacquerie et Lucien Boicervoise, pour leur tailler une image de Notre-Dame tenant l'Enfant Jésus, ayant 3 pieds et demi de hauteur, « taillée en bon boys de chesne, secq, loial et marchant », qui sera livrée en leur église avant Noël prochain, au prix de 8 écus d'or sol, payables à livraison.

ADRIAN.   MACAIRE.

[Et. Jouan.]

1579

275. — *11 Janvier*. Lamoral de Naynville et Claude le Vasseur, fondeurs, reconnaissent devoir à Nicolas Paumart, marchand, maire de Beauvais, la somme de 300 l. tz., restant d'une plus grande somme, pour fourniture de métal à employer à la fonte des cloches de Villiers-le-Bel; ils tiennent les habitants de ce lieu quittes de cette dette; l'un s'engage pour 180 l. et l'autre pour 120 (1).

LAMBERT.

[Et. Jouan.]

(1) Voyez ci-dessus, n° 261.

---

276. — *9 Mars*. Marché passé entre Philippe le Sueur et Nicolas, son fils, « paintres et tailleurs d'images », à Beauvais, d'une part, et les marguilliers de l'église Notre-Dame de Fournival, pour faire une table d'autel « faite et parfaite, de toutes matières, estoffes et paintures telles que celle qui est mise en l'église de Noiresmont, à la charge que lesd. margueliers seront tenuz d'aller quérir icelle table et icelle poser en la place où vouldront lesd. margueliers en l'église dud. Fournival, subject à visitation. » L'ouvrage sera livré à Pâques, dans un an, au prix de 120 écus d'or sol, valant 360 l. tz., payables 100 l. à Pâques prochain, 100 à la saint Remi suivant et le reste le jour de la livraison. Présents au marché : Jean Vérité, tailleur d'habits à Beauvais, pleige et caution desd. le Sueur, messire Antoine Fessier, prêtre, curé dud. Fournival (1).

HOUPPIN.   LAMBERT.

[Et. Jouan.]

(1) Philippe le S. demeurait près l'église Saint-Martin. En 1578, il payait aux marguilliers de Saint-Etienne, au nom des héritiers Pierre

Choucquet, la rente due pour une maison, où pend pour enseigne « le Monde », sise grande rue Saint-Martin. Comptes des marguilliers, *Archives de l'église.*

----

277. — *5 Mai.* Marché passé entre Jean Taveau, menuisier à Beauvais et Philippe le Sueur, tailleur d'images, absent et représenté par Nicolas le Sueur, son fils, de pareil état, pour tailler, de bon bois de chêne sec, un banc servant à une table d'autel, de 7 pieds de long et 6 pieds de haut, « garny de trois chappiteaux avec les huys servans de fermeture »; le tout, de même façon que le banc déjà fait et posé par Taveau au grand autel de l'église Saint-Jacques de Richebourg; à livrer avant trois semaines, au prix de 20 écus d'or.

HOUPPIN.   LAMBERT.

[Et. Jouan.]

----

278. — *13 Juin.* Marché passé entre Jean Compagnon, brodeur, d'une part, Nicolas de la Fontaine, vigneron à Marissel et Pierre Prenpain, laboureur à Wagicourt, d'autre part, pour leur livrer une chasuble de damas blanc, aussi bonne que celle de l'église des Cordeliers de Beauvais, avec les orfrois de satin de soie rouge, « et y faire au derrière l'hystoire Nostre Dame de my aoust avecq ung saint Pierre et ung saint Paoul, et une Nostre-Dame au devant, avec l'estole et fanons semblables aud. chasuble, le tout fait d'or de masse ». Elle sera livrée avant la mi-août en l'église de Marissel, moyennant 13 écus un tiers que La Fontaine et Prenpain promettent solidairement de payer au brodeur le jour de la livraison.

HOUPPIN.   LAMBERT.

[Et. Jouan.]

279. — *10 Septembre*. Marché passé entre Nicolas le Sueur, tailleur d'images et Simon Darras, peintre, d'une part, et les marguilliers de la paroisse Saint-Sauveur de Beauvais, d'autre, pour faire de leur métier un crucifix de bois de chêne, haut de cinq pieds, avec une Notre-Dame et un saint Jean, « taillé et paint de bonnes matières et estoffes, suivant le pourtraict exhibé et paraphé des notaires », à livrer avant la Chandeleur prochain, au prix de 40 écus d'or, dont 20 payés en ce jour.

MACAIRE.   LAMBERT.

[Et. Recullet.]

---

280. — *29 Septembre*. Les marguilliers de la paroisse de Longvillers et Boncourt reconnaissent devoir solidairement à Thomasse Cacheleu, veuve de Philippe le Sueur, et à Nicolas le Sueur, son fils, tailleur d'images à Beauvais, la somme de 20 écus d'or, faisant le reste de 40 écus : c'est le prix que la veuve et son fils ont vendu aux paroissiens un Crucifix, haut de quatre pieds, avec deux images, l'une de Notre-Dame et l'autre de saint Jean, une Madeleine et trois anges « ad ce convenables », une croix et des fleurons, le tout de bois de chêne, « paint et doré de fin or et azur, comme il est mis au crucefix et ymages estant en l'église de Mouy et faitz par led. Philippe ». La veuve et son fils promettent de livrer à Longvillers le crucifix, Notre-Dame et saint Jean avant le jour de saint Lucien prochain et les autres pièces avant la Toussaint qui suivra. Nicolas ira à Longviller « asseoir » le crucifix en l'église; il y peindra de couleur de bois deux poutres pour l'y mettre (1).

HOUPPIN.   LAMBERT.

[Et. Jouan.]

(1) Nicolas le S. se maria en janvier 1580. A ce sujet Le Mareschal de Fricourt (*Mélanges Troussures*, Additions à Denis Simon,

t. I, p. 134) écrivait en 1750 : « Il y a apparence qu'avant la religion prétendue réformée la dévotion des peuples étoit fort portée pour les images, figures et statues de saints et que par conséquent les ouvriers qui faisoient ces ouvrages étoient riches et considérés. Ainsi, parmi les titres de l'ancienne famille des Aubert transcrits en un cahier appartenant à M. le Caron de Troussures, conseiller au Présidial de Beauvais, descendu par les femmes de cette famille, est un contrat de mariage du 25 janvier 1580, entre Nicolas le Sueur, tailleur d'images à Beauvais et Ide de la Rocquette, fille du défunt Jean de la Rocquette, écuyer et de Marie Aubert, ses père et mère, assistée de Pierre Aubert, écuyer, seigneur de Condé, son oncle et de Claude Aubert, écuyer, conseiller au Présidial de Senlis. La mère de Le Sueur, Thomasse Cacheleu, promet par ce contrat d'habiller son fils de tous vêtements nuptiaux convenables et de lui fournir de la menuiserie neuve, telle qu'à son état appartient. »

---

281. — *2 Octobre*. « Jehan Vivien, sculteur demourant à Beauvais, promet à Nicolas le Sueur, aussy sculteur aud. lieu, de le servir et besongner, bien et suffisamment, du jour dhuy jusques à six mois prochains, sans discontinuer par chacun jour ouvrant, et moiennant ce led. acceptant a promis nourrir, loger, coucher et chauffer bien et suffisamment led. comparant, selon son estat durant led. temps, et oultre luy bailler une paire de chausses d'estamet violet avec le bas de mesme, et aussy deux livres, assavoir l'un qui est ung Bible et l'autre livre là où il y a plusieurs figures et proportions de l'homme, lesquelz paire de chausses et livres led. comparant a confessé avoir receu dud. le Sueur. »

HOUPPIN.   LAMBERT.

[Et. Jouan.]

282. — *10 Octobre*. Marché passé entre Antoine Thourin, menuisier à Beauvais et maître Henri le Bret, licencié ès lois, avocat à Gisors, pour lui faire une grande couche de bois de noyer, ayant 6 pieds 4 pouces de long et 5 pieds de large, à 4 piliers tournés, « enrichis de vazes hault et bas, et cannelez de cannelures de relief, lesd. vazes enrichis de panases ? et de gauderons, les pans gauderonnez de tous costez et les moullures enrichies de tailles et de merqueteries, le dessus garny de fortes tringles, le fons aussy garny de tringles qui seront soustenues de barres; item, une autre couche, de semblables façons et estoffes que celle dessusdite, ayant 4 piedz de large et 6 piedz de long; item, ung pied de basin servant à laver les mains. » Le tout sera fait de bois sec, sujet à visitation et livré avant 5 semaines, au prix de 14 écus un tiers, dont 6 écus 12 s. payés aujourd'hui et le reste au jour de la livraison.

LAMBERT.   MACAIRE.

[Et. Recullet.]

---

283. — *22 Octobre*. Marché passé entre Pierre Hardouin, peintre et Blanchet Hardouin, menuisier à Beauvais, d'une part, et les religieux du couvent des Jacobins dud. Beauvais, acceptant par frère Michel du Chastel, religieux dud. couvent, pour faire les ouvrages qui suivent : « premièrement, une cloyson qui servira de closture dedans la nef de l'église dud. couvent, au devant du Crucefix, commençant à la chappelle saint Prix et finissant à la chappelle saint Pierre le Martir, avec deux autres cloysons qui fermeront la chappelle Nostre Dame de pitié, et seront lesd. cloysons de boys de chesne, bon et secq, de la haulteur de neuf piedz, et sera la corniche d'en hault de dix huit poulces de large et six poulces d'espesseur, et faire esdites cloysons les ouvrages et enrichissemens telz et semblables que le

pourtraict qui en a esté faict par led. Blanchet Hardouyn
en pappier et signé desd. Hardouin, du Chastel et des
notaires; item, faire quatre évangélistes dessus le portail de
lad. cloyson qui sera devant le crucefix, une Résurrection
au dessus de l'arcade accompagnée de gens d'armes et au
dessoubz dud. arcade ung sépulchre, à l'un des boutz dud.
sépulchre ung Nicodème et à l'autre bout ung Joseph, avec
une Magdaleine au mytan; item, faire une pareille arcade
qu'icelle, qui sera devant led. cruxefix, au devant de la
chappelle Nostre Dame de pityé et au dessus dud. arcade
faire ung saint Michel avec ung priant et ses armoyries et
au dessoubz dud. arcade une Assomption de la Vierge
Marie, à l'un des costez une Annonciation et à l'autre costé
une ymage de Nostre Dame de Lorette, et mettre en deux
places, devant lad. chappelle Nostre Dame, les armoyries
de madame la duchesse de Lorraine avec celles dud. du
Chastel, et aux deux chappelles de saint Prix et saint Pierre
faire deux grands bans à dossier et à coffre, et au devant
de Nostre Dame de pitié faire deux oratoires et devant le
Cruxefix ung tron, le tout conforme à la cloyson; et oultre
de faire devant lad. Nostre Dame de pitié une couronne
large pendante, à laquelle y aura douze grandz chandelliers
et dessus lad. cloyson de faire plusieurs et divers couron-
nemens. » Les ouvrages, sujets à visitation, seront terminés
avant la fête de Notre-Dame de Pitié, fin mars prochain.
Ce marché est fait moyennant 133 écus un tiers, à 60 s. la
pièce, sur quoi les Hardouin ont reçu 50 écus; le reste leur
sera payé par ledit religieux, savoir 33 écus un tiers à la
Chandeleur et le surplus le jour de la livraison (1).

ADRIAN.   MACAIRE.

[Et. Recullet.]

---

(1) « Dans l'église des Jacobins, étoient de fort beaux morceaux
de sculpture et de peinture. Dans le chœur, sur le grand autel, une
Assomption, peinte par Philippe de Champaigne; dans la sacristie,
deux belles chappes qu'avoit données un religieux de la famille d'Her-

culez; dans la chapelle de saint Cucufat, une vitre peinte par Le Prince et deux tableaux à fresque étoient sur la muraille; sur le premier, près de l'autel étoit la scène de l'exhumation de Vincent de Beauvais, du cloître où il avoit été inhumé et le second étoit son inhumation dans la chapelle qui fut bâtie en son honneur. Dans la nef, il y avoit plusieurs figures de Le Pot, entre autres un saint Jérôme en prière, se frappant la poitrine, et aussi une Assomption de Quentin Varin. Dans la chapelle du Rosaire, une vitre de Le Prince, représentant une sainte Barbe et à ses pieds un gentilhomme priant, revêtu de sa cotte d'armes. Au jubé, il y avoit cinq figures d'albâtre, savoir : dans le milieu, la Vierge Marie au dessus de la porte, et deux autres figures à chacun de ses côtés, dont saint Dominique. Dans le cloître étoient plusieurs traits du Nouveau Testament, peints à fresque sur la muraille, faisant trois tableaux : savoir le Couronnement d'épines, saint Paul prêchant et Jésus devant Pilate. » *Mélanges Troussures, Additions à Denis Simon, t. I, p. 383.*

A côté de Pierre et Blanchet Hardouin, il faut noter Cosme Hardouin, menuisier, qui faisait marché, en 1571, avec les marguilliers de Saint-Etienne, au prix de 50 l. et 100 s., pour tailler de son métier le portail du chœur de leur église, « de tel ouvraige ou mieulx que les deux portailz jà faitz aux deux costez. » *Archives de l'église.*

Il mourut en 1578, la même année que Jean Nitart, peintre et François Mareschal, maître maçon. Comptes des marguilliers, *Archives de l'église Saint-Etienne.*

<hr>

1580

284. — *19 Janvier.* « Comparurent Nicolas le Prince et Thomas le Pot, tailleurs d'ymages à Beauvais, lesquelz, l'un pour l'autre et les deux pour le tout, recongnurent avoir promis et par ces présentes promettent aux [margueliers], manans et [habitans] de l'église parrochial de Rueul sur Bresche, de leur faire et tailler une table d'hostel de boys de cœur de chesne, historyée de la Passion de Hiésus Crist et garnye de telz et pareils personnaiges que icelle de l'église parrochial de La Fraye, et

de pareille largeur, haulteur et grandeur, tant en taille que personnaiges, que icelle de l'église parrochial de Guignecourt, lesquelz auroient esté taillez naguères par lesd. deux respondantz; le tout de bon boys sec, sain et net, icelles rendre bien et deuement faites et taillez de bonne taille.....» [La suite est indéchiffrable par l'état du papier.] Ce marché est fait moyennant 170 l. tz., payables savoir 20 écus à la Chandeleur prochain, 20 autres le premier juin suivant.......
« Si lesd. respondans estoient deffaillans de faire la livraison de la table au premier jour d'aoust prochain, en ce cas leur sera desduit et rabatu sur le pris cy dessus la somme de troys escus et ung tiers pour les despens, dommages et intérestz (1). »   DE CREILG.   MACAIRE.

[Et. Recullet.]

(1) Nicolas le Prince et Th. le Pot étaient beaux-frères.

D'après les termes de ce marché, le retable de La Fraie — qui existe encore — a été fait par N. le Prince : il fut peint par Thomas le Pot. Le retable de Guignecourt a disparu, comme celui de Reuil-sur-Brèche.

Voyez ci-dessus n°ˢ 203 et 220, et la reproduction en phototypie.

---

285. — *1ᵉʳ Mars.* Marché passé entre Jean Compagnon l'aîné, brodeur à Beauvais, et les marguilliers de la paroisse de Gaudechart (1), pour faire une bannière de damas cramoisi rouge, « où sera empraint l'Assumption Nostre Dame avec six anges d'un costé et de l'aultre, et ung crucefix seul de l'aultre costé », lad. bannière sera garnie de franges de soie de couleur, le bâton peint « en champ d'azur doré d'orbel » et deux pommes dorées d'or fin. Elle sera livrée à Pâques, moyennant 15 écus d'or.

[Et. Jouan.]   LAMBERT.   MACAIRE.

(1) L'un des marguilliers, Jean de Bugny, dessine après sa signature deux fémurs croisés.

286. — *16 Mars*. Nicolas le Prince, tailleur d'images et Catherine le Pot, sa femme, vendent, moyennant 33 écus un tiers, aux marguilliers de l'église Saint-Sauveur, deux écus deux tiers de rente, à prendre sur tous leurs biens et spécialement sur une maison sise grande rue Saint-Martin.

WALON.   MACAIRE.

[Et. Recullet.]

---

287. — *27 Avril*. Antoine Mollain, tailleur d'images à Beauvais, vend à Antoine Mesnart, peigneur de laine, une maison et jardin sis hors la Poterne Saint-André, au prix de 45 écus d'or soleil.

LAMBERT.

[Et. Jouan.]

---

288. — *27 Avril*. Bail, pour 6 ans, à Nicolas Nitart, peintre, par Guillaume Peaucellier, marchand, d'une maison, où pend pour enseigne le Pont Saint-Laurent, grande rue Saint Martin, moyennant 15 écus d'or et les menues réparations (1).

LAMBERT.

[Et. Jouan.]

(1) Les Comptes des marguilliers de Saint-Etienne le citent en 1575, « pour avoir racoustré le chef monsieur saint Etienne, » pendant que Michel de Bourges, orfèvre, racoutre « l'image monsieur saint Laurens. » En 1584, c'est Pierre de Catheu, orfèvre, qui racoutrait « le diadesme de saint Laurens. » *Archives de l'église.*

289. — *30 Mai.* Jean Paumart, prévôt d'Angy, Nicolas Paumart, maire de Beauvais et Jean Mollet, bourgeois, maîtres de la Confrérie de la Trinité fondée en l'église Saint-Sauveur de cette ville, baillent en apprentissage pour 6 ans Daniel Letheux, orphelin, âgé de 13 ans, à Pierre Boullet, maître brodeur à Beauvais, qui promet de lui fournir « pot, feu, lict et lumière et tous vivres corporels » et reçoit 4 écus sol des maîtres de la Confrérie. « Fait à Beauvais, en lad. église Saint Saulveur, neuf heures du matin. » (1).

De Creilg.

[Et. Recullet.]

(1) Sur cette Confrérie, voyez H. Quignon, *Mémoires de la Société académique de l'Oise,* 1904, p. 119.

---

290. — *13 Juin.* Mise en apprentissage, pour 2 ans, par Jean Dauchy, menuisier à Beauvais, de Laurent Belin, son pupille, avec François Quevillier « tailleur de menuiserie », demeurant paroisse de la Madeleine à Beauvais, qui promet de le loger, etc., moyennant un écu d'or, payable par le tuteur à la volonté du maître.

Le même jour, Jacqueline le Febvre, veuve d'Antoine du Quesne, met pour 3 ans son fils, Louis, en apprentissage aussi chez Quevillier, moyennant un écu deux tiers.

Adrian.   Macaire.

[Et. Recullet.]

---

291. — *29 Septembre.* Marché passé entre Nicolas le Prince et les marguilliers de la fabrique de Reuil-sur-Brèche, « pour faire, tailler et parfaire une ymage de bois de chesne, bon, loyal et marchant, de la Vierge Marie,

de la haulteur de trois piedz, avec une autre hymage de
saint Anthoine, de trois piedz, le tout bien et suffisamment,
comme il a accoustumé et est besoing de faire telles ymages,
en dedans le jour de Noël prochain venant, que lesd. marguelliers seront tenuz envoyer prendre et charger en l'hostel
dud. respondant; lequel respondant sera tenu les charger et
empacter ainsy que bon luy semblera, et le tout subject
à visitation en faisant la livraison, et oultre parmy la somme
de six escuz d'or sol, sur laquelle led. respondant a confessé
avoir receu deux escuz, dont quittance. » Le reste sera payé
au sculpteur à mesure qu'il besognera (1).

De Creilc.

[Et. Recullet.]

(1) Cette statue de saint Antoine n'existe plus en cette église :
on y voit encore une Vierge en bois, mais des enduits et badigeon-
nages successifs en ont tellement modifié les détails qu'elle a perdu
tout intérêt.

---

292. — *15 Décembre.* Marché passé entre Guillaume
Penel, horloger, demeurant à Beauvais, paroisse Saint-
Martin, et les religieux de l'abbaye Saint-Symphorien,
acceptant par Dom Pantaléon Bigot, prieur claustral, pour
faire au clocher de lad. église « une horloge sur la grosse
cloche et une cage, dedans laquelle sera posé le rouage,
lad. cage de deux piedz de long d'un costé et pied et demy
de l'aultre, quatre pilliers de fer d'un poulce en carré, deux
grants cercles de deux doigts de large et de l'espesseur de
deux lignes; item, une roue de fer qui servira pour la sonnerie, de la largeur d'ung pied de diamètre et l'espesseur
d'ung barreau, la roue du vollant de dix poulces de diamètre avecq l'espesseur de deux lignes, et à la grande
roue de fer des minutes de quatorze poulces de diamètre,
une cramellié de huit poulces de diamètre avec l'ai-

guille et le ballancier, quatre montans pour soustenir le
rouage de la sonnerie des appeaulx et des minutes,
lesd. montans du barreau plat de deux doigtz de carré et
de deux doigtz d'espois; item, ung marteau pesant dix
livres, deux aultres marteaux, l'un pesant quatre livres
et l'aultre troys; item, ung cadran de boys secq, ayant cinq
piedz en carré, paint tel et semblable qu'icelluy de l'église
Saint Saulveur dud. Beauvais, auquel seront escriptes les
heures »; item, faire six rouleaux et trois poulies pour conduire les contrepoids, les cordes et le fil de fer, et généralement rendre lad. horloge faite et parfaite de toutes
façons, sonnant et accordant et « bien tenant ses heures »,
sujette à visitation, en dedans la mi-carême prochain. Penel
fournira à ses dépens les matières et étoffes convenables,
moyennant une horloge qu'il confesse avoir reçue « en contre
échange » avec la montre que Dom Bigot et les autres
parties ont estimée valoir 10 écus d'or soleil et en outre
moyennant 16 écus deux tiers, payables le jour de la livraison. Si l'ouvrage n'est pas livré à la date fixée, Penel
paiera à Bigot les 10 écus pour la valeur de l'horloge et
de la montre, sans que Bigot ne soit plus tenu à l'exécution du marché, ni à reprendre lesdites horloge et montre
par lui baillées à Penel. Jean et Hilaire Pénel, arquebusiers, demeurant paroisse Saint-Sauveur, se portent caution de Guillaume pour la façon et livraison de l'ouvrage.

MACAIRE.

[Et. Recullet.]

1581

293. — *3 Février*. Marché passé entre Jean Guérin
et Lamoral de Naynville, fondeurs et les marguilliers et
habitants de Saint-Just-des-Marais, pour leur fondre, dans
la quinzaine, deux cloches accordantes à une autre grosse,

qui est au clocher de leur église. Le métal sera fourni par
les marguilliers; le charbon, bois et autres matières nécessaires seront livrés par les fondeurs; le tout fait au prix de
20 écus d'or soleil, payables 15 jours après la mise en place
au clocher.

ADRIAN.   MACAIRE.

[Et. Jouan.]

------

294. — *5 Février.* Marché passé entre Martin Plu-
meral, tombier à Senlis, d'une part, Gilbert Vinart et Jacques Canterel, prêtres, exécuteurs du testament de feu Jean
Havart, prêtre, demeurant à Beauvais, pour faire et livrer
à ses dépens, périls et fortune une tombe de pierre de liais,
ayant 6 pieds de long et 3 de large, « où sera pourtraict
led. deffunct avec ses armoyries entrelachiées, bien et suffisamment et aussi suffisamment que est celle de maistre
Pierre Boullet, en l'église Saint Saulveur dud. Beauvais »,
à livrer en cette ville quinze jours avant Pâques prochain,
au prix de 15 écus sol, dont 4 écus payés ce jour (1).

MACAIRE.   LAMBERT.

[Et. Recullet.]

(1) Par son testament, en date du 12 août 1579, Jean Havart
avait élu sa sépulture dans le chœur de l'église Saint-Etienne, à la
descente des hautes chaises et du côté gauche du chœur. Il demandait,
à son service d'enterrement, huit torches de cire, où seront mises ses
armoiries, portées par les huit orphelins de la Confrérie de la Trinité
de l'église Saint-Sauveur et voulait qu'il fût fait une tombe de pierre
de Senlis avec ces mots : « Cy gist le corps de mᵉ Jehan Havart, en
son vivant prebtre, chanoine et greffier du chappitre de céans, qui
décéda le .... », avec la représentation dud. testateur, pour
être mise sur sa sépulture.

[Et. Recullet.]   MACAIRE. ADRIAN.

295. — *10 Avril*. Marché passé entre Nicolas le Sueur, tailleur d'images et Simone Pocquelin, femme d'Antoine Bachellier, marchand bourgeois au *Gloria Laus*, « autorisée de sond. mari », demeurant paroisse Saint-Sauveur, pour tailler de son métier deux images, faites de pierre de Saint-Leu, l'une de saint Pierre et l'autre de saint Paul, selon le portrait à elle exhibé et signé des notaires, à asseoir en cette église avant la mi-août prochain, le tout sujet à visitation, au prix de 25 écus soleil (1).

LAMBERT.   HOUPPIN.

[Et. Jouan.]

(1) Cette dame Simone était la sœur d'un arrière grand-père de Molière, Louis Pocquelin, qui, en 1580, alla de Beauvais s'établir à Paris. (*Collection Leblond*, ancien fonds de Troussures. Liasse N, Notes généalogiques, Famille Pocquelin). — Sa pierre tombale, conservée au Musée de Beauvais, donne la date de sa mort : 22 août 1592.

Une fille d'Antoine Bachellier et de Simone, nommée Jeanne, épousa Durand Borel, marchand, qui fut, en 1594, échevin de Beauvais : c'est un ancêtre de M. Borel de Bretizel, à qui appartient la belle bibilothèque du château du Vieux-Rouen.

----

296. — *6 Mai*. Jean le Pot, tailleur d'images, demeurant « à présent » à Fontaines-sous-Jouy [près d'Evreux] et Agnès Brocard, sa femme, approuvent un contrat, passé le 29 juillet 1574 par devant Lambert et de Creilg, notaires à Beauvais, entre Nicolas Brocard, François Lenfant et Simone Brocard, sa femme, Jacques Roger et Alison Brocard, sa femme, Jeanne Brocard, veuve de Mahiot de Senots et Jeanne Wauquier, veuve de Pierre Brocard, par lequel ils laissaient à lad. veuve, leur mère, la jouissance « en usuffruit viager » de la moitié des biens et héritages de Pierre Brocard (1).

WALON.   LAMBERT.

[Et. Jouan.]

(1) Ce Jean *le Pot* est incrit, sous le nom de Jean *Pol*, au Registre des baptêmes de la paroisse Saint-Etienne de Beauvais :

« 1565, XXVII° septembre, Nicolas, filz de Jehan Pol et Agnès Brocard; les parrins, Nicolas Brocard et Mahiot de Senots; la marrine, Marguerite Hacot. » *Arch. communales de Beauvais, GG1.*

Et pourtant sa signature est très nette au bas de l'acte de 1581. — De même Thomas *le Pol*, peintre, signe nettement au contrat d'entrée en religion de Laurent, son fils; mais le curé de Saint-Sauveur, en 1585, l'inscrit : « Thomas *Pol* », au baptême d'un de ses autres fils.

Au même Registre de baptêmes GG1, Barbe le Prince, qui a épousé Jacques David, maçon, a une première fille nommée Catherine, le 23 mai 1559, dont la marraine est inscrite « Katherina *le Po* »; une seconde fille, le 30 mai 1560, dont le parrain est nommé « Johannes *le Pol* » et la marraine « Katheina *Pol.* »

---

297. — *3 Juillet*. Marché passé entre Antoine Fournier et Martin Boullet, maçons, et les marguilliers de la paroisse de Marissel « pour construire en lad. église ung portail et soubzelle qui a esté encommencé par deffuntz Anthoine Dagyen et Jacques David, massons aud. Beauvais, faire la voulte de la nef joingnant led. portail avec une aultre petite voulte de la soubzelle du costé vers Beauvais, et réparer toutes les ouvrages de la massonnerie neufve qui est encommencée jusques au cœur de lad. église. » [La suite comme au marché du 3 juillet 1576; voyez ci-dessus n° 233]..... « Toutes lesd. ouvrages lesd. Fournier et Boullet seront tenus faire à l'ayde tant seullement de quatre ouvriers avec eulx, qui sont en nombre de six, si davantaige il n'en plaisoit ausd. margueliers. Ceste promesse faite moyennant la somme de cent quatre vingtz troys escus ung tiers, revenant à cinq cent cinquante livres tz., qu'ilz seront tenuz bailler ausd. massons, scavoir ausd. Fournier et Boullet, à chacun d'eulx, douze s. tz. et aux quatre ouvriers qu'ilz prendront pour ayde, à chacun d'eulx, 10 s. tz., le tout par chacun jour ouvrant, et ainsy continuer jusques à concurrence de lad. somme. » Quand les marguilliers voudront faire cesser led. travail, faute d'argent....... [La suite

comme aux contrats de 1564 et 1576.] « Led. Fournier
promet faire quitter par la veuve et hoirs de deffunt Jacques
David le marché fait par les margliers et habitans dud.
Marissel ausd. défunts David et Fournier, le IIIe juillet 1576, comme cassé et nul, et faire de sorte que lad.
veuve et hoirs ne puisse rien demander ausd. habitans et
margliers. » (1).

ADRIAN.   MACAIRE.

[Et. Recullet.]

(1) Voyez ci-dessus, n°s 163 et 257.

<hr>

298. — *10 Août* Jean Carton, « carrelier » à Goincourt, vend aux marguilliers de Marissel toutes les pierres
tendres qu'il leur faudra pour achever les ouvrages de maçonnerie « au bout d'embas en leurd. église ». Carton livrera
les pierres en la carrière « des Renouletz », paroisse de
Saint-Martin-le-Neuf; il aidera au chargement dans les tom-
bereaux, au prix de 14 d. tz. pour chaque pied de pierre
tendre, payables à mesure de la livraison. François Huperel,
laboureur à Aux Marais, promet aux marguilliers, solidairement avec Carton, de leur amener ces pierres en l'atelier de
leur église, sans discontinuer, moyennant 16 d. tz. pour chaque pied. Il sera loisible aux marguilliers d'employer d'autres charretiers pour voiturer les pierres, au même prix de
16 d. (1).

ADRIAN.   LAMBERT.

[Et. Jouan.]

(1) En 1584 et 1585, les marguilliers de Marissel achetaient
encore de la pierre provenant de la carrière de la Tonne. Comptes
des marguilliers de Saint-Etienne, *Archives de l'église.*

299. — *18 Novembre.* Jean Vivien, tailleur d'images, demeurant à Beauvais. promet à Pierre du Fresnoy, « de mesme estat et lieu, de besongner bien et suffisamment en son hostel. de sond. mestier, du XVIIIe janvier prochain jusques à ung an, sans discontinuer, par chacun jour ouvrant et besongnant, et moiennant ce led. acceptant sera tenu bailler aud. comparant la somme de vingt escus d'or sol pour led. an, sur quoy led. Vivien a confessé avoir receu dud. acceptant la somme de six escus deux tiers, dont quittance; le reste payable à mesure et à portion qu'il en aura affaire, mesmes de le nourrir. loger, coucher et chauffer, bien et suffisamment selon son estat, durant led. temps ».(1)

HOUPPIN.   LAMBERT.

[Et. Jouan.]

(1) Voyez ci-dessus, n° 252.

1582

300. — *3 Février.* Marché passé par Louis Compagnon, brodeur à Beauvais, avec les marguilliers de la paroisse d'Eragny, près Gisors, pour leur faire une bannière de damas cramoisi rouge, garnie d'un côté d'une Notre-Dame avec deux anges et de l'autre côté d'un saint Jean, avec franges de soie; les pommes dorées d'or fin et le bâton aussi doré : le tout livré à Beauvais, avant Pâques fleuries, au prix de 18 écus deux tiers.

HOUPPIN.   LAMBERT.

[Et. Jouan.]

301. — *4 Mars*. Marché passé entre Louis Compagnon,
brodeur à Beauvais, et les marguilliers de l'église de Sérifontaine, pour faire une bannière de damas cramoisi rouge,
où sera mise d'un côté une Notre-Dame tenant son enfant,
accompagnée de deux anges; de l'autre côté, un saint Denis,
aussi avec deux anges et un chapiteau : le tout fait d'or
de masse, garni de franges, avec les pommes et le bâton dorés
d'or fin, à livrer avant Pâques, moyennant 18 écus deux tiers,
dont 65 s. tz, payés en ce jour.

WALON.   LAMBERT.

[Et. Jouan.]

---

302. — *6 Mars*. Marché passé entre Lamoral de Naynville, fondeur à Beauvais, paroisse Saint-Etienne et Jacques
de Thou, abbé de l'abbaye Saint-Symphorien-lès-Beauvais,
acceptant par Etienne Pajot, chanoine de Saint-Pierre et
Dom Pantaléon Bigot, prieur claustral de l'abbaye, pour
fondre « quatre cloches estant de présent au clocher de lad.
église et icelles rendre faites et parfaites, sonnantes et accordantes toutes ensemble, d'huy en quinzaine et le tout faire
dedans lad. abbaye et, pour ce, faire le four et les moulures
et livrer tout le boys et estoffes nécessaires à ses despens. Ne
pourra néanmoins led. de Naynville prendre aulcun mestail
qui demeurera desd. cloches ny autre chose, sans le gré et le
consentement desd. abbé et religieux ». Le tout sera fait,
au prix de 30 écus sol, dont 10 écus sont donnés aujourd'hui;
le reste payable à la livraison. « Et sy demeure du mestail
desd. cloches, sera tenu led. fondeur de le prendre au pris
de cinq escus sol, chacun cent, si bon semble ausd. sieurs
abbé et religieux et non autrement, qui seront desduitz sur la
somme qui reste à payer ».

MACAIRE.   ADRIAN.

[Et. Recullet.]

303. — *28 Avril.* Pierre Vaillant, mercier et sa femme vendent à Lamoral de Naynville, fondeur, la cinquième partie indivise d'une maison sise à Beauvais, sur le Marché, où pend pour enseigne l'image Saint Sébastien, joignant par derrière à la rivière de Merdenson, tenue de l'évêque de Beauvais et chargée pour le total de 58 s. de rente envers la fabrique de l'église Saint-Sauveur; cette vente faite pour 33 écus d'or sol et un tiers, avec un écu pour le vin du marché.   LEMANGNIER.   HOUPPIN.

[Et. Jouan.]

---

304. — *30 Mai.* Marché passé entre Louis Compagnon, brodeur et les marguilliers de la paroisse de Conteville, pour leur faire une bannière de camelot d'Amiens à gros grain, suivant l'échantillon à eux montré par le brodeur, de la longueur de cinq quartiers et de deux lés de largeur. A cette bannière « y aura empraint deux ymages, l'une du pourtraict saint Julian avec sa femme et son dragon ? d'un costé, et de l'autre l'ymage saint Nicholas avec ses clercs »; lesd. images de satin de Bruges avec six fleurs de lis de satin de Bruges jaune de chaque côté, le tout garni de franges de « soiettes » de couleurs, le bâton garni de deux pommes dorées d'or fin et un « arthel » de fer : le tout fait et livré avant le 7 juillet prochain, au prix de 8 écus un tiers. Présents : Pierre Binet, prêtre, curé de Conteville et autres.   LAMBERT.

[Et. Jouan.]

---

305. — *2 Août.* Marché passé entre Antoine Mollain, « tailleur d'anticques » et Eustache Tristan, marchand bourgeois, tous deux demeurant à Beauvais, pour

tailler une image de saint Pierre, haute de quatre pieds et
de bon bois « secq, loial et marchant », à asseoir en la maison de Tristan, sise paroisse Saint-Sauveur, en la rue tendant de lad. église au *Gloria Laus,* le tout livré avant la
Toussaint prochain, au prix de 6 écus d'or (1).

HOUPPIN.   LAMBERT.

[Et. Jouan.]

(1) Cette maison est aujourd'hui la Pharmacie François-Houdet,
rue Saint-Pierre.

---

306. — *15 Septembre.* Marguerite de Hénu, femme
de Jean Guérin, fondeur de cloches, ayant la procuration de
son mari « atteint de la maladie contagieuse », reconnaît
devoir à Toussaint Lafaye, demeurant paroisse Saint-
Etienne, la somme de 10 écus d'or, due à la femme de
Toussaint « pour aller ayrier en la maison de Guérin et
le penser de la maladie, le temps de quarante jours, à commencer du jour dhuy. » Si durant ce temps la femme de
Toussaint tombe malade et meurt, son mari recevra ces
10 écus à la fin des quarante jours.   HOUPPIN.

[Et. Jouan.]

1583

307. — *10 Janvier.* Marché passé entre Louis Compagnon, brodeur à Beauvais, et les marguilliers de l'église
de Noirémont, pour leur faire une chape de damas rouge
cramoisi, les orfrois faits d'or de masse, « à chauldor couché
en quatre », et mettre sur le chaperon une Trinité de pareil
damas; le tout livré avant la Notre-Dame de mars, moyennant 25 écus d'or.   HOUPPIN.   LAMBERT.

[Et. Jouan.]

308. — *13 Janvier*. Thomasse Cacheleu, veuve de Philippe le Sueur, tailleur d'images à Beauvais, paroisse Saint-Thomas, reconnaît avoir reçu des enfants d'Ambroise Benoist, ancien marguillier de la paroisse de Fournival, la somme de trois écus un tiers, pour « parpaie » d'une plus grande somme qui avait été convenue avec le Sueur pour le prix d'une table d'autel destinée à l'église de Fournival.

LEMANGNIER.   HOUPPIN.

[Et Jouan.]

---

309. — *23 Janvier*. Testament de Christine Sioult, fille de Jean Sioult, « tailleur de menuiserie », veuve de Guillaume Rabardel, « atteinte de maladie de peste ». Après avoir choisi sa sépulture au cimetière de Saint-Etienne, près de son mari, réglé ses services religieux et distribué quelques legs, elle reconnaît devoir à la garde, nommée Françoise, qui est en sa maison, 23 écus un tiers, « tant pour avoir guardé son mary et elle mesme pour six sepmaines et qu'elle a encores à airier led. logis », plus 20 écus à Jean Renté qui a aidé cette garde pendant 6 semaines. « Fait et passé au devant de lad. maison de la testateresse, qui n'a signé ces présentes à raison de sa maladie. » (1).

LAMBERT.

[Et. Jouan.]

(1) On retrouve ces Sioult, en 1543, parmi les censitaires de l'église Saint-Pantaléon pour une maison sise en la rue du même nom : « Simon Hardouyn et Massette Syoult, sa femme, et Marie Syoult, vefve de deffunt Françoys Hersent, tant en son nom que au lieu de Henry Jacques et Alizon Syoult, sa femme, et Anthoinette vefve de Massin Syoult, menuisier, et deffunt Nicolas Syoult, prestre...... » Censier de Saint-Pantaléon, *Arch. nat.*, S 5217.

Et cette maison est citée, en 1557, parmi celles qui paient cens au chapitre de la cathédrale : « Messire Gilles Sioult, Marie Sioult, vefve de Jehan du Ten et Simon Hardouyn, à cause de sa femme, pour leur maison en la rue Saint Panthaléon ...... » Déclaration du chapitre de Saint-Pierre, *Archives de l'Oise*, G, non coté.

Voyez ci-dessus, n° 99.

---

310. — *28 Janvier.* Marché passé entre Lamoral de Nainville, « fondeur de métail », demeurant à Beauvais, paroisse Saint-Etienne, et les habitants de la paroisse Saint-Martin de Laversines, acceptant par Tassin Gourdin et Noël Boullye, leurs marguilliers, pour refondre les deux plus grosses cloches de leur église et les rendre bien sonnantes et accordantes ensemble, le tout sujet à visitation, à livrer dans la huitaine, au prix de 22 écus, payables au jour de la livraison.

Le 25 février suivant, le fondeur donnait aux marguilliers quittance d'une somme d'un écu deux tiers 9 s. 6 d. tz., « pour la façon et augmentation des plommas des deux cloches » qu'il devait faire par contrat, et les marguilliers confessent que de Nainville a livré les cloches et « rendu le mestail par poix. »

LAMBERT. MACAIRE.

[Et. Recullet.]

---

311. — *6 Février.* Mise en apprentissage, pour 3 ans, par Claude Martine, cordonnier « en vieil », à Beauvais, de Nicolas Bésenguy, son pupille, avec Pierre Pia, vitrier à Beauvais, qui promet de le loger, nourrir et entretenir de vêtements et chaussures, sans nulle rétribution de part et d'autre.

HOUPPIN. LAMBERT.

[Et. Jouan.]

312. — *10 Février*. Pasquier Pauchet, menuisier à Beauvais, promet à Evroul de Therines, maître tailleur de menuiserie, paroisse Saint-Sauveur, de besogner pour lui en son hôtel, pendant deux ans, sans qu'il puisse travailler pour d'autres. Pauchet recevra un demi-écu en fin de chaque année, sera logé, couché et nourri; le maître promet de lui enseigner l'art de son métier. Claude Pauchet, père de Pasquier, s'engage à lui faire terminer ses deux ans, sous peine de tous dépens.

HANYN.   MACAIRE.

[Et. Recullet.]

---

313. — *13 Février*. Marché passé entre Louis Compagnon, brodeur et les marguilliers de la paroisse de Warluis, pour faire « une chappe et ofrés, lad. chappe de damas cramoisy et les ofrés faitz d'or de masse, couché en quatre et à images et y mettre sur le chapperon une hystoire de la Résurrection »; item, un parement d'autel, de satin de Bruges blanc, où sera une Annonciation de la Vierge Marie, garni de franges de soie; le tout sera livré en cette église, avant Pâques, au prix de 31 écus deux tiers.

HOUPPIN.   LAMBERT.

[Et. Jouan.]

---

314. — *24 Février*. Marché passé entre Nicolas le Prince, tailleur d'images et Thomas le Pot, peintre, d'une part et Jean Houppin, laboureur à Catheu, pour lui faire « une ymage de Nostre Dame, de quatre piedz de hault, taillée en boys par led. le Prince et de sa faction, et estoffée et dorée par led. le Pot, de telle façon, tant de taille que peinture, que celle qui est de présent au pepistre de l'Hostel

Dieu de Beauvais, rendue et livrée aud. Beauvais en dedans la Nostre Dame de myaoust prochain, et ce moyennant la somme de sept escus et ung tiers, que led. Houppin sera tenu payer à la livraison de lad. ymage ».

|Et. Jouan.|

315. - *14 Mars.* Nicolas le Sueur, « paintre et sculteur », demeurant paroisse Saint-Thomas, âgé de 27 ans, et Marguerite de Cormeilles, sa femme, Jacques de Cormeilles, tondeur de grandes forces et Perrine le Sueur, sa femme, vendent, moyennant 92 écus d'or et un muid de vin, à Jean Butel, marchand, les deux tiers indivis d'une maison, où pend pour enseigne l'image Saint-Antoine, en la paroisse Saint-Sauveur, près du pont du Poivre Bouilli, autrement dit de Lignières.

LAMBERT.

[Et. Jouan.|

316. — *27 Avril.* Jean Souffllier, marchand à Beauvais, paroisse Saint Sauveur, vend à Louis Compagnon, brodeur, une maison et jardin, sis en la rue tendant de la Porte du Châtel au Pont-d'Amour, joignant par devant sur lad. rue et par derrière à « une muraille nommée de la citté » moyennant 100 écus d'or, payés en 66 écus d'or soleil et 102 pièces de franc d'argent.

HOUPPIN.   LAMBERT.

[Et. Jouan.]

317. — *7 Mai*. Marché passé entre Pierre du Fresnoy, tailleur d'images à Beauvais et les marguilliers de la paroisse de Vrocourt, pour leur faire une image de saint Martin, de bon bois de chêne, de même hauteur et grandeur que celle qu'il a montrée en l'église Saint-Martin dud. Beauvais, taillée par led. du Fresnoy; à livrer dans les cinq semaines, au prix de 4 écus d'or sol (1).

LAMBERT.

[Et. Jouan.]

(1) En 1586, Pierre du Fresnoy recevait des marguilliers de Saint-Martin de Beauvais 6 s. « pour avoir faict une main à l'ymaige monsieur saint Jehan. » Comptes de la fabrique de Saint-Martin, *Arch. de l'Oise*, G, non coté.

---

318. — *2 Juin*. Mise en apprentissage, pour 4 ans, par Denis Champion, marchand à Beauvais, paroisse Saint-Sauveur, d'André, son fils, avec Jean Lenglois, « maistre masson et tailleur de pierre pour le roy », demeurant à Ollainville, qui promet de loger, coucher, nourrir et « entretenir de tous accoustremens » led. apprenti et lui enseigner led. métier. Le père sera tenu de faire continuer le service à son fils, sous peine de tous dépens, « sans que, pour raison de ce que dessus, icelles parties puissent demander aucune chose l'une à l'autre ».

ADRIAN.   MACAIRE.

[Et. Recullet.]

---

319. — *18 Juin*. Marché passé entre Jean Compagnon, marchand brodeur à Beauvais et les marguilliers de la paroisse Saint-Fuscien de Frocourt, acceptant par Laurent de Caigny, l'un d'eux, pour faire une chape de damas

cramoisi rouge, « garnye d'orfrais à champ de velours viollet, d'or de masse couché en quatre, de mesmes estoffes
que led. brodeur a fait monstre aud. de Caigny », à livrer
pour cette église, avant la Notre-Dame de septembre, au
prix de 27 écus un tiers, dont 14 écus deux tiers sont payés
ce jour et le reste à la livraison. Si les orfrois et damas ne
sont conformes à l'échantillon donné par le brodeur au marguillier, celui-ci pourra refuser la chape et Compagnon
devra lui restituer la somme payée.

ADRIAN.   MACAIRE.

[Et. Recullet.]

320. — *27 Juin*. Marché passé entre Pierre de Lalict,
maçon, tailleur de pierre, Jean Marcadé l'aîné et Claude
Lenglès, maçons à Beauvais, d'une part, et la veuve Bas-
tienne Jouenne, pour faire une croix, de pierre de Mérard
ou autre pierre aussi dure, semblable de façon, longueur
et grosseur à celle qui est posée à Marissel, sur le chemin
de Saint-Ouen, et que leur a fait tailler messire Nicole
Brocard, prêtre, selon qu'il est porté au testament dud.
Brocard. Cette croix neuve sera mise sur une pièce de terre
au lieu-dit le Clos Baillet, à Marissel, joignant au chemin
de Beauvais à Saint-Just, et livrée avant la saint Remi
prochain, moyennant 23 écus un tiers (1).

LAMBERT.   HOUPPIN.

[Et. Jouan.]

(1) Ce lieu-dit existe encore en cette commune, section Saint-
Antoine.

321. — *18 Juillet*. Marché passé entre Pierre de
Lalict, maçon, demeurant paroisse Saint-Etienne et les mar-

guilliers de cette paroisse, savoir Pierre le Febvre, Antoine Carion et Nicolas Brocard, marchands bourgeois, pour « réparer toutes les dalles et clervoyes et parpignotz de lad. église, qui soubstiennent les combles, avec les remplages tant dedans que dehors le cœur et y mettre des pierres, si besoing est, aux lieux nécessaires et remplir toutes les fractions qui sont aux voustes dud. cœur, alentour des remplages »; le tout fait et parfait, sujet à visitation, avant la saint Remi prochaine. Les marguilliers fourniront les étoffes et matières nécessaires et bailleront au maçon 12 écus sol pour ses peine et salaire, payables à mesure qu'il besognera (1).

HOUPPIN.　　LAMBERT.

[Et. Jouan.]

(1) Une quête faite, en avril suivant, par les marguilliers chez tous les paroissiens « pour la machonnerie de l'église », donna 55 l. tz. *Archives de l'église.*

Pierre de Lalict est encore cité en 1585 : il reçoit 60 s. des marguilliers de Saint-Etienne « pour avoir rendu le pourtraict de le machonnerie. » *Archives de l'église.*

---

322. — *19 Août.* Antoine Fournier, maçon et tailleur de pierre à Beauvais, paroisse Sainte-Marguerite, héritier de Jacques, son frère, aussi maçon, partage avec Jeanne Borel, veuve de Jacques, la moitié de ses héritages et lui baille une somme de 40 écus sol, revenant à 120 l. tz., qu'elle est tenue de prendre par préciput sur les meubles du défunt.

HOUPPIN.　　MACAIRE.

[Et. Recullet.]

---

323. — *22 Août.* Jeanne Hersent, femme et « procuratrice » de Guyon de Vables, maître peintre à Paris, y demeurant rue aux Ours, paroisse Saint-Leu Saint-Gilles, tuteur de Suzanne Hersent, fille mineure de feu Phorien Hersent et de Marthe de Verge, jadis sa femme, baille à louage pour 5 ans, à Pierre du Fresnoy, maître tailleur d'images, demeurant à Beauvais, paroisse Saint-Martin, deux espaces de logis tenant ensemble avec jardin, situés sous l'église Saint-Michel, moyennant 10 écus sol de loyer par an. Le preneur promet d'entretenir les lieux « de pel et verge ». HOUPPIN. MACAIRE.

[Et. Recullet.]

---

324. — *19 Novembre.* Simon Bucquet, « maistre vittrier » à Beauvais, rue Saint-Jean, et Marie Charpentier, sa femme, demeurant en la maison de Jean Harnoise, sergent au bailliage de Beauvais, « laquelle Marie se mariera avec led. Bucquet demain jour de dimanche », reconnaissent avoir reçu la somme de 50 écus d'or de Jean de Lavergne, « hauberjonnier » du roi, demeurant à Beauvais, beau-frère de Marie (1). WALON. HOUPPIN.

[Et. Jouan.]

(1) Simon Bucquet avait épousé, en premières noces, Marie Cavillon, dont il eut :

« 1575, XVIII° novembre, Pierre, filz de Symon Bucquet et Marie Cavillon; parrins, Robert Bucquet, Pierre Pia; marrine, Blanche Millet. »

« 1578, XIX° octobre, Jehan, fils de Symon Bucquet et Marie Cavillon; parrins, Noël Cavillon, Pierre Vaillant; marrine, Annette Roger. » Registre des baptêmes de Saint-Etienne, *Arch. commun. de Beauvais*, GG2.

Simon et Robert Bucquet sont, en 1578, parmi les censitaires de la fabrique Saint-Etienne pour leur maison rue Saint-Jean. Comptes des marguilliers, *Archives de l'église*.

325. — *7 Décembre.* Nicolas Hardouin, tailleur de menuiserie à Beauvais, paroisse de la Madeleine et Catherine de la Porte, sa femme, d'une part, Pierre de Leaue, de pareil état et paroisse et Jeanne de Bergues, sa femme, lesdites femmes héritières de leur grand-mère, se partagent plusieurs héritages sis au terroir de Ponchon. Fait à Beauvais, en l'hôtel de Hardouin, où pend pour enseigne le Rabot.

WALON.   MACAIRE.

[Et. Recullet.]

----

326. — *9 Décembre.* Marché passé entre Arthur Picot, menuisier à Beauvais, paroisse Saint-Sauveur, et les religieux et couvent de l'abbaye Saint-Symphorien acceptant par Dom Symphorien de Hénu, religieux du couvent, pour faire et tailler une table « qui se thire », de la longueur de 9 pieds « estant thirée », de bois de noyer, « avec les pilliers tournez, faire les goderons au long de lad. table et, au pied, des vases et goderons ». Le tout, de bois sec et loyal, sujet à visitation, sera livré avant Pâques prochain, moyennant six écus deux tiers, sur quoi Picot reconnaît avoir reçu en paiement une paire d' « aumoyres » estimée entre les parties à la somme de trois écus un tiers; le reste sera payé à la livraison.

ADRIAN.   MACAIRE.

[Et. Recullet.]

----

327. — *30 Décembre.* Marché passé entre trois carriers de Saint-Martin-le-Neuf et les marguilliers de Saint-Etienne de Beauvais, savoir : Antoine Carion, Nicolas Brocard et François Pinguet, pour tirer de la pierre en la carrière de la Tonne, appartenant à cette église, suivant les mesures et échantillons, tant en pierre dure que tendre, baillés aux carriers par les maçons de l'église. Les carriers sont tenus de déblaier les ateliers, y faire des piliers « par voye », de 10 à 12 pieds en carré, autant qu'il en faudra pour éviter les éboulements et de rendre la carrière en bon état à la fin des travaux. Ce contrat est fait au prix de 15 d. tz. pour chaque pied de pierre dure et 12 d. tz. pour la pierre tendre, pied de roi, « ainsy qu'il est accoustumé ». Le mesurage des pierres, grosses ou menues, se fera dans le cimetière de Saint-Etienne: elles y seront amenées à la diligence des marguilliers et payées à mesure de la livraison. Les carriers ne pourront s'associer à d'autres, sans le gré des marguilliers, sous peine de 10 écus sol d'amende. François Huperel, laboureur à Aux Marais, promet aux marguilliers de leur amener cette pierre de la carrière au cimetière, au prix de 18 d. tz. par pied: il ne pourra en voiturer pour d'autres, sous peine de 10 écus sol pour chaque contravention (1).

HOUPPIN.   LAMBERT.

[Et. Jouan.]

(1) Ce marché n'est plus aux archives de l'église, qui donnent un contrat semblable, passé, le 13 avril précédent, chez Pierre Lemangnier, notaire.

1584

328. — *2 Janvier*. Mise en apprentissage, pour 2 ans, par Robert Bucquet, maître-vitrier à Beauvais, de Noël, son fils, avec Claude Millet, de pareil état et lieu, pour le nourrir et coucher, « luy bailler pot, feu et lumière », et lui enseigner l'art dud. métier, moyennant 12 écus sol, dont

6 écus reçus comptant et le reste payable dans un an. Le père promet de faire continuer à son fils son apprentissage (1).

HOUPPIN.   LAMBERT.

|Et. Jouan.|

(1) Robert Bucquet eut pour enfants :

En 1571, le 11 juillet, « Noël, filz de Robert Bucquet et Ysabeau Bizet; parrins, François de Coin, Noël François; marrine, Margueritte le Febvre. » Actes de baptêmes de Saint-Etienne, *Arch. communales de Beauvais*, GG1.

« Ysabel, ..., parrins, Martial Vasseur, Jean Bizet; marrines, Marie Cavillon, Anne Liépart. » 3 août 1575.

« Pierre ....: parrins, Martin de la Lande, Pierre Vaillant; marrine, Margueritte Gamet. » 3 mars 1581.

« Julian, ... parrins, Julian le Vert, Eustache Henry; marrine, Jehanne Toullet. » 6 avril 1583. *Ibidem*, GG2.

----

329. — *31 Janvier*. Marché passé entre Louis Compagnon, brodeur et Nicolas Brocard, prêtre, demeurant à Marissel, pour faire « ung diacre avec l'estole et ung phanon, doublé de bougrand pers, garni et enrichi de telles et semblables estoffes et façons qu'est faite une chappe estant de présent en l'église de Marissel »; elle a été faite par Jean Boullet, brodeur et montrée à Compagnon. Le tout, sujet à visitation, sera livré avant Pâques prochain, au prix de 20 écus d'or soleil (1).

MACAIRE.

|Et. Recullet.|

(1) En 1584-1585, Jean Boullet racoutrait les ornements de l'église Saint-Etienne. Comptes des marguilliers, *Archives de l'église*.

330. — *25 Février.* Marché passé entre Jean Compagnon l'aîné, brodeur et les marguilliers de la paroisse de La Villeneuve-le-Roi, pour faire deux chapes, diacre et sous-diacre et une bannière, le tout de damas blanc, « garnys d'orfraiz et d'or de masse », pareille et semblable à une chasuble de damas blanc qui porte derrière une Notre-Dame et deux anges, et aussi faire sur lesd. ornements 60 fleurons et sur la bannière l'image de Notre-Dame tenant son enfant d'un côté, et de l'autre une Notre-Dame de pitié avec 8 fleurs de lis de chaque côté, le tout d'or de masse; item, faire un oreiller garni de velours rouge et un « corporalier » de même étoffe et couleur et y faire dessus un crucifix avec deux petits anges, et aussi une petite boîte pour mettre le pain à chanter; item, faire aux chaperons des deux chapes, sur l'une une Résurrection et sur l'autre le Couronnement de Notre-Dame avec deux anges. Le brodeur fournira les étoffes convenables: la bannière sera livrée le jour de Pâques prochain et le reste avant le 1ᵉʳ septembre suivant, au prix de 120 écus, payables par moitié à la saint-Jean-Baptiste prochain et un an après.

HOUPPIN.   LAMBERT.

[Et. Jouan.]

---

331. — *17 Mars.* Lucien Guérin, fondeur à Beauvais, paroisse Saint-Thomas et Jeanne le Tellier, sa femme, en leurs noms et se faisant fort de Melchior Guérin, aussi fondeur de cloches, demeurant à Amiens, vendent à Nicolas Paumart, ancien maire de Beauvais, plusieurs pièces de terre, sises au terroir de Berneuil, lieux-dits Les Routis, la Cornelleraye, la Salle et les Croisettes, moyennant 12 écus 32 s. tz., avec un écu d'or pour le vin du marché (1).

HOUPPIN.   LEMANGNIER.

[Et. Jouan.]

(1) Ces lieux-dits sont encore inscrits au plan cadastral : Les Rotis, La Cournouillerée, La Salle et Les Croisettes.

332. — *19 Mars.* Marché passé entre Hugues Wauquier, orfèvre à Beauvais, paroisse Saint-Sauveur, et les
marguilliers de la paroisse de Gaudechart, pour leur faire
une grande croix d'argent, ayant un « plommeau » de
cuivre doré, pour servir à leur église, à livrer avant Pâques
prochain, au prix de 8 écus d'or un tiers (1).

MACAIRE.

[Et. Recullet.]

(1) Il habitait, en 1557, dans la rue menant de Saint-Sauveur à la
Porte du Châtel; sa maison, à l'enseigne de Saint Adrien, touchait à
l'hôtel de l'Homme Armé.

---

333. — *22 Avril.* « Ensuit ce qui est besoing faire
aux orgues de l'église Saint Saulveur de Beauvais : Et
premièrement faire troys grandz souffletz, lesquelz pourroient revenir à deux cens livres tz.; item, lever le sommier
desd. orgues, les soubzchappes et registres pour trouver et
congnoistre par où led. sommier emprunte ?, le descouvrir
et le recouvrir de cuyr neuf, visiter toutes les graveures dud.
sommier pour congnoistre s'il n'est point mangé de vers,
qui seroit la cause mouvante des emprunts desd. orgues, et,
pour remédier à ce, fauldroit garnir toutes les trente huict
graveures d'ung perchemin ou d'ung fin pappier et relaver
toutes icelles graveures de colle claire; plus après, redresser
tant d'ung costé que d'aultre led. sommier à la warlope, de
façon et manière qu'il soit remis en bon estat comme tout
neuf, et le recouvrir de peaulx de mouton, tant d'ung costé
que d'aultre, comme il estoit auparavant; aussy refaire et
racouster aulcuns registres, lesquelz se trouvèrent rompuz
entre le sommier et subchappes desd. orgues; plus, fault
adjouster aud. sommier trente huict ressortz de fil de letton
neuf en la place de ceulx qui y sont; aussy faire ung chassis
auquel y aura deux portes, lesquelles s'ouvriront, quant bon
semblera à l'organiste regarder les deffectuositez qui pour-

roient survenir dans led. sommier. Plus, fault corriger la
régalle et faire de blazons ? neufs de fer blancq, affin de
rendre icelle régalle plus armonieuse et mieulx tenant l'accord et corriger une grande partie des ances d'icelle; item,
fauldroit changer troys jeux, lesquelz sont aud. corps
d'orgues et les muer en troys aultres plus armonieux et haul-
tains, telz que sera advisé avec maistre Jehan Mollet et
l'organiste dud. Saint Saulveur. Item, est une chose fort
nécessaire de mettre sur postes deux des principaux jeux
desd. orgues, affin que les tuyaulx, lesquelz sont offusquez
et tombez tous les uns sur les aultres, attendu qu'ilz sont
obpressés par le moyen desd. postes, pourroient estre mis
en leurs ayses et rendre leur son et armonie, ce qu'ilz ne
peuvent faire pour le présent, à raison qu'ilz sont ainsy
offusqués l'un sur l'aultre. Item, fault aussy faire des chassis, pour entretenir lesd. tuyaulx en ligne directe et à plomb,
affin qu'ilz ne tombent pas l'un sur l'aultre. Item, fault faire
quelque soisante coudées, moitié plomb, moitié estain, affin
qu'ilz soient plus solides et fermes affin de mener le vent
ausd. postes cy dessus mentionnés. Item, seroit bon mettre
la régalle dans le positif et, pour ce faire, fauldroit lever
deux jeux de tuyaux, scavoir est la flutte bouchée et la
cimballe, et fauldroit lever le subschappe d'icelle flutte
bouchée, pour sur icelle accommoder ung aultre subschappe de quatre poulces d'espesseur, pour sur iceluy
mettre et asseoir lad. régalle. Item, fault renouveler une
grande partie des tirans et beigette de boys qui tirent de
la breger ? au clavier, lesquelz sont renouez avec des esguil-
lettes et en remettre de neuf à leurs places. Item, faire une
monstre de douze piedz de fin estain doux poly, du calibre
que celle des orgues de l'église Saint Pierre de Beauvais,
en luy livrant led. estain par lesd. margliers. »

Le 26 avril suivant, maître Denis de Journy, facteur
d'orgues à Beauvais, paroisse de La Madeleine, promet aux
marguilliers de Saint-Sauveur, savoir : Jean Molain, Pierre

Darye et Georges le Boucher, de leur faire les ouvrages
« au long déclairées au mémoire précédent ». Il fournira les
étoffes et matières convenables; le travail, fait et parfait et
sujet à visitation, sera terminé avant Noël prochain, moyennant 133 écus un tiers, payables à mesure que se feront ces
ouvrages. Les marguilliers promettent de fournir l'étain nécessaire et de laisser au profit de Journy les huit vieux
soufflets et leur plate-forme (1).

MACAIRE.

[Et. Recullet.]

(1) En 1575, Jean Mollet était organiste de la cathédrale. Le
2 avril 1584, de Journy recevait 5 écus sol des marguilliers de Saint-
Etienne pour avoir racoutré les orgues de la paroisse. Comptes des
marguilliers, *Archives de l'église.*

---

334. — *24 Avril*. Marché passé entre Jean Compagnon le moyen, brodeur, et les marguilliers de la paroisse
de Noyers, pour faire une chape et une chasuble de camelot
rouge, « à onde », garnis d'orfrois de satin de Bruges vert,
semés de feuillages sur la chape; il sera fait sur le chaperon
une image de saint Martin et sur la chasuble une Notre-
Dame. Le brodeur fera aussi une chape des trépassés, les
orfrois de « trippes » de velours, lad. chape de satin « cal-
ladre ? » noir; le tout sera payé 23 écus et demi.

HOUPPIN.   LAMBERT.

[Et. Jouan.]

---

335. — *28 Avril*. Marché passé entre Jean Compagnon l'aîné, brodeur, et les marguilliers de la paroisse d'Andeville, pour faire une bannière de camelot rouge, à ondes,
avec une image de saint Léger et une Notre-Dame tenant

son enfant, les images faites de satin de Bruges, à livrer,
avant la Pentecôte prochaine, au prix de 7 écus d'or et
un tiers.

WALON.   LAMBERT.

[Et. Jouan.]

336. — *6 Mai*. Marché passé entre Jean Compagnon
le jeune, brodeur, et les marguilliers de la paroisse de La
Neuve-Rue d'Oursel-Maison, pour leur faire une bannière
de damas cramoisi rouge, portant saint Lucien d'un côté
et saint Nicolas de l'autre, avec franges de soie, pommes
dorées et bâton; à livrer avant 6 semaines, moyennant
52 l. tz.

HOUPPIN.   LAMBERT.

[Et. Jouan.]

337. — *14 Mai*. Marché passé entre Claude Millet,
vitrier à Beauvais et les marguilliers de la paroisse de La
Madeleine de cette ville, dont François Quevillier, « tailleur d'anticques », pour faire en la chapelle saint Nicolas
de leur église une verrière à quatre jours, « hystoriée de
plusieurs hystoires monsieur saint Nicolas, avec ung cruxefix
et au pied une Magdaleine, icelle verrière remplie de paysages, selon que lesd. hystoires le requerront, et le tout
rendre fait et parfait selon les pourtraictz présentement
exhibez par led. Millet et à luy laissez en ses mains et
lesquelz néantmoings il a promis remettre ès mains desd.
acceptans pendant quinzaine, et icelle verrière rendre et
attacher à lad. église en dedans le XVIII⁰ juillet prochain »,
moyennant 26 écus deux tiers, qui lui seront payés, savoir

10 écus à la Pentecôte et le reste à mesure et à portion que Millet fera l'ouvrage (1).

ADRIAN.   MACAIRE.

[Et. Recullet.]

(1) Les comptes des marguilliers de Saint-Etienne, de 1578, donnent : « Payé à Claude Millet, verrier, pour avoir racoutré plusieurs vitres en lad. église, XLVIII s. » — « Receu de une femme, pour racoutrer ung trou fait par son filz en la verrière Saint Claude, ung teston, cy XIIII s. VI d. » *Arch. de l'église.*

---

338. — *22 Mai.* Marché passé entre Jean Compagnon le moyen, brodeur et les marguilliers de l'église de Rochy, pour faire une bannière de damas cramoisi rouge, aussi bon que celui de la bannière de Puits, avec deux images, l'une de saint Martin, d'un côté; l'autre de Notre-Dame tenant son petit enfant, de l'autre côté, avec vingt-quatre fleurs de lis, le tout fait d'or de masse et brodé, garni de franges, avec les pommes et les bâtons d'or fin; plus, un petit tapis de camelot rouge à ondes, garni de fleurs de lis, pour mettre sous le « livre ». Le tout sera livré à Beauvais, avant la saint Martin d'été prochain, pour servir à l'église de Rochy, moyennant 20 écus un tiers.

LAMBERT.

[Et. Jouan.]

---

339. — *5 Juin.* Marché passé entre Jean Boullet, brodeur et les marguilliers de la paroisse Saint-Vincent du Plessier-sur-Bulles, pour faire une bannière de damas cramoisi, de deux aunes et demie de damas, garnie de deux images, une NotreDame d'un côté et de l'autre un saint Vincent, le tout fait d'or de masse, avec les franges de soie, les pommes dorées et le bâton; plus, un drap de satin renversé, contenant 7 aunes, avec une croix de satin blanc. Le tout sera livré pour lad. église avant la fin du mois d'août, au prix de 22 écus deux tiers (1).

HOUPPIN.   LAMBERT.

[Et. Jouan.]

(1) Voyez ci-dessous, n" 351.

---

340. — *1ᵉʳ Juillet*. Testament de Nicolas Brocard, prêtre, demeurant à Marissel : il lègue à la fabrique de sa paroisse vingt écus d'or, « pour fonder un pillier du cœur en la chapelle Nostre Dame de pittié de lad. église. » Le jour de la fondation de ce pilier et du paiement de cette somme, on lui chantera un messe solennelle. Il laisse aussi à l'église un Crucifix et une Madeleine en toile, pour servir, le jour du Saint Sacrement, là où l'on pose le corps de Jésus-Christ devant la maison d'Adrien Louvet. Ces objets demeureront chez maître Pierre Louvet et, le jour de la procession du Saint-Sacrement, il les baillera à Adrien.

Dans un codicille annexé à ce testament, il ajoute donation à la fabrique d'une rente de 20 s. tz., qui sera perçue sur sa terre du Camp-Dolent pour être employée à la construction d'un pilier de pierre devant la chapelle Notre-Dame de pitié et d'un autre pilier devant la chapelle Saint-Nicolas; plus, un parement « de trippe » de velours noir, « pour mettre au haut de devant la grande table d'autel » de cette église, pareil à celui qui y est à présent et qu'il a donné naguères. Ce dernier parement, qui est de satin, sera mis désormais « au bas de devant de lad. table. » Il ajoute à ces dons une somme de 100 écus, avec tout le plomb qu'il possède en sa maison de la rue de Lannoy, à Beauvais, pour servir à la couverture du clocher.

MACAIRE.

[Et. Recullet.]

Par un second testament, du 8 mai 1591, Brocard lègue encore à la fabrique de Marissel une somme de 200 écus d'or, « pour faire deux pilliers du cœur, l'un en la chapelle Nostre Dame de Pitié et l'autre en la chappelle Saint Nicolas, lesquelz escuz demeureront és mains de ses exécuteurs jusques ad ce que on besongne de pierre et de cyment. Et, le jour de la fondation desd. pilliers, je veus que l'église soit tenue, parmy lad. somme cy dessus, de faire chanter à mon intention une messe solennelle avec un *Libera*. »

HOUPPIN.

[Et. Jouan.]

---

341. — *5 Juillet*. Thomas Thourin, « sculteur, demeurant de présent à Beauvais », fils d'Antoine Thourin, menuisier en cette ville, paroisse Saint-Sauveur, quitte et décharge son père de l'administration de ses biens meubles et de son revenu, dont il avait la garde et tutelle.

MACAIRE.

[Et. Recullet.]

---

342. — *31 Juillet*. Marché passé entre Jean Compagnon l'aîné, brodeur, et les marguilliers de l'église Notre Dame de Juvignies, pour leur faire une bannière de damas cramoisi rouge, longue de deux aunes et demie, garnie de franges de soie, les pommes dorées d'or fin et le bâton « d'orbel », semblable à la bannière faite par le brodeur pour l'église d'Auchy. Il y mettra d'un côté une Assomption de Notre-Dame avec six anges tenant la couronnne, et de l'autre côté un saint Martin avec 24 fleurs de lis; les images et fleurs de lis seront brodées et le tout sera fait de bonnes étoffes, sujet à visitation et livré à Beauvais avant la Notre-Dame de septembre, moyennant 18 écus d'or, payable moitié dans la quinzaine et le reste à Pâques.

LAMBERT.

[Et. Jouan.]

343. — *13 Août.* Marché passé entre Pierre Grimault, charpentier à Beauvais et les marguilliers de l'église Saint-Sauveur, savoir : Jean Mollain, Pierre Darye et Georges le Boucher, de l'avis et consentement de Jean de Catheu, ancien maire, Jean Paumart, prévôt d'Angy et ancien maire, Lucien Boicervoise, aussi ancien maire, Jean Mollet et Quentin Quesnel, bourgeois de Beauvais, « pour édiffier de neuf ung clocher de boys, assemblé de charpenterie et menuyserie, selon le pourtraict et modèle de ce fait, présentement exhibé, et sera prins pour la perfection dud. édiffice la modelle ayant la longue coulombe et le pan d'icelle; laquelle coulombe excèdera l'appuy de dix à douze piedz, pour servir d'arboutant appuyant contre le petit clocher. Et, quant aux assemblages de dedans, sera prins l'assemblage où est le long arboutant assemblé contre le pivot de lad. modelle; lad. modelle estant faite au petit pied. Et quant à la couverture du petit clocher sera faite façon de dome, comme une coulombe impérialle, comme est faite lad. modèle. Et, pour ce faire, sera tenu led. Grimault faire les sciages, charpenterie et menuyserie qu'il conviendra et asseoir led. clocher, qui sera ainsi édiffié sur la tour du clocher de lad. église, en luy livrant par lesd. margliers tout le boys qu'il conviendra et rendre le tout, fait et parfait, subjèct à visitation, en dedans un an du jour que luy sera faite livraison du boys nécessaire. » Il recevra 276 écus deux tiers, en 8 paiements égaux de 6 semaines en 6 semaines. S'il meurt avant l'exécution de son travail, ses héritiers ne seront pas tenus d'achever ce clocher, mais ils seront payés selon la portion déjà faite, d'après l'estimation de gens experts. (1)   ADRIAN.   MACAIRE.

[Et. Recullet.]

(1) Voyez ci-dessous, n° 378.

344. — *27 Août.* Marché passé entre Jean Compagnon le jeune, brodeur, et « le procureur des trespassez » de la paroisse de Fournival, pour faire une chape des trépassés, de satin noir, avec les orfrois en « tripes » de soie, semés de têtes de morts, étoffés de satin de Bruges; faire aussi sur le chaperon de la chape les Trois Morts et les Trois Vifs, à livrer pour cette église, dans un mois, moyennant 14 écus sol, payables moitié dans la quinzaine et moitié à la livraison.   HOUPPIN.   LAMBERT.

[Et. Jouan.]

345. — *1ᵉʳ Septembre.* Mise en apprentissage, pour 6 ans, par David le Febvre, laboureur à Velennes, d'Evrot, son fils, avec Jean Compagnon le moyen, brodeur, qui promet de lui apprendre le métier, le loger, chauffer et nourrir et l'entretenir de linge, vêtements et chaussures. Le père sera tenu de donner au maître, chaque année à la saint-Martin d'hiver, 12 mines de blé, mesure de Beauvais, « tel que moitoien. » Il devra s'acquitter de cette rente en blé jusqu'à la fin des 6 années, même si l'apprenti délaisse son maître avant l'expiration du contrat.

HOUPPIN.   LAMBERT.

Le 24 septembre 1586, Marie Néret, veuve de Jean Compagnon, résilia le précédent contrat; le père promit d'en faire ratifier la nullité à son fils. La veuve reconnut avoir reçu la rente de blé, en donna quittance et tint le père quitte des autres paiements.

HOUPPIN.   LAMBERT.

[Et. Jouan.]

346. — *Ier Septembre*. Marché entre Louis Compagnon, brodeur et les marguilliers et « menistres de Nostre Dame et des trespassez » de l'église de Bulles, pour faire deux « diacres » de satin de Bruges blanc, les orfrois de satin de soie violette, semée de fleurons, soit 24 fleurons pour les deux diacres, faits d'or de masse « couché en quatre », et le plus convenable que faire se pourra; plus, une chape des trépassés, de « trippe » de velours noir, garni d'orfrois de satin de Bruges blanc avec la doublure de bougran. Le tout sera livré à Beauvais avant la Toussaint, moyennant 26 écus deux tiers.   LAMBERT.

[Et. Jouan.]

347. — *3 Septembre*. Jean Compagnon l'aîné, brodeur, vend à Louis, son fils, de même état, sa maison où pend pour enseigne le *Carolus*, sise grande rue Saint-Martin, à charge de lui bailler une rente de 5 écus d'or, avec logement, chauffage, nourriture et vêtements, sa vie durant. Jean Compagnon le moyen et Marie Néret, sa femme, fils dud. Jean et de défunte Angadrème Vaast, cèdent à Louis Compagnon, leur frère et beau-frère, leurs droits sur cette maison moyennant deux écus d'or.

HOUPPIN.   LAMBERT.

[Et. Jouan.]

348. — *5 Septembre*. Marché passé entre Jean Compagnon le jeune, brodeur et les marguilliers de la paroisse de Francastel, pour faire deux diacres de satin de Bruges, le fond de satin vert et les orfrois de satin rouge, avec une étole et les fanons de pareille étoffe, pour servir en leur église, à livrer à Beauvais avant la Toussaint, au prix de 13 écus d'or, payables par moitié le jour de la livraison et à la Chandeleur.

LAMBERT.

[Et. Jouan.]

349. — *13 Septembre*. Pierre de la Croix, marchand à Beauvais, cède à Jacques de Nainville, fondeur de cloches, le bail à lui fait par Pierre Payen, d'une maison où pend pour enseigne le Beau Pignon, située sur le Haut-Marché, joignant par derrière à la rivière de Merdenson. Ce transport est fait moyennant 23 écus un tiers de rente annuelle. Présents : Lamoral de Naynville, fondeur et autres. (1)

MACAIRE.

[Et. Recullet.]

(1) Jacques de Nainville eut pour enfants :

« 1586, du XXVe janvier, Jehanne, fille de Jacques de Nainville et de Catherine Joron; parrin, Lamoral de Nainville; marrine, Jehanne Peaucellier. » Registre des baptêmes de Saint-Etienne, GG2.

« 1589, du XXIXe janvier, Pierre . . . .; parrin, Pierre de la Treille; marrine, Jeanne Hucleu. »

« 1591, du 7e décembre, Eustache . . . .; parrins, Eustache Hémery, Claude de Nainville; marrine, Marte Joron. »

« 1594, du 10e may, Jacques. . . . .; parrins, Symon de la Court, Nicolas Joron; marrine, Jeanne Joron. » *Ibidem*, GG2.

350. — *6 Novembre.* A. [le papier est déchiré] de Bosves, « maistre vittrier » à Beauvais, paroisse Saint-Thomas, et Collechon Vie, sa femme, reconnaissent, en présence de Jean Vie, maréchal à Tillart et Jacques Vie, son frère, maréchal à Saint-Jacques-lès-Beauvais, la validité d'un contrat de bail à surcens ou rente propriétaire fait par Jean et Jacques à Guillaume Pinchon, taillandier à Beauvais, de la moitié indivise d'une maison sise en la rue Saint-Thomas.

HANYN.   LAMBERT.

[Et. Jouan.]

351. — *15 Décembre.* Les marguilliers du Plessier-sur-Bulles réclament à Jean Boullet, brodeur, la bannière qu'il devait leur livrer suivant le contrat du 2 (*sic*) juin dernier. Boullet répond qu'elle est prête; mais les autres ouvrages commandés ne le sont pas encore, « par ce qu'il est agité d'une maladie. » Il demande un délai d'un mois, qui lui est accordé.

Le 29 décembre, les marguilliers reviennent chez Boullet, se disant prêts à recevoir la bannière et le drap des morts mentionnés dans une sentence rendue, le 15 décembre dernier, au siège du bailliage de Beauvais. Mais, comme la bannière n'est pas aussi parfaite que l'exigent les conditions du marché, ils demandent au brodeur de la refaire : celui-ci refuse, exigeant une expertise qui sera confiée à des maîtres-brodeurs. (1)

LAMBERT.

[Et. Jouan]
(1) Voyez ci-dessus, n° 339.

1585

352. — *18 Janvier*. Marché passé entre Jean Boullet,
brodeur et frère Jean Boullet, commandeur de Saint-Samson
de Douai en Flandre et de Belloy-en-Thelle, pour faire
deux parements d'autel de damas blanc « le parement d'en
hault contenant de longueur sept quartiers et demy et une
aulne ung seiziesme moings de haulteur; lequel parement
sera doublé de bougrand bleu, bandé de tous costez de
frange, doublé de scie rouge cramoisy, blanc et vert, enrichi
d'une ymage de Nostre Dame, de la haulteur de deux
piedz, ayant une couronne sur la teste et quatre petitz anges,
lesd. ymage et anges faitz de fils d'or et d'argent, et aux
deux costez de l'ymage la croix de Malthe, avec une couronne du duc au dessus, et à chacun costé les deux espées et
ganteletz; et sera escript à l'espée les motz : *Par la foy,* en
lettres d'or, et au dessoubz de lad. ymage les armoiries dud.
sieur commandeur avec la croix et les patenottes à l'entour,
et au dessus des patenottes une croix à huit pointes; et sera
escript en lettres d'or au dessoubz les motz :*Petit à petit;*
le tout de fil d'or et de fil d'argent et soye, selon qu'il est
requis en l'art de brodeur; item, faire l'autre parement
d'embas, de mesme longueur et haulteur et tel que celuy
dessusdit, hormis que, au lieu de l'ymage Nostre Dame et
des quatre anges, le brodeur sera tenu faire l'ymage saint
Jehan Baptiste. » Le brodeur fournira les étoffes nécessaires et livrera avant le 20 mars les deux parements, pour
servir au grand autel de lad. église; il recevra 33 écus un
tiers, dont 10 écus payés ce jour.

MACAIRE.

[Et. Recullet.]

353. — *19 Janvier*. Marché passé entre Jean Compagnon le moyen, brodeur et Jean Daoust, marchand à Chaumont-en-Vexin, « marguelier des trespassez » de l'église Saint-Martin de ce lieu, pour faire trois chapes, diacre et sous-diacre et une chasuble, avec étole et fanons, lesd. ornements faits de « trippe » de velours noir, garni d'orfrois de satin de Bruges blanc, et apposer aux chaperons des chapes, « assavoir à l'une ung pourtraict du Jugement, à l'autre une Résurrection et à l'autre les Trois Mortz et les Trois Vifz, et au chasuble une Nostre Dame de Pitié sur la croisée. » Le tout sera livré à Beauvais, avant la mi-carême prochain, au prix de 49 écus sol, payables 29 écus à la livraison, le reste à la saint-Martin d'hiver.

LAMBERT.

[Et. Jouan.]

354. — *26 Juillet*. Mise en apprentissage, pour 3 ans, par Pierrette Dodu, veuve de Nicolas Vie, demeurant à Beauvais, d'Etienne Vie, son fils, du consentement de Jacques et Jean Vie, maréchaus en cette ville, frères d'Etienne, avec Philippe de Bosves, maistre vittrier » à Beauvais, qui promet de le loger, nourrir et entretenir de chaussures et vêtements, et lui enseigner l'art de son métier, moyennant 8 écus deux tiers « de rente » pour chacune des trois années, payables par portions égales, de trois mois en trois mois. Si l'apprenti veut rester une quatrième année chez son maître, la veuve ne paiera pour cette année que deux écus deux tiers. Si l'apprenti s'absente « hors dud. service » pendant le temps de ce contrat, sa mère sera tenue de payer la rente des trois années.

LAMBERT.

[Et. Jouan.]

355. — *27 Juillet.* Florent de la Fontaine, marchand, paroisse de La Madeleine, se transporte chez Nicolas Hardouin, tailleur de menuiserie, même paroisse, et le somme « qu'il eust à luy trouver un logis autant comme cestuy que led. Hardouin luy a loué auparavant, jusques ad ce que les voisins soient hors de danger de la maladie contagieuse, par ce qu'il a esté contraint de sortir hors de la maison que led. Hardouin luy a louée, à cause de la maladie. » Il demande qu'en cas de refus Hardouin le tienne quitte du reste de bail à finir; sinon, il lui réclamera dommages et intérêts.

LAMBERT.

[Et. Jouan.]

356. — *10 Août.* Mise en apprentissage, pour 4 ans, par Isambart Marage, laboureur à Caigny, d'Adrien, son fils, avec Jacques Platel, orfèvre à Beauvais, qui promet de le loger, etc., et lui montrer le métier, moyennant 30 écus d'or, payables par tiers chaque année.

LAMBERT.

[Et. Jouan.]

357. — *12 Août.* Procès entre Nicolas le Sueur, tailleur d'images, et Jean Picquenot, marchand drapier drapant à Beauvais, pour un « cabinet. » Les parties transigent et se tiennent quittes de tous dépens. Picquenot paiera à le Sueur 13 écus d'or dans la quinzaine, y compris 8 écus qu'il lui doit pour un autre cabinet déjà livré et qui était évalué à..... [Le reste du papier est détruit par l'humidité.]

LAMBERT.

[Et. Jouan.]

358. — *10 Décembre*. Bail, pour 6 ans, par Martin Boyleaue, lieutenant du capitaine de Beauvais, à Nicolas le Sueur, « sculteur et paintre », demeurant paroisse Saint-Thomas et Thomasse Cacheleu, sa mère, veuve de Philippe le Sueur, tailleur d'images, d'une maison, jardin et jeu de paume, avec la pelouse de ce jeu, où pend pour enseigne le Braque, sis à Beauvais, [la rue n'est pas indiquée], moyennant 73 écus un tiers de loyer par an. Les preneurs sont tenus d'entretenir ce jeu de paume « de cordes et noircissures », de recevoir du bailleur les « esteufz » qu'il recueillera à l'entour, au prix de 7 s. tz. par grosse des « esteufz », payables à mesure que les preneurs les recevront (1).

[Et. Recullet.]   MACAIRE.

(1) Voyez n" 389.

359. — *18 Décembre*. Marché passé entre Jean Lotesse, orfèvre à Beauvais et Adrien de Mésenguy, laboureur à Moimont, paroisse de Milly, pour lui faire et livrer, avant la Chandeleur, un calice d'argent, « doré par les garnisures et en dedens de la couple », semblable à celui du couvent des Jacobins de Beauvais montré par l'orfèvre; ce calice pèsera un marc et demi et lui sera payé 15 écus soleil.

[Et. Recullet.]   MACAIRE.

360. — *26 Décembre*. Marché passé entre Nicolas Chappon, maitre vitrier à Beauvais, et les marguilliers de l'église Saint-Etienne, dont Paul de Catheu, avocat, pour « raccoustrer » les verrières de lad. église, moyennant 15 l. tz. (1).   HOUPPIN.   LAMBERT.

[Et. Jouan.]

(1) Laurent Cappon, aussi vitrier, est mort en cette année, où les marguilliers de Saint-Etienne ont reçu 60 s. tz « pour sa sonnerie. » *Archives de l'église.*

1586

361. — *29 Mars*. Marché passé entre François Quesnel, tailleur d'images à Beauvais, paroisse Saint-Etienne et Antoine Carion, marchand bourgeois en cette paroisse, pour faire de son métier de tailleur d'images une image « de *Ecce homo* », de bonne pierre blanche de Saint-Leu, « saine et nette », ayant quatre pieds de hauteur, selon le portrait fait par Quesnel et baillé à Carion et maître Paul de Catheu, l'un des marguilliers de la paroisse. Ladite image sera assise en leur église avant Noël prochain, moyennant 10 écus d'or que paiera Carion le jour de la livraison. Présents au marché : François Pinguet et Nicolas de Renty, aussi marguilliers. **HOUPPIN.**

[Et. Jouan.]

---

362. — *22 Avril* Engagement de Louis du Cenne, tailleur de menuiserie à Beauvais, paroisse de La Madeleine, qui promet à Guillaume Cloquier, de pareil état et lieu, de le servir à ce métier en son hôtel, chaque jour ouvrant, de six heures du matin à huit heures du soir, pendant un an, à condition que Louis aura une heure pour prendre son repas à déjeûner et une heure pour dîner; il ne pourra, pendant cette année, besogner pour d'autres et recevra 8s. tz. par chaque jour ouvrant et besognant, payables de semaine en semaine. Cloquier promet d'entretenir du Cenne « d'ouvrages de tailleur de menuiserie ». **MACAIRE.**

[Et. Recullet.]

---

363. — *28 Mai*. Jacques de Nainville, fondeur de cloches, paroisse Saint-Etienne, vend à Philippe **Vallée,**

mercier à Paris, rue de la Ferronnerie, une grosse de paires de pommes de cuivre « servans à chesnetz », une autre grosse de pommes plus moyennes, une autre grosse de plus petites, une autre encore de plus petites et deux grosses de « pommettes de petit feu de garniture », le tout de cuivre, livrable à Beauvais le plus tôt possible, au prix de 57 s. 6 d. tz. la paire pour les plus grosses, de 45 s. la paire des moyennes, 30 s. la paire des plus petites, 22 s. la paire des autres plus petites, de 20 s. pour une grosse « des petitz feuz de garniture » et 18 s. pour une autre grosse de ces petits feux. Le tout sera payé à mesure de la livraison; sur quoi le fondeur reçoit 4 écus d'avance.

HOUPPIN.

[Et. Jouan.]

---

364. — *7 Juin.* Mariage d'Adrien de Journy, fils de Denis de Journy, maitre facteur d'orgues et de Noëlle le Bel, sa femme, demeurant paroisse de la Basse-Œuvre, avec Laurence de Bucamp, fille de feu Charles de Bucamp, et de Marie Tiersonnier, demeurant à Beauvais, assistée de Claude le Vasseur, fondeur de cloches, oncle de Laurence, à cause de sa femme, et de Robert Tiersonnier, son autre oncle. Denis de Journy donne aux futurs époux tous les habits, bagues et joyaux, « menuiserie » et biens meubles « nécessaires et convenables à leur estat » et qui sont estimés 85 écus d'or et demi.

MACAIRE.

[Et. Recullet.]

---

365. — *11 Juin.* Les marguilliers de la paroisse de Marissel reconnaissent devoir à Charles Regnoult, charpentier à Beauvais, paroisse Saint-Etienne et à Jean Camel, mercier, mari de Collechon Regnoult, héritiers de Guillaume Regnoult, charpentier, la somme de 28 écus d'or et deux tiers, pour les ouvrages de son métier qu'avait faits Guillaume en leur église (1).

MACAIRE.

[Et. Recullet.]

(1) Guillaume Regnoult était décédé fin avril de cette année. Comptes des marguilliers de Saint-Etienne.

---

366. — *17 Juin*. Thomas le Pot, peintre demeurant paroisse Saint-Sauveur, et Agnès Boullet, sa femme, « en considération que frère Laurent le Pot, leur fils, a esté ce jour d'huy receu religieux profès au couvent de Saint Dominique de Beauvais, pour y vivre et finir ses jours, selon la règle dud. couvent », promettent aux religieux, acceptant par frères François Pasquier, prieur, Guillaume Pol (*sic*), Michel du Chastel et autres, d'entretenir frère Laurent, « sain ou malade, en ses estudes, scavoir ung an en ceste ville de Beauvais au Collège, et quatre autres années à Paris, » lui payer sa pension et l'entretenir de tous accoutrements. Les parents promettent aussi de payer les banquets habituels d'aujourd'hui et du jour où frère Laurent chantera sa première messe en ce couvent; ce jour-là il gardera toutes les offrandes et cadeaux à son profit. Enfin ses parents lui fourniront un lit et traversin garnis de plume, avec les draps et chemises accoutumés (1).

THUREAU. MACAIRE.

[Et. Recullet.]

(1) En 1581, un Antoine le Pot, bachelier en théologie et religieux de l'abbaye de Saint-Quentin-les-Beauvais était vicaire-général de l'abbé. En 1584, il donnait procuration à Jacques Adrian, procureur au bailliage de Beauvais, pour représenter en toutes ses causes le cardinal de Guise, prince Louis de Lorraine, abbé de ce monastère.

« 23 octobre 1585. Thomas, filz de Thomas Pol (*sic*) et Agnès
Boullet; parrin, Jean Bourjonnier, cyrurgien; marrine Ursule (en
blanc) ». Registre des baptêmes de Saint-Sauveur, *Arch. commun. de
Beauvais*, GG 146.

---

367. — *27 Juin.* Marché passé entre Antoine Quesnel,
tailleur d'images à Beauvais et Mellon Gresle, peintre à
Pontoise, pour parfaire le contrat passé entre Pierre du Fresnoy, tailleur d'images à Beauvais et ledit Gresle, en date
du 30 septembre 1585. Quesnel fera les « guichetz » pour
servir au tabernacle mentionné en ce contrat, avec un *Ecce
homo*, haut de trois pieds et le tout sera livré à Pontoise,
le 1ᵉʳ août prochain, moyennant un écu un tiers, payable à
la livraison (1). MACAIRE.

[Et. Recullet.]

(1) Je n'ai pas retrouvé ce contrat, de 1585, dans les Minutes.

Antoine Quesnel était né en 1561, d'après le Registre des baptêmes de Saint-Etienne : « die IIIᵃ aprilis, Anthonius, filius Thome
Quesnel et Alizone Baudet; patrini, Cosmas Hardouyn et Scipio Hardouin; matrina, Anthonia Jehan. » *Archives commun. de Beauvais*,
GG1.

---

368. — *8 Août.* Jean Compan, tisserand à Beauvais,
renonce à toute action en justice contre Antoine et François
Quesnel, frères, tailleurs d'images et Hubert Pénel, arque-
busier et horloger, tous trois demeurant en cette ville, représentés par Claude Millet, maître vitrier. Compan les avait
fait poursuivre par le lieutenant criminel du bailliage « pour
les navrures, bastures et excez », qu'il en avait reçus. Ils
paieront au plaignant la somme de 3 écus 50 s. tz. et acquit-
teront pour lui toutes les dépenses de chirurgiens et médica-
ments jusqu'à sa complète guérison, avec les frais de justice.
HOUPPIN.

[Et. Jouan.]

369. — *10 Septembre*. Marché passé entre Louis Taveau, menuisier et Robert de Louveigny, conseiller et contrôleur pour le roi en l'élection de Beauvais, pour faire et livrer, avant le 15 octobre prochain, un buffet de salle, de bois de noyer, à longues colonnes, « garny et façonné de marqueterye », un chalit aussi de noyer, garni de même, une couchette « à bas pilliers, de mesme boys et façon » et une table montée sur quatre colonnes « qui se tire et allonge, de mesme façon de marqueterye », le tout semblable aux ouvrages faits par Taveau pour maître Valentin de Catheu, médecin, moyennant 18 écus d'or, payables à livraison.

HOUPPIN.

[Et. Jouan.]

---

370. — *30 Septembre*. Marché passé entre Lamoral de Naynville, fondeur à Beauvais et les marguilliers de la paroisse Notre-Dame d'Auneuil, pour refondre la grosse cloche de leur église et la rendre sonnante et accordante avec les deux autres, moyennant 25 écus d'or, payables à la volonté du fondeur. Si, après la fonte, cette cloche pèse plus de 2407 livres, poids de Paris, qui était son poids le jour qu'elle fut livrée au fondeur, les marguilliers paieront le surplus du métal employé.

HOUPPIN.

[Et. Jouan.]

---

371. — *3 Novembre*. Titre-nouvel donné par Etienne Cappon « maistre vittrier » à Beauvais, paroisse Saint-Etienne, pour la maison qu'il possède, « nommée le Dieu piteux », joignant des deux côtés aux rues qui mènent : l'une à la Porte Saint-Jean et l'autre de la Frette du Mur à l'église Saint-Etienne; lad. maison chargée de 48 s. p. de rente propriétaire envers Claude Ravache, bourgeois de Beauvais (1).

HOUPPIN.

[Et. Jouan.]

(1) La Déclaration des maisons qui paient cens au chapitre de Beauvais, en 1557, dit : « Jehan le Roy, praticien, pour sa maison nommée l'hostel du Dieu piteux, faisant une ancoingnure de la rue Saint Jean et de la rue qui maine à l'église Saint Estienne. »

Etienne Cappon eut plusieurs enfants : « 1582, XXVIIIe de mars, Robert, filz d'Etienne Cappon et Jacqueline Foullon; parrins, Robert de Louveigny, Nicolas Machue; marrine, Anthoinette de Villequin. »

« 1586, du 12e febvrier, Mathias, ... parrin, Mathias le Conte; marrine, Jehanne Gymard. »

« 1592, du 30e aoust, Jacques..............; parrins, Loys le Febvre, Jacques Platel; marrine, Claude le Bel. » Registre des baptêmes de Saint-Etienne, *Arch. commun. de Beauvais*, GG2.

---

372. — *17 Novembre.* Jean de Rouvillers, « maistre paintre » à Beauvais, loue pour 6 ans à deux vignerons de Bongenoult, plusieurs terres sises en ce terroir, lieux-dits les Boulets et les Grands-Camps, moyennant 8 mines de blé et 4 d'avoine de redevance annuelle, mesure de Beauvais (1).

MACAIRE.

[Et. Recullet.]

(1) « 1576, die XII^a junii, Franciscus, filius Johannis de Rouvillé et Marie le Sueur; patrini, Rolandus de Marseilles, Franciscus le Roy; matrina, Magdalena de Henu. » Registre des baptêmes de la Basse-Œuvre, *Arch. commun.*, GG 163.

---

373. — *17 Décembre*. Marché passé par Antoine Quesnel, tailleur d'images, demeurant à Beauvais, paroisse Saint-Etienne, avec Mellon Gresle, peintre à Pontoise, pour lui tailler une image de saint Sébastien, de 4 pieds de hauteur, « avec deux petitz anges tenant une couronne sur la teste, item ung tabernacle et l'ymage d'ung petit cruxefix », ayant 10 pouces de haut, avec les images de Notre-Dame, saint Jean et la Madeleine et trois petits anges, la croix et la « terrasse »; le tout sera de bois, rendu à Pontoise, en l'hôtel dud. Gresle dans trois semaines, et sujet à visitation, au prix de 5 écus 50 s. tz, sur quoi Quesnel a reçu 3 écus d'avance. Le reste sera payé à livraison.

MACAIRE.

[Et. Recullet.]

---

374. — *23 Décembre*. André Carion, brodeur à Beauvais, renouvelle la promesse, déjà faite le 11 octobre précédent, aux religieux de l'abbaye de Saint-Just-en-Chaussée, acceptant par frère Jean de Villers, sous-prieur, curé de cette paroisse, de leur livrer avant Noël, trois chapes, deux diacres et une chasuble, avec un parement d'autel, le tout moyennant 100 écus d'or soleil.

DE CREILG.

[Et. Recullet.]

1587

375. — *15 Avril*. Marché passé entre Antoine Quesnel, tailleur d'images et Jacques de la Salle, peintre à Pontoise, pour lui faire « une figure de Trinité, de trois piedz de roy de haulteur, assize et garnye d'une chaize et une figure de l'image saint Martin, de deux piedz et demy de haulteur, avec ung sainc Saulveur, de trois piedz de roy de haulteur, assiz ». Le tout fait et parfait, sujet à visitation, sera livré au peintre, à Pontoise avant la Pentecôte, au prix de 7 écus d'or, dont moitié comptant et le reste payable à la livraison.

MACAIRE.

[Et. Recullet.]

376. — *17 Avril*. Pierre le Secq, peintre demeurant au Déloir-lès-Beauvais, reconnaît avoir reçu d'un laboureur de Marissel une somme de 4 écus d'or, à lui adjugée par sentence du prévôt d'Angy.

MACAIRE.

[Et. Recullet.]

377. — *8 Mai*. Les marguilliers de la paroisse de Saint-Paul reconnaissent avoir reçu de Paul de Catheu, avocat du roi à Beauvais, exécuteur testamentaire de messire François Canterel, en son vivant curé de cette paroisse, un calice d'argent doré avec la platine, aussi d'argent doré; un corporalier, garni de corporaux de satin rouge; une « bouette à mettre le pain à chanter », aussi de satin rouge, broché d'or et d'argent; un autre corporalier de velours orange, garni de corporaux; une paix brodée alentour de fin or, une aube de toile, avec une chasuble de satin noir, « bandée de velours orenge et guarnye ·d'estole et fanon » : le tout est légué par Canterel à son église.

MACAIRE.

[Et. Recullet.]

378. — *25 Mai*. Marché passé entre Nicolas le Riche et Claude de Vienne, maîtres charpentiers à Beauvais, d'une part, et les marguilliers de l'église Saint-Sauveur, savoir : Claude Gallopin. Antoine Bachellier et Charles le Febvre, de l'avis de maître Jean Paumart et Lucien Boicervoise, anciens maires de cette ville, d'autre part, « pour construire de neuf ung clocher de bois, assemblé de charpenterie et menuyserie..... » [La suite reproduit textuellement le marché précédent. du 13 août 1584]. « Oultre seront tenuz lesd. Le Riche et de Vienne de faire les démolitions qu'il conviendra de ce qui est sur le clocher de pierre touchant le comble, à leurs despens, les matières procédant desd. démolitions demeurant à leur proffit; à commencer à besongner ausd. ouvrages sur le commencement de charpenterie qui a esté fait par deffunt Pierre Grimault, maistre charpentier, du jour d'huy en huitaine et à continuer sans discontinuation jusques ad ce qu'elles soient faites et parfaites, subjectes à visitation. en dedans un an du jour d'huy. Et seront tenus Le Riche et de Vienne de prendre avec eux quatre hommes charpentiers qui besongneront avec eux, moyennant la somme de 276 écus deux tiers, sur laquelle sera prins la somme de vingtz troys escus pour bailler à la veuve dud. Grimault, pour paiement des ouvrages encommencées à faire par led. deffunt aud. clocher. Et lesd. margliers promettent payer auxd. Le Riche et de Vienne, scavoir par chacune sepmaine qu'ilz travailleront, la somme de six escus deux tiers jusques en fin de paye de la somme cy devant dite » (1).

MACAIRE.

[Et. Recullet.]

(1) Voyez ci-dessus, n° 343.

« [Vers 1580], les marguilliers firent faire le dome de charpente couvert de plomb, qui couvre la tour ou cloché de cette église et placer en iceluy les cinq plus petites cloches des douze quy composent la sonnerie de ce cloché, lesquelles sont toutes accordantes, depuis la plus grosse jusques à la plus petite, et ce dome est de tant plus considérable qu'il est des mieux faitz et sert d'ornement non seulement à cette église, mais mesme à toute la ville. » *Mémoires de plusieurs choses remarquables concernant l'église de St-Sauveur,* par Macaire, manuscrit cité.

---

379. — *13 Juin.* Marché passé entre Nicolas le Prince, tailleur d'images, paroisse Saint-Martin et dame Nicole Loysel, veuve d'Etienne le Barbier, bourgeois de Beauvais, « pour faire les ouvrages qui ensuivent en une chappelle séant en l'église Saint Saulveur dud. Beauvais, dedans laquelle est inhumé led. deffunt, scavoir est de faire sur la pierre d'autel de lad. chapelle un pied d'estra (*sic*) avec une corniche soustenue de deux coulombes; plus, de faire troys ymages, ayant cinq piedz de haulteur, de saint Estienne, saint Nicolas et saint Lucyen, qui seront pozés sur lad. corniche, le tout de pierre blanche, et rendre le tout bien et suffisamment, selon le pourtraict de ce fait, subject à visitation, en dedans le jour de Noël prochain, moyennant la somme de vingtz escus d'or sol, que lad. veuve sera tenue payer à le Prince à portion qu'il fera lesd. ouvrages » (I).

MACAIRE.

[Et. Recullet.]

(I) Il s'agissait sans doute de la chapelle Saint-Etienne, dont Etienne le Boucher, Nicolas du Bray et Lucien Motte, marguilliers, avaient fait faire l'autel et les bancs, en 1583. *Mémoire de plusieurs choses remarquables, concernant Saint-Sauveur,* manuscrit cité. C'est ici la dernière œuvre retrouvée de N. le Prince.

---

380. — *24 Août.* Marché passé entre Jean Compagnon le jeune, brodeur à Beauvais, paroisse Saint-Martin, et les exécuteurs testamentaires de Marguerite Heurtevent, de Laversines, pour faire, avant deux mois, une chape « garnie de deux offrais d'or de masse, avec une Nostre Dame qui monte au ciel avec six anges », pour servir à l'église de Laversines, selon le testament de lad. Marguerite, moyennant 11 écus deux tiers (1).

DEBUCAMPS.

[Et. Recullet.]

(1) Jean Compagnon, marié à Louise de Watigny, eut pour enfants : « Jean ....; parrin, Jean Compagnon, père grand; marrine, Margueritte Pillet. » (21 octobre 1585);

« 1590, II^a julii, baptizatus est Nicolas, filius Joannis Compagnon et Ludovicæ de Watigny. » Registre des baptêmes de Saint-Sauveur. *Arch. commun. de Beauvais*, GG 146.

381. — *7 Décembre.* Mise en apprentissage pour 4 ans, par Jean Vaillant, mercier à Beauvais, de Toussaint, son fils, avec Jacques de Nainville, fondeur de cloches, qui promet de lui montrer le métier de fondeur, le loger et nourrir, sans en recevoir aucune rétribution. Le père s'engage seulement à faire accomplir à son fils les quatre années d'apprentissage.

HOUPPIN.

[Et. Jouan.]

1588

382. — *26 Janvier.* Marché passé entre Jean Compagnon le jeune, brodeur, et Guillaume Boulie, prêtre, curé de Laversines, pour faire une chape de damas blanc, deux diacres et une chasuble, les orfrois d'or de masse et pour mettre sur la chape une Résurrection de Notre-Seigneur et

y semer 67 fleurons, aussi d'or de masse, pour servir à cette église. Le tout sera livré avant « Pasques communiaux » prochain, au prix de 440 l. tz. réduites à 146 écus d'or deux tiers.   DERAIE.

[Et. Jouan.]

383. — *20 Février*. Claude Thouin, prêtre, curé de Saint-André de Beauvais, vend à Simon Carpentier, curé de Saint-André de « Hédencourt », une maison et jardin, sis à Beauvais, rue des « Marniquetz » [lisez : Marmousets], autrement dite la rue Saint-Nicolas, que le vendeur avait achetée d'Antoine Dantin, maître vitrier à Beauvais, le 21 janvier 1587. Cette vente est faite au prix de 70 écus sol et deux écus pour le vin du marché.   DERAIE.

[Et. Jouan.]

384. — *14 Mars*. Marché passé entre Jean Compagnon, brodeur et les marguilliers de la paroisse du Plessier-sur-Saint-Just, pour faire une chape de damas cramoisi rouge et une chasuble; sur la chape le brodeur sera tenu « historier l'ymage de saint Estienne » et sur la chasuble « faire une Nostre-Dame qui monte au ciel »; item, un drap des morts, de futaine noire, contenant trois lés de long, avec une croix de satin de Bruges et quatre têtes de mort, « semé de larmes ». Le tout sera pareil « à la monstre exhibée par led. brodeur, à laquelle monstre le notaire a mis sa signature ». Prix : 58 écus d'or et un écu pour le vin du marché (1).   DERAIE.

[Et. Jouan.]

(1) En 1593, les marguilliers de Saint-Martin de Beauvais faisaient marché avec Jean Compagnon « pour livrer les orfrays de deux

chappes et de deux diacres et faire les histoires desd. chappes et livrer les franges et bouffes de soye et le bougran, au pris de LIII escus ung tiers..... A madame Champion, demourant en la rue au Foyrre à Paris, pour XVII aulnes de damas blanc pour faire lesd. chappes et diacres avec les estoles et fanons, led. damas au pris de CXV s. l'aulne...... » *Arch. de l'Oise*, Comptes de Saint-Martin, G, non coté.

---

385. — *30 Mai*. Vente et constitution, moyennant 16 écus d'or, par Agnès Boullet, veuve de Thomas le Pot, peintre, demeurant paroisse Saint-Sauveur, à la Confrérie des Enfants de la Trinité, acceptant par Jean Paumart, ancien prévôt d'Angy, Jean Mollain et Pierre Gayant, maîtres et administrateurs de cette Confrérie, d'un écu un tiers de rente à prendre sur tous les biens de lad. Agnès et spécialement sur sa maison rue du Pont-Godard, joignant à l'Hôtel du Cheval qui tourne. Présent à cet acte, Nicolas le Prince, tailleur d'images, demeurant paroisse Saint-Martin (1).

DERAIE.

[Et. Jouan.]

(1) Nicolas le Prince mourut avant 1590, car les Comptes des marguilliers de Saint-Martin mentionnent en cette année : « Pierre Gaultier, cordonnier, au lieu de la vefve et hoirs Nicolas le Prince, doibt pour sa maison en la grand rue Saint Martin, joingnant d'un costé à la vefve Gabriel Danse et d'autre à Guillaume Chofflart, VIII l. tz. » *Arch. de l'Oise*, G, non coté.

En 1586, Thomas le Pot est mentionné aux mêmes Comptes pour sa maison où il demeure, proche du Cheval qui tourne, en la rue conduisant du Pont Godart, joignant d'un côté à Denis Lalou, d'autre côté à Jean le Secq. Il meurt l'année suivante, en même temps que Lamoral de Navnville : tous deux sont cités parmi les legs testamentaires faits à cette paroisse Saint-Martin. *Arch. de l'Oise, ibidem.*

Une dernière mention est faite de ces artistes, en 1596 : « Ordinatum est exemplar pulpiti hujus ecclesiæ, artificio defunctorum Nicolai le Prince, sculptoris imaginum, et Thomæ le Pot, pictoris, in charta pergaminea descriptum, existens penes dominum Vaast, restitui capitulo. Registres capitulaires, *Mélanges Troussures*, IV, 474.

La femme de Nicolas le Prince, Catherine le Pot, légua 10 s. à la fabrique de Saint-Etienne, le 30 juin 1596. *Archives de l'église*.

Un Pierre le Prince, marié à Marie le Bret, en eut deux filles, Jeanne en 1595 et Collechon en 1597. Baptêmes de la paroisse Saint-Sauveur, GG 146. — Etait-ce le fils de Pierre le Prince signalé en 1547? Quant aux Le Pot, on en suit quelques-uns aux XVIIe et XVIIIe siècles. Un Inventaire des titres de l'église Notre-Dame du Châtel (*Archives de l'Oise*, G non coté), cite une sentence du comté de Beauvais servant de titre relatif à une maison sise grande rue Saint-Martin, contre Louise de la Mare, veuve de Thomas le Pot (1620); — Un titre-nouvel pour cette maison passé par Georges le Pot, vitrier (1734); — Un autre titre-nouvel passé par Pierre le Borgne, marchand faïencier et Catherine le Pot, sa femme (1773); — Un autre encore, passé par le même Pierre et par ses enfants, au lieu de Georges le Pot, pour la même maison (1786).

Enfin, c'est un citoyen Pot, vitrier, qui démontait en 1793 la vitrerie de la cathédrale devenue Temple de la Raison, pour en ôter les fleurs de lys et armoiries. A son mémoire il joignait un rapport « pour conserver les figures qui peuvent intéresser les arts. » Manuscrit Peaucelle, de Voisinlieu.

---

386. — *29 Septembre*. Marché passé entre Pierre Hardouin, peintre et les marguilliers de la paroisse Saint-Paul-lès-Beauvais pour « faire et livrer, le jour de Pasques communaulx prochain, une ymage de sainte Anne, dorée d'or fin bruny et enrichy comme une ymage de Nostre-Dame qui est posée sur le maistre hostel en l'église Saint Andrieu de Beauvais, de paindre de semblables estoffes et paintures et d'azur de roche et de fines lacques de Venize à huille et les chairs nues à huille, et les courbes et bordures paintes de pouldre d'azur de roche, et icelles courbes faitez de relief, le tout fait, tel et semblable comme lad. Nostre-Dame de l'église Saint Andrieu et subject à visitation ». Ce marché fait moyennant 8 écus d'or sol.   DEBUCAMPS.

[Et. Recullet.]

387. — *25 Octobre.* Mariage de Nicolas Nitart, « maistre paintre » avec Barbe Uson, assitée de Madeleine Renard, femme de Jacques Nicolas, lieutenant général au bailliage de Beauvais. Témoins : Antoine Dantin, « maistre vittrier » en cette ville et autres.

DEBUCAMPS.

[Et. Recullet.]

---

388. — *18 Novembre.* Jean Boullet, brodeur, demeurant paroisse Saint-Martin et Charlotte Pillet, sa femme, vendent à Nicolas Darie, prêtre, chanoine de Saint-Pierre de Beauvais, la sixième partie de leur droit successif sur les héritages à eux laissés par feu Marc Pillet, de Gerberoy, père de Charlotte, et par Antoine et Claude Pillet, ses frères, sur une maison sise à Gerberoy, joignant d'un côté à Antoine Groult, notaire et à la « cuvelière ? » de l'église Saint-Jean de ce lieu, et d'un bout à Eustache Flouret, aussi notaire. Cette vente est faite moyennant deux écus deux tiers (1).

DERAIE.

[Et. Jouan.]

(1) « Marc Pillet fit faire à Gerberoy les murailles que l'on voit aujourd'huy. » Pillet, *Histoire du château et de la ville de Gerberoy,* 1679, p. 70.

1589

389. — *6 Avril.* Pierre Sanier, « tailleur de menuiserie » à Beauvais, est témoin d'un bail de 3 ans fait à Antoine le Jeune, marchand, par Martin Boileaue, lieute-

nant du capitaine de la Ville et grainetier du Magasin à sel,
d'un corps de logis avec deux jeux de paume, dont l'un
est nommé le Jeu de Braque, avec les pelouses, tenant d'un
bout à la rue de Lannoy. Le bail est fait moyennant 120 écus
par an. Le bailleur est tenu de mettre aux deux bouts dudit
jeu deux filets que le preneur promet d'entretenir, et aussi
de fournir la corde et « noircissure ». Il s'engage en outre
à recevoir du bailleur tous les « estreufz » que celui-ci
pourra recueillir alentour de la maison et du jardin, moyennant 7 s. tz. pour chaque grosse desdits « estreufz », payables
à mesure qu'ils lui seront baillés (1).

DEBUCAMPS.

[Et. Recullet.]

(!) Voyez n" 358.

---

390. — *17 Août.* Louis du Cenne, « tailleur de menuiserye » à Beauvais, « pour la bonne amour naturelle »
qu'il a pour Etiennette Luzurier sa femme, reconnaît lui
avoir cédé en pur don, en usufruit, la moitié indivise d'une
maison sise en la rue de Lannoy.

DEBUCAMPS.

[Et. Recullet.]

---

391. — *17 Août.* Marché passé entre Nicolas le
Sueur, « marchant sculteur », demeurant à Beauvais, paroisse
Saint-Sauveur, et les marguilliers de la fabrique Saint-
Laurent de cette ville, acceptant par Claude Borel, un des
marguilliers, pour tailler et peindre de son métier « de bon
boys secq, loial et marchant » une image de saint Laurent,
qui sera peinte et dorée de vives couleurs, ayant 3 pieds

et demi de haut, à livrer en cette église avant la Toussaint prochaine et sujette à visitation, moyennant 4 écus d'or sol, payables savoir moitié aujourd'hui et le reste à la livraison.

DEBUCAMPS.

[Et. Recullet.]

---

392. — *11 Novembre.* Martin Candelot, maître maçon tailleur de pierre à Beauvais, paroisse Saint-Sauveur, promet à Angadrème Thuillier, veuve de maître Jean Bourjonnier, demeurant en cette ville, de l'acquitter et décharger envers Pierre Malingre, bourgeois de Beauvais, de la somme de 12 écus 30 s. tz. pour arrérages de rente qu'elle devait à Malingre sur une maison sise grande rue Saint-Martin, acquise par Candelot qui l'habite à présent (1).

DEBUCAMPS.

(1) Candelot et Antoine Duvin, maçons, chargés par les marguilliers de Saint-Etienne, en 1596, de construire la tour actuelle du clocher, demandèrent avis à trois maçons de Gisors : Jean Grappin, Adrien de Montherond et Pierre du Bois, qui reçurent 18 l. pour leur voyage le 17 avril : on dépensa en cette année 308 l. 10 s. pour l'extraction de la pierre de la Tonne, 341 l. pour le « voiturage », 414 l. 15 s. pour les salaires des maçons, etc., et le petit clocher fut couvert de plomb. En 1611 et 1618, on travaillait encore à cette tour. Comptes des marguilliers, *Archives de l'église.*

Candelot, déjà choisi comme expert par les chanoines de la cathédrale pour visiter leur église, en 1573, après la chute de la flèche, devint maître de l'œuvre en 1600, et le 21 février le chapitre passa marché avec lui « ad magnum arcum lapideum cum fornice etiam lapideo sua arte construendum in cacumina navis ejusdem ecclesie protendentem et inclinantem versus domum episcopalem, idque mediante summa VII^c librarum turonensium, ei solvenda a portione et rata operis et temporis et ultra eamdem summan iidem domini consentiunt eumdem Candelot gavisurum per annum stipendii decem solidorum aureorum cum pane quotidiano capitulari, quamdiu in dicto opere conficiendo elaborabit. Registres capitulaires, *Mélanges Troussures,* IV, 486.

Puis, le 16 juillet 1604, le chapitre donna trois livres à Jean
Messier, architecte de Paris, pour visiter la nouvelle voûte commencée
par Candelot. Et le 18 septembre, la construction menaçant ruine, on
fit venir des experts de Gisors au prix de 14 livres : leurs noms ne sont
pas cités. *Ibidem*, IV, 498. Enfin tout travail fut suspendu et l'on se
résigna à clore la nef, en consolidant le grand palis tel qu'il est
encore aujourd'hui. *Ibidem*, IV, 499.

Candelot, mort deux ans après, fut inhumé dans sa nef inachevée,
au pied de la montée du clocher, non loin de Jean Vaast père et fils.

1590

393. — *1er Mars.* Antoine le Barbier, marchand bourgeois de Beauvais, vend à Jean Compagnon, brodeur, demeurant paroisse Saint-Martin, une maison contenant plusieurs manandises, où pend pour enseigne « les Pincho-
reilles », sise grande rue Saint-Martin, à la réserve d'une
allée « qui est du logis de la Double Chaière », pour aller
et sortir sur la rivière de Thérain. Cette vente est faite au
prix de 700 écus sol, dont 533 écus payés comptant, savoir
en 100 écus sol et en 200 pistolets d'Espagne, quarts d'écu
et testons.

THUREAU.   HOUPPIN.

[Et. Jouan.]

1591

394. — *9 Mai.* Marché passé entre Jacques et Claude
de Nainville, fondeurs de cloches et les maire et pairs de
Beauvais, acceptant par sire Nicolas Godin, maire, Pierre

le Lanternier, un des pairs, capitaine de l'artillerie de la Ville, pour fondre, en l'espace de deux mois, six pièces de canon, de la longueur de 7 pieds et demi chacune sans y comprendre la culasse, « portant balles », pareilles à celles que lesd. fondeurs ont naguères faites et posées, l'une sur l'éperon de la Porte de Bresle et l'autre sur la plateforme de Sainte-Marguerite : ils n'y emploieront que deux milliers « d'estoffes », poids de Paris. Pour en faire l'essai, on les chargera de poudre, de la pesanteur de lad. balle pour chacune de ces pièces. Les armes de la Ville y seront mises, « enfermées en ung chapeau de triumphe ». Les maire et pairs livreront au domicile des fondeurs, avant deux mois, les matières utiles, par poids; elles seront employées sans aucun déchet. Les fondeurs, qui ont reçu 1174 livres de métal, poids de Paris, fourniront les fourneaux, feu, charbon et autres choses nécessaires. Les canons visités et éprouvés, la Ville paiera 10 écus d'or pour un cent de métal employé, poids de Paris (1).

HOUPPIN.

[Et. Jouan.]

(1) Les Registres des délibérations communales ne mentionnent pas ce marché.

(1) De Jeanne Hucleu, sa femme, Claude de Nainville eut un fils, nommé Jean : les parrains, Jean Caron et Jean Hucleu ; la marraine, Catherine Joron (17 juillet 1592). Registre des baptêmes de Saint-Etienne, GG 2. Claude est aux Comptes des marguilliers de Saint-Etienne, de 1596 : « pour avoir escuré les chandelliers et autres choses accoustumées, par chacun an, XII l. » *Archives de l'église.*

Et Jean, son fils, fondeur, se retrouve, en 1661, dans un titre-nouvel qu'il passe pour sa maison en la paroisse Saint-Martin. Inventaire des titres de Notre-Dame du Châtel, *Arch. de l'Oise,* G non coté. — Un François de N. aussi fondeur passa un autre titre-nouvel pour la même maison, en 1750. *Ibidem.*

1592

395. — *22 Février.* Scipion Hardouin, « sculteur »,
paroisse de la Basse Œuvre et Adrienne Granger, sa femme,
cédent au prix de 8 écus sol à Balthazar Mareschal, couvreur
de tuile à Héricourt, paroisse de Savignies, le droit qu'ils
possédaient sur une maison sise en ce lieu, mouvant de la
seigneurie du sieur de Saint-Samson (1).   HANYN.

[Et. Jouan.]

(1) Scipion Hardouin, qui était aussi peintre, fut chargé, en cette
année, par les marguilliers de Saint-Martin de Beauvais, de dorer
deux colonnes et deux anges de bois, taillés par Jean Lenglès, « menuisier », pour les mettre devant le grand autel de leur église. Comptes
de Saint-Martin, *Arch. de l'Oise*, G, non coté.

---

396. — *11 Mars.* Claude de Nainville, fondeur de
cloches, paroisse Saint-Etienne et Jeanne Hucleu, sa femme,
vendent moyennant 33 écus un tiers, revenant à 400 l. tz. à
Jacques de Nainville, aussi fondeur, frère de Claude, leurs
droits de succession sur les héritages de feu Lamoral de
Nainville, leur père et de Jeanne, leur sœur, et notamment
sur une maison, où pend pour enseigne Saint-Sébastien, sise
paroisse Saint-Etienne, sur le Haut-Marché et joignant par
derrière au Merdenson. Cette maison est chargée de 58 s.
4 d. tz. de rente envers l'église SaintSauveur, de 4 l. de
rente envers le chapitre de Saint-Vaast et de 7 l. aussi de
rente envers Robert du Francastel, bourgeois de Beauvais.

Le même jour, Perrine le Vasseur, veuve de Lamoral,
baille à surcens et rente, moyennant 16 écus deux tiers par
an, son droit sur cette maison à Jacques de Nainville, son
fils (1).   HOUPPIN.

[Et. Jouan.]

(1) Voyez ci-dessous nᵒ 402.

397. — *20 Avril*. Marché passé entre Jacques et Claude de Nainville, frères, fondeurs à Beauvais, paroisse Saint-Etienne, d'une part, et frère Lucien Deneux, prêtre, religieux et prédicateur au couvent de Notre-Dame de la Garde, près La Neuville-en-Hez, pour faire et livrer à l'église de ce couvent un candelabre de cuivre jaune, haut de 10 pieds, pied de roi, « et la fasson telle et semblable que est le pourtraict que led. acceptant a mis és mains desd. respondans ». Les fondeurs représenteront ce portrait en livrant leur ouvrage, « pour cognoistre s'il sera tel et semblable ». Le candelabre, sujet à visitation, sera livré à Beauvais, dans les six mois, au prix de 16 écus deux tiers pour chaque cent de cuivre « et à l'équipolent », payables à la livraison. Les fondeurs reçoivent 20 écus d'avance.

HOUPPIN.

[Et. Jouan.]

---

398. — *27 Juillet*. Mise en apprentissage, pour 3 ans, par Madeleine Gamart, veuve de Philippe Soulliart, d'Etienne, son fils, avec Louis du Cenne, « tailleur d'ymages et de menuiserye », demeurant à Beauvais, qui promet de lui apprendre ce métier; la veuve est tenue de nourrir son fils durant les deux premières années. Le maître s'engage à le loger et coucher pendant les trois années et le nourrira aussi la dernière. La mère s'oblige à faire terminer à l'apprenti son temps de service, sous peine de dommages et intérêts.

HOUPPIN.

[Et. Jouan.]

---

399. — *10 Septembre*. Mise en aprentissage, pour 5 ans, par Thomas Millet, vitrier à Beauvais, d'Etienne, son

fils, âgé de 15 ans, avec Louis du Cenne, tailleur d'images.
y demeurant, paroisse Saint-Martin, qui s'engage à lui apprendre ce métier, le loger, nourrir et chauffer. Le père est
tenu d'entretenir son fils de vêtements, linge et chaussures
et de lui faire continuer son temps d'apprentissage, sans payer
au maître aucune rétribution.

HANYN.   HOUPPIN.

[Et. Jouan.]

---

400. — *12 Novembre.* Mise en apprentissage, pour 4
ans, par Madeleine Gamart, veuve de Philippe Soulliart,
d'Etienne, son fils, avec François Heu, tailleur d'images
et de menuiserie, à Beauvais, qui promet. etc. moyennant
6 écus sol que paiera la veuve, savoir deux écus comptants,
deux autres à la saint Jean-Baptiste et le reste un an après.
Elle s'engage, sous peine de tous dépens, à faire continuer
son service à l'apprenti.

HOUPPIN.

[Et. Jouan.]

---

401. — *12 Novembre.* Marché passé entre Lucien et
Robert Guérin et Claude le Vasseur, fondeurs de cloches,
d'une part, et les marguilliers de la paroisse de Marissel,
savoir : Thomas Vaast, Pierre Lormier et Jean Fermepin,
d'autre part, pour « reffondre les deux cloches qui sont de
présent en lad. église, ensemble leur en fournir encores
une autre et sur icelle employer quinze cens livres de mestail
ou environ, bon et marchant, lesquelles lesd. fondeurs seront
tenuz livrer à lad. église bien et deuement sonnantes et
accordantes, subjectes à visitation, en dedans le jour Nostre-
Dame des adventz prochain venant et selon la pesanteur qui

leur sera livrée par lesd. margueliers, et ce moiennant la somme de sept escus et demy pour chacun ? cent du mestail et encores moiennant la somme de vingtz escus pour la fasson desd. trois cloches, que lesd. margueliers, l'un pour l'autre, seront tenuz paier auxd. respondans, assavoir moittié lors qu'ilz auront rendu lesd. cloches sonnantes et accordantes et l'autre moittié au jour de Chandeleur prochain venant. Et, en cas que lesd. cloches, lors qu'elles seront reffondues ne soient bien sonnantes et accordantes, en ce cas lesd. respondans seront tenuz les reffondre à leurs dépens » (1).

HOUPPIN.

[Et. Jouan.]

(1) Ces cloches existent encore : leur sonnerie est une des plus harmonieuses de ce pays.

1594

402. — *24 Mars.* Titre-nouvel passé par Claude le Vasseur et Jacques de Nainville, fondeurs de cloches et Robert Tiersonnier, marchand à Beauvais, pour la maison de l'image Saint-Sébastien, sise au Haut-Marché et pour une autre, en la rue de la Frette du Mur, chargées au total de 14 l. tz. de rente envers Robert du Francastel et Margue-rite Payen, sa femme, fille et héritière d'Eustache Payen (1).

HOUPPIN.

[Et. Jouan.]

(1) En 1557, cette maison, possédée par Eustache Payen, joignait d'un côté à la veuve Mahiot le Vasseur, de l'autre à la ruelle dite « Madame d'Avelon » [qui existe encore] menant à la ruelle Merden-son, par derrière à la rivière de ce nom. Déclaration dss maisons du chapitre de Beauvais. *Arch. de l'Oise*, G, non coté.

Voyez ci-dessus n° 396.

403. — *7 Août.* Louis du Quenne, tailleur de menuiserie à Beauvais et Etiennette le Sueur, sa femme, vendent à Marguerite Dargent, 4 écus 10 s. tz. de rente perpétuelle, à prendre sur tous leurs biens et spécialement sur leur maison, sise rue de Lannoy, tenue de l'évêque de Beauvais et chargée de 21 d. tz. de rente envers l'Hôtel-Dieu de cette ville : cette vente faite moyennant 50 écus sol, valant 150 l. tz.

DEBUCAMPS.

[Et. Jouan.]

404. — *8 Août.* Blanche Allart, veuve de Jean Pajot, loue pour un an à Gilles Petit, tailleur de menuiserie, une maison sise rue du Pont-d'Amour, moyennant 5 écus deux tiers de loyer.

HOUPPIN.

[Et. Jouan.]

405. — *2 Septembre.* Procuration donnée par Jeanne de « Bochelot », veuve d'Henri Gouffier, marquis de Bonnivet, demeurant au château de Crévecœur, à Louis Gauldé, son maître d'hôtel et forestier, pour recevoir des mains des maire et pairs de Beauvais, et leur en donner décharge, tous les meubles et tapisseries appartenant au château et mis en garde à l'Hôtel-de-Ville de Beauvais : « premièrement, ung pavillon de thoille de lin, enrichy d'ouvrages de soie rouge et de frenges de soie rouge et d'argent; item, deux pentes de thoille de lin, enrichie comme dessus, dépendans dud. pavillon; item, la garniture d'ung lict de tapisserye, auquel est imprimé au mitan une licorne, avecq les pentes de tapisserye, le dossiel y tenant; item, la garniture d'un lict de broderye de velours noir, en fons de satin vert, enrichy de satin viollet avecq les pentes et les frenges; item, une garniture de lict, le fons de velours incarnat, enrichy de broderye et figures d'argent, avecq trois rideaux de taffetas incarnat; item, une autre garniture de lict, le fons de satin viollet, enrichy de broderye d'argent et figure d'argent, avecq les pentes et frenges y tenans; item, deux dossiers de tapisserye de gros point; item, trois rideaux de taffetas coulombin; item, la garniture d'un lict de taffetas noir, fait de broderye, enrichy d'or, avecq les pentes garnies de frenges et le fons de satin noir; item, quatre rideaux de taffetas noir figuré, garny de frenges de soye jaulne et noire; item, quatre rideaux de soye verte et jaulne, figurée; item, ung casuble de damas vert avecq l'estolle; item, une pente seule, le fons de satin noir, garny de broderye en personnages; item, six pentes de tapisserye de haulte lisse, estans dans ung grant coffre. »

Le lendemain, ces meubles sont délivrés à Gauldé contre quittance par les maire et pairs représentés par Léonard Driot, avocat, Jean et Robert Pocquelin, frères, marchands, Charles Regnart, greffier du secret de la Ville et Jérôme Wérel, sergent royal. (1)

HOUPPIN.

[Et. Jouan.]

(1) Les Archives municipales ne font point mention de cette affaire.

1595

406. — *24 Avril.* Marché passé entre Jacques de Nainville, fondeur de cloches à Beauvais, et Jean Boullenger, marguillier de l'église Saint-Martin de Laversines, Jacques Harlé, prêtre, vicaire de cette église, pour refondre une cloche qui est à présent cassée en leur clocher, « icelle rendre de bon son et accordante » avec l'autre de lad. église. Le fondeur la livrera de même poids, avant la Pentecôte, moyennant 15 écus sol, payables moitié le jour de la livraison, moitié à la saint Jean-Baptiste suivant.

HANYN.   DEBUCAMPS.

[Et. Recullet.]

---

407. — *13 Juillet.* Marché passé entre Jean Charton, « carrelier » à Goincourt et les marguilliers de Saint-Etienne de Beauvais, pour enlever les déblais tombés en la carrière de la Tonne, appartenant à l'église, et, ce faisant, « garnir les hagies de blocaille, servans de bajoues pour faire l'allée conduisant aux atteliers nouvellement faitz, tellement que lad. allée soit charriable avec la largeur de huit à dix piedz. » Charton pourra prendre à son profit les pierres tombées et non d'autres; il rendra la carrière « charriable » dans un délai d'un an, selon son état accoutumé, moyennant 12 écus sol. Présent : François Briseu, maître des forteresses de la Ville et ancien marguillier.

HOUPPIN.   DERAIE.

[Et. Jouan.]

---

408. — *11 Août.* Mise en apprentissage pour un an par Nicolas Hanocque, libraire à Beauvais, de Robert, son fils, chez Pierre le Prince, maître parcheminier en cette ville, qui promet de le nourrir, coucher et chauffer et lui enseigner « l'art, science et industrie dud. mestier. » Le père est tenu d'entretenir l'apprenti de linge et d'habits convenables, de payer à Le Prince 8 écus sol, dont 4 reçus ce jour et le reste en fin d'apprentissage. Il promet aussi de faire terminer par son fils ce temps de service. (1)

DEBUCAMPS.

[Et. Recullet.]

(1) En 1585, un Louis Hanocque racoutrait les livres du chœur de Saint-Etienne. Comptes des marguilliers.

---

409. — *11 Décembre.* Etienne Cappon, « vit- trier » sergent royal demeurant à Beauvais, baille en location, pour 3 ans, à un laboureur de Frocourt une vache et deux génisses, à charge par le preneur de les nourrir, « establer et enchampestrer », les garder « de tous périlz et fortune, sauf de mort naturelle » et les rendre en bon état en fin des trois années. Ce bail est fait moyennant un écu 10 s. tz. par an. (1)

DERAIE.

[Et. Jouan.]

(1) Le mot « vittrier » est barré dans le texte : le *verrier* est devenu *sergent royal*.

L'année précédente, les marguilliers de Saint-Etienne l'employèrent encore, avec André Riou, aussi verrier à Beauvais, à racoutrer plusieurs pièces de verre peint, soit au-dessus des orgues, soit en la chapelle Notre-Dame. *Archives de l'église Saint-Etienne.*

APPENDICE

I

1512, 2 *juillet*.

Procès-verbal de visite de la rivière de Merdenson par Martin Chambiges et Jean Vast. |De la main de Jean Vast.|

« Le IIe jour de juillet mil cinq cens et douze, à la requeste et commandement de monsieur le maire de la ville |de| Beauvais et de monsieur le bailly dud. Beauvais, nous, maistre Martin Chambiges, Jehan Vas (*sic*), maistres maçons jurés, Robinet Lelong, charpentier et Simonnet Taveau, aussi charpentier, jurez en la ville dud. Beauvais, avons esté menés et conduis par le sergent des eaues dud. Beauvais, nommé Flourot Brunet sus la rivière de Merdenchon, qui entre par la Vallée Nostre Dame dedens la ville et fine à la Poterne Saint Germer, et avons trouvé, depuis la maison monsieur Coquu jusques aux Cuirés, que il fault rabaisser et nettoier de deux piedz plus bas qu'il n'est et ralagir en aucuns lieux. Item, dessoubz la maison des Cuirés, le contenu d'icelle fault nettoier et rabaisser de deux piedz et mieulx, en plusieurs lieux. Item, depuis lad. maison des Cuiretz, tirant au Marché, sont plusieurs maisons de tenneurs empeschans le cours de la rivière, comme de pieulx fichés de travers, pour eulx servir à leurs pourfitz a mettre leurs cuirs en grant nombre empeschant le cours de lad. eaue ; item, aultres choses empeschant le cours de lad. rivière entre deux voisins, comme fermetures de bauques faisant fermetures et autres immundices ; aussi avons trouvé plusieurs taz de chendres et immundices amassées sur les bors de lad. rivière estans dedens leurs maisons, pour remplire le cours de lad. rivière quant elle courra, et est lad. rivière plus pourfitable et plus servant ausd. tenneurs que au résidu et demourant de la ville.

Item, depuis lesd. tenneurs jusques à la maison de monsieur le lieutenant, par derrière, lad. rivière estre fort empeschée et condamnée par force de immundices infammes avec aultres fiens et batardeaux empeschans le cours de lad. rivière : premier, la maison du lieutenant, monsieur le lieutenant Pierre le Bastier sont plusieurs maisons fermans lad. rivière par dessus, jusques au nombre de trente deux toises de long ou environ, lesquelles maisons sont empeschans la veue de lad. rivière, et n'en pourroit on faire la visitation sans desblaier et faire ouverture, estans en plusieurs lieux couvert et vouté de pierre et de bois. Depuis lesd. maisons jusques à la Poterne Saint Germer, fault wider le cours de lad. rivière de deux piedz de parfon, comme dit est. Et cela fait, comme dit est, ne pourra avoir son cours lad. rivière, à cause de l'eaue des fossés qui redonde jusques au pont de l'église Saint Michel. Item, nous disons que lad. rivière ne peult avoir son cours, ne estre nettoié, sans desblaier lesd. maisons et les abattre.

Item, se ainsi estoit qu'il plust à messieurs de la Ville faire courir la rivière, il fauldroit faire ung cours nouveau, entrant par derrière à la maison Marquet de Hecques, pour entrer en la rue Saint Jehan joignant d'un costé de monsieur de Froymont, tirant embas jusques à l'ostel Saint Ladre et de là en la rue du Sellier Saint Ladre, deschendant au dessoubz la neufve escluse.

Et ce est pour le mieulx et utilité de la ville, comme il nous semble : et tout ce certiffions estre vray » (¹).

____

(1) Original, papier. Collection Leblond, ancien Fonds de Troussures, *Recueil de pièces sur Beauvais*, t. III.

II

1544, 27 *décembre*

« Visitation, faite par maistres Scipion Bernard et Eloy de la Vallée, de l'ouvrage neufve de Sainct Estienne, fondée en Saint Vast.

Le samedi XXVII[e] jour de décembre l'an mil V[c] quarante quatre, heure de neuf heures matin, par honorables hommes Jehan le Roy, Jaques Pinguette et Pierre de Marceilles, margueliers de l'église parroissial Sainct Estienne de Beauvais, a esté requis à nous, Scipion Bernard, maistre et conducteur de la nouvelle œuvre de l'église de Beauvais, que, accompaigné de Eloy de la Vallée, aussi maistre et conducteur de la nouvelle œuvre d'icelle église Sainct Estienne, nous voulsissions transporter sur la maçonnerie nouvelle d'icelle église par en hault, tant du costé et renc du presbitaire que du renc et costé de la Commune, pour veoir et savoir le lieu plus commode desd. deux rencz, ouquel il est besoing besongner ceste année, à la saison convenable. Obtempérant à leurd. requeste, sommes transportez sur lad. ouvraige, accompaignez desd. margueliers et illec, en leur présence, avons veu et regardé la haulteur et desblay qui se faict du costé d'icelle Commune, pour savoir la besongne qu'il convient faire en icelle, du costé d'icelle Commune, et en ce faisant disons qu'il est nécessaire et expédient besongner au pillier cornier du clocher ou beffroy, qui est le gros pillier joingnant l'autel de l'œuvre et icelluy faire de telle matière et sorte que l'autre pillier à l'opposite, où souloit estre la chappelle Saincte Barbe, pour mieulx asseoir la besongne. Item, ce faict, fault faire ung aultre pillier et arc boutant, assez près dud. gros pillier cornier, auquel pillier sera faict une fourme verrière et entablemens, pour joindre et correspondre à la maçonnerie telle que le pan du costé dud. presbitaire: pareillement, fermer les doubleaux des voultes et faire suffisantes charges sur les arches ou doubleaux pour lad. besongne estre suffisamment assurée. Disons aussi qu'il sera besoing faire cesser la grosse sonnerie, pendant que on besongnera aud. gros pillier cornier pour éviter l'esbranlement de l'ouvraige, tant et jusques à ce qu'il soit fait. En quoy faisant, se pourra voulter la croisée joingnant led. clocher pour tenir la besongne en seureté et suffisant estat.

Aussy est nécessaire faire ung hourt ou eschaffault en besongnant oud. gros pillier et second pillier, pour y asseoir ung engain à besongner oud. ouvraige ; item, faire ung aultre hourt pour mener les pierres d'eschaffault en aultre et délaisser le viel engain ou lieu où il est de présent, qui servira à monter lesd. pierres qu'il conviendra mettre en œuvre. Et ainsi le rapportons estre nécessaire, ceste présente année, pour l'utilité et prouffit d'icelle paroisse et église par ce présent rapport signé de noz seingz, cy mis les jour et an dessusditz (¹). »

La signature d'Eloi de la Vallée, presque illisible, est suivie de sa marque.

BERNARD.

---

(1) Le rapport est de la main de Bernard. Original, papier. *Archives de l'église Saint-Etienne.*

III

1564

« Mesurage de la tour du clocher de Saint Estienne.

Le vendredy IIIe jour du mois de novembre mil cinq cens soixante et quatre, à la requeste de honorables hommes de Nicolas Paumart, Estienne Mallet et Pierre Gavant, marguelliers de l'église et fabricque Saint Estienne de Beauvais et Pierre de Lalicq, maistre masson d'icelle église, nous, Anthoine Fournier et François Mareschal, massons et thaillieurs de pierre, demeurans aud. Beauvais, sommes transportez en lad. église pour thoiser, esmer et esvalluer une portion de massonneries faictes par led. de Lalicq. Et premièrement avons prins la haulteur du gros pillier deboutté, thirant vers la Commune, à prendre au pardessus du premier pied droit des verrières jusques au dessus de lad. massonerye qui est de présent faicte, aveucque la cheoite (sic) dud. pillier et corps de mur et à la face dud. pillier avons trouvé aorné et enrichy d'une guinberge aveucque remplages, bestions et feullages et aultres enrichissemens et aussy aud. pillier avons trouvé aux deux aynes deux tabernacles enrichys de docier et petitz pilliers soutenant lesd. tabernacles. Et par dedens œuvre avons trouvé ung pillier portant tas de charge d'augive, thierseron et formeretz attendant voulte cy après, aveucque les piedz droitz de moulure portant lad. haulteur. Item, avons aussy mesuré la vvs ou montée joignant le grand portail, en laquelle avons trouvé cinq petitz pilliers avant chacun trois assises, enrichys de guinberge, feullages et bestions aveucque deux corps de tabernacle estant et tenant au

commencement du petit portail, aveucque les moulures enrichyes de foeullages et plusieurs aultres enrichissemens. Et
après avoir par nous le tout veu, comme dit est, par hors
œuvre, trouvons que lad. massonnerye y comprins tous et chacun les enrichissemens cy dessus et le tout réduit et rapporté
à deux cens seize piedz pour chacune thoize, qui monte à
la quantité de vingt thoizes et tout certiffions estre vray en
noz conscience et vérité. Et pour le mortier qui est démouré
dedens la loge avons apressié six livres dix soulz tz » (¹).

IV

1579

« Visitations faictes pour fonder ung pilliet nouveau, pour
soustenir le clocher de l'église Saint Estienne près le puis.

Assemblée faicte en l'église et fabricque monsieur Sainct
Estienne de Beauvais par nous, Clément Poullain, François
Briseu et Claude Petit, marguelliers de lad. église, le
XXV⁰ mars l'an mil V⁰ LXXIX, en laquelle ont assisté
messieurs cy après nommez : monsieur le maire Nicolas Pau-
mart, maistre François Dauvergne, maistre François. Aux
Cousteaulx, sire Pierre Gaiant, sire Jehan du Quesne, sire
Jehan Pillon, sire Andry le Roy, maistre Jehan Harnoize,
sire Pierre Gimart, sire Drouet du Pré, sire Jacques Por-
quier, sire Jacques le Large, sire Pierre le Febvre et plu-

(1) Original, papier, de la main de Mareschal. *Archives de*
l'église Saint-Etienne.

sieurs aultres parroissiens, ad ce présent maistre Pierre de
Lalict, maistre machon.

A esté délibéré par les dessusditz et sur la remonstrance
faicte par lesd. marguelliers pour visiter les ouvraiges de
massonnerie ou aultres, nécessaires et utiles pour lad. église,
qu'il estoit expédient de bastir et construire deux pilliers de
massonnerie l'un à droict à ligne de ce quy est jà encommencé de neuf, pour édiffier et parachever le clocher de lad.
église suivant le dessein qui en a esté faict, signé et affermé
par les maistres machons ad ce présens, et oultre ce pour
descharger le viel et ancien clocher et pour éviter aux éminens périlz.

Et le lendemain XXVIe dud. moys, en l'assemblée faicte
en lad. église, ès présences des dessus nommez, sont com-
paruz maistre Anthoine Fournier, maistre Anthoine Petit
et maistre Jacques David, tous maistres machons et tailleurs
de pierre, en la présence dud. de Lalict et de Guillaume
Regnoult, charpentier, lesquelz ont visité lad. ouvraige
neufve jà encommenchée et le viel clocher, les pilliers sous-
tenans led. clocher avec aultres ouvraiges de massonnerie
en lad. église, craignant les dangiers et éminens périlz et
pour obvier à iceulx ont faict leur rapport, signé de leurs
mains ainsy qu'il s'ensuit.

Et le XXVIe dud. moys, à celle fin de visiter les ouvraiges de massonnerie dès longtemps encommencée, laquelle
auroit esté délaissée dès... [en blanc] et pour continuer lad.
massonnerie suivant le dessein qui en a esté faict, nous, Anthoine Fournier, Anthoine Petit et Jacques David, tous
maistres machons et tailleurs de pierres, assistés desd. marguelliers et parroissiens, sommes transportez en lad. église
pour visiter lesd. ouvraiges et nommément pour ériger deux
pilliers en dedans de lad. église et près du puis, lesquelz
pilliers est de besoin de les édiffier jusques aux terres fermes
ou de pareille profondeur des aultres pilliers fondez de la
nouvelle œuvre, et iceulx fonder de grandz quartiers de

pierre garnys aux jointz de bon bloc et entre lesd. pilliers faire des chesnes (*sic*) de bon bloc massonnez de chaux et sable et bailler espesseur suffisante de trois à quatre piedz et continuer ladite chesne jusques à rez de chaussée, ou bien à ung pied près et au dessus desd. fondations, ellégei lesd. pilliers jusques au comble et entablement en gardant les places et rompre la vielle massonnerie pour continuer lesd. pilliers, et estaier lesd. vieulx pilliers où besoin en sera, à mesure que les pilliers auront monté; en ce faisant, pourra rompre les pans de murs qui servent de fermeture de présent entre lad. massonnerie et |les| vieulx pilliers, pour prendre les matières pour s'en servir où besoin en sera.

Et quant à la montée ou vis jà encommencée, seroit bon de démassonner le cordon estant au dessus du premier larmier, auquel cordon y a plusieurs enrichissemens, lesquelz seroient de grandz fraiz et en fauldroit plusieurs aultres pour ensuivre led. cordon et pour obvier aux fraiz des. enrichissemens et le conduire suivant le plan par retraites et le tout suivant que le dessein le requiert.

Et aussy avons trouvé qu'il seroit bon de continuer la vis comme elle est commencée jusques à la première estaige, puis après la rechanger en marches gauchies jusques à la perfection, pour obvier à plus grandz fraiz, et le tout suivre bien et deuement selon led. plan, et mettre enrichissemens aux lieux nécessaires selon que la besongne le requiert.

Et avons esté requis pour visiter la massonnerie du viel clocher, pour scavoir s'il y avoit aulcunes fractions ou ruptures en lad. massonnerie depuis la dernière visitation faicte, en laquelle vieille massonnerie en avons trouvé aulcunes fractions, ny deffectuosités ny péril éminent pour le présent, sinon aucunes petites fractures ou ruptures au dessus de l'autel de l'œuvre et l'autel de Saint Quirin, ou bien quelques mortiers corrompuz. Par ce moien quant à présent nous semble, tenons pour seureté, après avoir faict l'épreuve de toutes les cloches, tant grosses, moiennes que petites, sonnées avec l'aulorge de la Commune de la ville, le tout à plain son et volée, en la présence des parroissiens et de nous icy dessus nommez.

Et quant à l'advenir, pour obvier aux inconveniens qui sont éminens d'an en an, avons advisé qu'il seroit bon et nécessaire de poursuivre la nouvelle massonnerie dud. clocher et à l'augmentation de lad. église pour l'affluence du peuple qui assiste journellement au service divin. Et le tout certiffions estre vray par nous soussignez.

A. FOURNIER, PETIT, DAVID, P. DE LALICT, G. REGNOULT.

Le IIIIe jour d'apvril aud. an, nous, Anthoine Fournier, Anthoine Petit et Jacques David, maistres machons, sommes transportés en l'église monsieur Saint Estienne, pour visiter les fondations perchées et ouvertes de présent suivant une visitation faite de puis quinze jours en cà à la requeste des marguelliers et parroissiens d'icelle, nommez en la visitation que dessus et suivant le conseil de maistre Pierre de Lalict, maistre machon de lad. œuvre encommenchée, pour son acquit et descharge et desd. margueliers ; ce faisant, avons veu aulcunes vielles fondations et anciennes quy se sont trouvées en faisant les videnges des terres pour fonder ung nouveau pillier, suivant le plan et pourtraict de lad. visitation icy dessus déclérée, laquelle vielle massonnerie avons trouvée bonne et suffisante pour fonder led. pillier et, en ce faisant, remplir ung trenche nouvellement faict pour scavoir si lesd. vielles fondations estoient bonnes et suffisantes ; lequel trenche est besoin de remplir, entre deux vieulx pans de murs, de gros quartiers de pierres geaugées et bien joinctes les unes contre les aultres. Et, en faisant led. remplaige, sera faicte une arche quy arrasera au dessus desd. fondemens, sur lequel sera planté led. pillier.

et, en ce faisant, se trouvera bien suffisant et valable, sans
qu'il en puisse venir aulcune faulte pour l'achèvement du
clocher suivant le plan et monstre. Et ce que dessus certiffions estre vrai en nostre conscience et vérité. En tesmoing
de ce, avons apposé nostre seing l'an et jour que dessus (').

A. FOURNIER, A. PETIT, DAVID.

V

1595

« Visitation faicte en l'église Saint Estienne par Martin
Candelot et Mathieu Bizeu, pour les reffections qu'il y convient faire,

Le Ve jour de juing mil V^c quatre vingtz et quinze, nous,
Martin Candelot, masson, tailleur de pierres et Mathieu
Bizeu, masson de bricque, couvreur de thuille et d'ardoize,
à la requeste des honorables hommes Pierre Foy, Françoys
Picart et Nicolas Houppin, à présent marguelliers de lad.
église et en la présence de Françoys Briseu, maistre des
forteresses et antien marguellier de lad. église, sommes transportez en lad. église, tant hault que bas, pour veoir et cognoistre les fractions neuvellement advenues.

Premièrement, à la veulte du cœur, au dessus du grand
hostel, à l'arche ou ardoubleau, il y a entre deux vaussois

(1) Original, papier. *Arch. de l'église Saint-Etienne.*

(*sic*) une grande partie du mortier qui est nouvellement tumbée et aux haines dud. ardoubleau il y a aussy plusieurs fractions à cause des arqueboutans qui ont frémy et prins faict
depuis quelque temps, qui est l'occasion que lad. arche a
plusieurs fractions et que le mortier qui est entre deux vaussois tumbe et aussy les haines des arches et ardoubleaux ensemble sont aussy fractionnez en plusieurs endroitz; et pour
l'arqueboutant qui est du costé de la Commune, servant de
poussée à l'arche cy dessus dénommée, le chapperon et coullot est du tout rompu, qui est l'occasion que l'arqueboutant
n'a point tant de force pour pousser allencontre de lad. arche
ou ardoubleau. Pour obvier aux périlz qui en pourroient advenir, il seroit besoing de mettre deux barreaux ou trois ou
dessus desd. ardoubleaux et arche, qui prendront dans le
corps du mur qui soutient les sablières du comble de l'église
et, s'il advient que l'on ne puist trouver des barreaux longs
assez, il sera besoing de les faire chevaucher l'un sur l'autre
et y mettre plusieurs chevilles de fer et les enclaver au dessus
des pierres desd. ardoubleaux.

Item, il est besoing aud. arqueboutant d'y faire ung chapperon et coullot, depuis le hault jusques en bas, de bonnes
pierres qui seront prinses en la carrière du Bois de la Grange,
massonner avec cyment faict de senc de bœuf et tout ce qui
sera nécessaire. Plus, il est besoing de mettre environ trois
piedz de long ung chapperon et coullot de pierre à ung
arqueboutant qui est sur la chappelle Sainct Eustace. Item,
au pignon qui est allendroy de la Commune, la cappe françoyse est fractionnée en plusieurs endroitz, aussy led. pignon
laisse le comble, et, pour obvier aux dangers qui en pourroient advenir, il est besoing de mettre des annelés de fer
qui se prendront dans le comble et dans le pignon et aussy
réparer avec du bon mortier lad. cappe françoyse. Item, il
y a plusieurs dalles rompues à l'endroit de la chappelle
Sainct Claude, qui est l'occasion que l'eaue entre dans le
corps de mur et tumbe dans l'église ; il est nécessaire de

recouvrir de plonc icelles dalles ès endroitz où elles sont rompues. Item, est besoing aux combleaux, tant hault que bas, de rebroquer les thuilles. Item, convient aussy de descouvrir ung des costez du comble de la croisee de dessus la chappelle Saint Martin et à icelle mettre des cheverons, pour rendre led. comble plus droict, affin que les enfans n'y puissent plus monter, par ce qu'il est trop plat, qui est l'occasion que l'on y puist monter plus aysément et aussy que l'eaue n'ayant son cours elle pourrit le bois dud. comble. Item, est besoing de rechercher la croisée du costé de la Commune, ensemble la nef de lad. église. Item, est besoing de se mettre dans la caige, pour aller repparer lad. arche ou ardoubleau au dessoubz de la voulte, les fractions qui sont nouvellement advenues estans dans le cœur, au dessus du grand hostel, de bon mortier.

Et ce que dessus certiffions estre vray, tesmoing nos seings cy mis les an et jour que dessus, et pour faire laquelle présente visitation confessons avoir receu dud. Houppin, marguellier, la somme de quarante solz tz.

M. CANDELOT.

A la suite de ce rapport est un certificat de contre-visite de Pierre le Houre, maître maçon à La Chaussée-du-Bois-d'Ecu, qui confirme ce qui précède et atteste avoir reçu 40 s. tz.

Le tout est de la main de Houppin, marguillier et notaire (¹).

(1) Original, papier. *Archives de l'église Saint-Etienne.*

ADDITIONS

Page II. - Parmi les maîtres en maçonnerie « cementarii »,
il faut ajouter les noms qui suivent :

« XII kalendas martii, obiit Wirboldus cementarius, hujus
ecclesie constructor..... » Obituaire de l'abbaye de Saint-
Lucien-lès-Beauvais, manuscrit de Godefroi Hermant. (*Bibliothèque* de M. le marquis de Luppé, au château de Beaurepaire,
Oise.)

« XVI kalendas februarii, obiit Renardus li Goes, pro quo
habemus XV denarios de censu apud Marisseilum, quos reddit
Odo cementarius. » Obituaire de Saint-Michel de Beauvais
(1300). *Bibliothèque de Beauvais*, ms. 1303, fol. 11 r".

« IIII kalendas julii, obiit Agnes, uxor Petri Radulphi, pro
cujus anima X solidos super domum Thome de Monchiaco, ante
Loyam, quam tenet Ludovicus cementarius. » Obituaire de
Saint-Vaast de Beauvais. (1301). *Bibl. Nat.* N. A. L. 1087.

Le 31 janvier 1325, Gautier de Vesly et Dreux le Febvre,
chanoines de Saint-Pierre de Beauvais, faisaient l'inventaire des
biens que laissait après sa mort maître Thomas « lathomus »,
de Voisinlieu. *Arch. de l'Oise*, G 692.

En 1338, le 15 mars, la note qui suit était présentée aux
chanoines de la cathédrale sur les travaux de maçonnerie à
faire en leur église :

« Veu et considéré du commandement de capitre par mestre
Guillelme de Raye, a che temps mestre de la machonnerie de
l'église de Beauvés, par Aubert d'Aubegny, appareilleur à che
temps de ledite église et par Jehan de Mesonchelles, chappelain
de led. église et conseilleur de le fabrique, tous les ouvrages
qui sont à faire aprésent en led. église et par lesquelx ouvrages
lad. église en sera tout reconfortée, tout voultée et en tel point
que on porra tous les escafaux oster et toute preste pour faire
le serviche divin, et sans lesquelx ouvrages led. église ne se
puet porter ne soustenir. Mès devroit on compter et reputer

aussi que il pourvoient tous cous et mises qui en led. église ont esté mis et despensez depuis XL ans en encha, lesquelx cous et despens montent bien selonc le tesmoignage des anchiens et les comptes de led. fabrique à IIII^{xx} livrez et plus.

Primes, pour le grant pillier haucher, les ars boutans assoir et lever les axilles ars, refourmer les fourmes, assavoir clore le corps de led. église tant comme le breque contient; est assavoir pour deus machons et six baardeurs, L s. le sepmaine, vallent VII^c une livres (1). Item, pour plonc, XVI l. Item, pour mortier, cloies et forge, XX l.; pour les quarriers et voitures, XX l. Item, pour l'avalement? et pour l'amortissement des deus pillers, XV l..... Somme VI^{xx} livres. Item, pour faire les voultes, pour ogives et doubliaus. pour III cens piés, II s. VI d. pour le pié, vallent XXXVIII l. X s. p. Item, pour VII cens de pendans, XXl.; pour les deus clés de voultes, XV l. Pour faire une vis depuis les basses voyes jusques à la haute carpenterie, laquelle vis ara VIII^{xx} piés de haut, VII^{xx} XVII l..... Somme toute V cens livres. »

Double copie (XVIIIe s.) dans *Mélanges Troussures*, t. II, p. 198 et dans *Collection Bucquet*, t. XXVII, p. 34.

(1) *Axille ou aissille* planche ou *bardeau,* à couvrir les toits. Cf. *Baardeur.* — Faut-il en conclure que le feu avait brûlé la toiture en bois de l'église?

PAGE 17. — Le 1er février 1507, Jean Vaast, maçon et Alizon. sa femme. demeurant à Beauvais, « pour la bonne affection et dévotion qu'ilz avoient et ont à la Confrairie Saint Jehan l'Evangéliste, fondée en l'église de Beauvais, et pour estre participans és messes, prières et bienfaiz qui se font chascun jour en la chappelle d'icelle Confrairie, » donnaient à cette Confrérie 4 s. p. de rente à prendre sur une maison et jardin sis en la rue Cul de fer. *Arch. de l'Oise*, G. 762.

PAGE 34. — Parmi les peintres, citons encore Girard Vannier, clerc, enlumineur « Girardus dictus Vanarius, clericus, illuminator, » qui vendit, avec Isabelle, sa femme, aux religieux de l'abbaye Saint-Quentin-lès-Beauvais une maison sise audit

Saint-Quentin, moyennant 10 livres parisis (10 avril 1263). *Archives de l'Oise*, H 29.

Raoul le peintre « Radulphus dictus pictor », chapelain perpétuel de la cathédrale de Beauvais, cédait, en 1333, à Guillaume d'Auneuil, tisserand en cette ville, moyennant 6 s. 6 d. p. de cens annuel, une maison sise en la Chaussée Saint-Nicolas. *Archives de l'Oise*, G 744.

PAGE 43. — Le *Recueil concernant le chapitre de Saint-Laurent de Beauvais*, rédigé par Gabriel Boicervoise, chanoine de cette église, en 1733, après avoir cité le sépulcre, poursuit en ces termes : « Il se voit dans l'église de Saint-Laurent un sépulcre, dont la voûte dans le goût italien est d'un fond azuré, parsemé de fleurons dorés et ramages, relevés en sculpture en bosse. Sur toute la voûte les parois du tombeau sont ornés d'une espèce de mosaïque ou de verre peint, par compartiments, ce qui fait un bel effet. Plusieurs figures humaines et de grandeur naturelle accompagnent ce tombeau : on y voit un Dieu gisant, les trois saintes femmes dites les Trois Maries, Joseph d'Arimathie, Nicodème et autres; ces figures sont très bien faites et en pierre. A ce sépulcre sont assortis deux autres morceaux de sculpture : c'est la Descente de Croix, en figure de bois, qui est au-dessus; ouvrage du fameux Pillon, sculpteur. J'ai vu des étrangers et autres la regarder avec admiration et la dessiner et M. le cardinal de Janson, la considérant un jour dans notre église, dit qu'en fait de sculpture il n'avoit rien vu de plus beau à Rome et dans toute l'Italie. La Résurrection de Notre Seigneur, qui est l'autre morceau qu'on voit à côté de la Descente, aussi en figure au naturel, est d'un ouvrage inférieur, quoique bon et estimé : elle est de Le Prince, sculpteur, qui l'a fait en 1590.

On void encore, dans la chapelle Sainte-Madeleine, un Calvaire, c'est-à-dire un Dieu en croix, avec sa mère qui tombe en défaillance au pied de la croix, accompagnée de saint Jean et des saintes femmes, le tout en pierre, de grandeur naturelle. On ne scait pas bien quel est l'ouvrier, mais la perfection de l'ouvrage et la ressemblance des traits donnent lieu de croire que c'est du fameux Pillon.

A la chapelle du Saint-Esprit, on void une contretable de figures en petit, représentant la Passion de Notre Seigneur, qui sont bien faites, et sur les volets qui ferment cet ouvrage on void une peinture en dedans et en dehors des dits volets, qui est très bonne et d'un coloris merveilleux. Elle est du fameux Antoine Caron, parent de M. Caron d'aujourd'huy, qui tirent leur origine de cette paroisse et qui y ont leur sépulture, précisément auprès de l'autel du Saint-Esprit.

Auprès de l'autel de saint Joseph, on void une verrière, datée de 1519 : elle représente un chanoine vêtu comme en ce temps-là, en soutane violette, sans collet ny rabat, avec un surplis à la romaine, à manches rondes et fermées, et portant une aumusse sur son bras. Il est à genoux dans un des trois panneaus de la verrière auprès de saint Laurent, à qui il adresse la parole en ces termes, qui sont écrits sur un roulot qui sort de sa bouche, en lettres gothiques :

> *Saint Laurent, patron d'icy, prie*
> *pour moy pescheur sainte Marie.*

Saint Laurent le présente à la Vierge qui est sur le panneau opposé et vis à vis, en lui disant ces mots qui sortent aussi de sa bouche :

> *Pour celuy cy, roine de l'assus, [la-haut]*
> *veuille prier ton fils Jésus.*

La Vierge porte la parole à son fils attaché à une croix dans le panneau du milieu et lui dit, en lui présentant une de ses mamelles qu'elle presse d'une main :

> *Mon fils qu'allaita ma mamelle*
> *pour ce pauvre pescheur t'apelle.*

Le fils de Dieu, qui n'est attaché à sa croix que de la main gauche, presse de la main droite son côté ouvert et dit au Père Eternel figuré tout en haut de la verrière :

> *Mon père, ayés compassion*
> *de ce pescheur pour ma passion.*

Et le Père Eternel répond :

> *Par tant de motifs animé*
> *me plaist d'avoir pour luy pitié.*

Les mégissiers et gantiers de cette ville ont pris saint Gant pour patron, à cause de l'analogie de ce mot avec celui de gantier : c'est ce qui a donné lieu à représenter la figure de ce saint tenant une paire de gants à sa main, ainsi qu'on le voit sur les vitres de cette église, en figure de pierre au grand portail et de bois dans le chœur. »

Manuscrit original, in-8°, non paginé, Bibliothèque Borel de Bretizel au château du Vieux-Rouen. — Je prie M. Jacques de Bretizel de trouver ici l'expression de ma reconnaissance pour l'obligeance qu'il a mise à me communiquer ses manuscrits.

Cf. abbé DELADREUE, *Mémoires de la Société académ. de l'Oise*, t. IX, p. 123 ; E. MALE, *L'Art religieux de la fin du Moyen-Age en France*, 1908, p. 165.

PAGE 50. — Le 22 septembre 1509, Massin Syoult, menuisier à Beauvais, prenait à bail de maître Jean Danse, prêtre, chanoine de la cathédrale, un jardin sis en cette ville et « faisant le front de la rue Ydel » [sur Merdenson], moyennant 32 s. p. de surcens annuel pour toutes charges. *Archives de l'Oise*, G 848.

PAGE 52. — 16 juillet 1607. Marché passé entre Dom Antoine Jullien, religieux de l'abbaye Saint-Symphorien et curé de la paroisse Saint-Jean-lès-Beauvais et les marguilliers et habitants de cette paroisse, d'une part, et Pierre Guérin, fondeur de cloches à Beauvais, d'autre part, qui promet de fondre « et fassonner les deux cloches estans dans lad. église et d'icelles avec le métail qu'il conviendra y mettre et augmenter en faire trois autres, dont la première et plus grosse sera moindre de ung poulce que la plus grosse des deux qui sont de présent au clocher et les autres à l'équipolent. » Le tout sera fourni dans un délai de trois semaines, moyennant 152 l. tz. *Archives de l'Oise*, H 1641.

PAGE 52. — Un Tassard l'orfèvre et Pierre de Saint-Omer, horloger, figurent aux Comptes du chapitre de Beauvais, en 1387 : « Pro amovendo les esmaulz gallice duorum ciphorum argenteorum ecclesie deauratorum et pro eis reponendis ac predictis ciphis bruniendis et reparandis per magistrum Tassardum aurifabrum, IIII s..... Magistro Petro de Sancto Audomaro, magistro orologiorum, ex ordinacione capituli pro expensis suis plurium dierum quibus remansit Belvaci pro reparando orologium, XXIIII s. » *Archives de l'Oise, série G, non coté.*

PAGE 56. — Marin Raimbault et Jean Raimbault, demeurant au Bois de la Grange et Philippe Boice, demeurant à **Ressons-l'Abbaye**, prennent à bail, pour 9 ans, des religieux de Saint-Symphorien-lès-Beauvais une carrière dite la Carrière à l'Eau, sise près et au-dessous du Bois du Mont, moyennant 10 l. tz par an et les charges accoutumées. (8 mars 1546.) *Archives de l'Oise. H 1685.*

PAGE 161. — Sur l'église Saint-Maclou de Pontoise et son sépulcre, voyez : E. Lefèvre-Pontalis, *Monographie de l'église Saint-Maclou de Pontoise,* 1888, p. 33 et *Congrès archéologique de France à Paris,* 1919, p. 97.

PAGE 293. — Vingt-huit ans avant le rapport de Chambiges et de J. Vast, la stagnation et la pestilence des eaux du Merdenson, avaient excité la vigilance de l'évêque, du chapitre et de la municipalité de Beauvais.

1484, 18 novembre. Acte d'assemblée tenue en l'auditoire du comté de Beauvais par le bailli de cette ville, où étaient le procureur de l'évêque, ceux du chapitre et de la commune, au sujet du curage du Merdenson.

«A tous ceulx qui ces presentes lettres verront, Jehan Aubert, licentié en loix, bailly de Beauvais, salut. Savoir faisons que, le jeudi XVIIIᵉ jour de novembre l'an mil CCCC quatre vings et quatre, par nous fut fait ce qui s'ensuit. En l'assemblée que avions fait faire par devant nous au siège et auditoire dudit bailliage, sur ce que grans plaintes et clameurs nous estoient et sont venues du cours d'eaue de Merdas passant parmi ladite ville de Beauvais, qui est si plain de ordures et immondices que lad. eaue n'y a plus cours et les quelles sont si puantes et infectes que l'en ne peut, ne ose approcher près et tellement que les demourans au long dud. cours sont contrains partir de leurs chambres et héritages et pour lad. puanteur les passans près eulx estoupper. Et si est icellui cours fait et ordonné pour

servir grant partie de lad. ville d'eaue pour les mestiers et
secourir aux dangiers de feu : ce que maintenant ne peult faire
à deffaulte dudit nectoiement et curement et, par ce, grans
inconvéniens en venoient et pooient venir, de jour en jour, tant
de peste et mortalité comme de feu et autrement. Ce dit et
ramené à fait. en la présence de sire Jehan le Goix, lieutenant
de monsieur le cappitaine, sire Jehan Marcadé, maire. plusieurs des pers, les procureurs de monsieur de Beauvais, de
chappitre et de la commune, avec grant nombre de praticiens
et autres gens de mestier et communiers d'icelle ville que nous,
oyes et sceues lesdites clameurs et désirant de tout nostre pooir
remédier et obvier ausd. dangiers et inconvéniens, avions illec
fait venir et assembler mesmement par le commandement de
mondit seigneur de Beauvais, désirant de tout son cuer le bien.
prouffit et utilité de la chose publique en icelle ville, après que
par tous ot esté dit et déclairé qu'il estoit et est de nécessité
faire lesd. curement et nectoiement. fut regardé et advisé de
scavoir et demander par oppinions la manière comment on
porroit ce faire. Si en demandasmes à aucuns et après aud.
maire, le quel dist et respondi que, sans en faire ou avoir fait
assemblée à l'ostel de la ville, il n'en oppineroit ne délibéreroit
aucunement, disant oultre que le mardi ensuivant qu'il seroit
jour de feste, par quoy porroit avoir et assembler les gens de
mestier, sans les intéresser, il les assembleroit. A quoy fut
par nous dit et respondu que, de par mondit seigneur de Beauvais et à son commandement, nous avions fait l'assemblée présente et encores en ce procéderions pour le bien et prouffit de
la chose publique et pourvoir ou remédier ausd. inconvéniens,
comme à nous appartient à cause de nostre office. et. puis que
plus prouffitable estoit de assembler en feste que autre jour
ouvrier, ferions faire assemblée sur ce oudit auditoire en assignant
jour ausd. maire et pers illec assistans, aud. jour de mardi
ensuivant à comparoir par devant nous oud. auditoire pour sur
ce veoir, délibérer et ordonner comme de raison seroit, dont
ledit maire protesta d'appeler. En tesmoing de ce, nous avons
seellé ces lettres du contreseel aux causes dud. bailliage.
Fourcroy. »

Au dos de l'acte est écrit : « Pour le curement de Merdas. »
Original, parchemin. *Arch. de l'Oise,* H 70.

TABLE DES PLANCHES

INDEX ICONOGRAPHIQUE

ba = bannière; ch., chape; cl., cloche; or., orfèvrerie; st. statue; tabl. tableau; vitr., vitrail.

TABLE

Gantiers, 308.

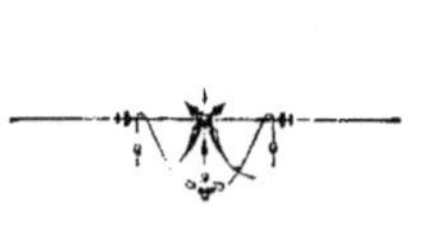

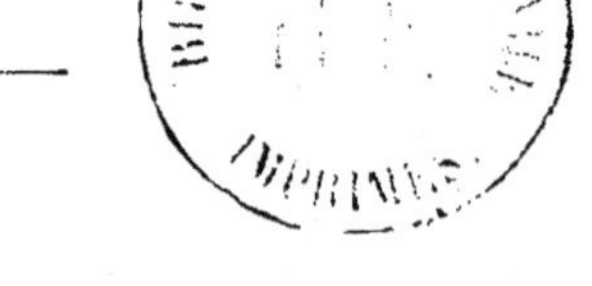

SIGNATURES, MARQUES ET MONOGRAMMES D'ARTISTES BEAUVAISINS

Les numéros qui accompagnent les signatures renvoient aux documents.

1512, 2 JUILLET

Fin du Procès-verbal de visite de la rivière de Merdenson écrit par
Jean VAST, signé de lui et de Martin CHAMBIGES

Voyez ci-dessus, p. 293.

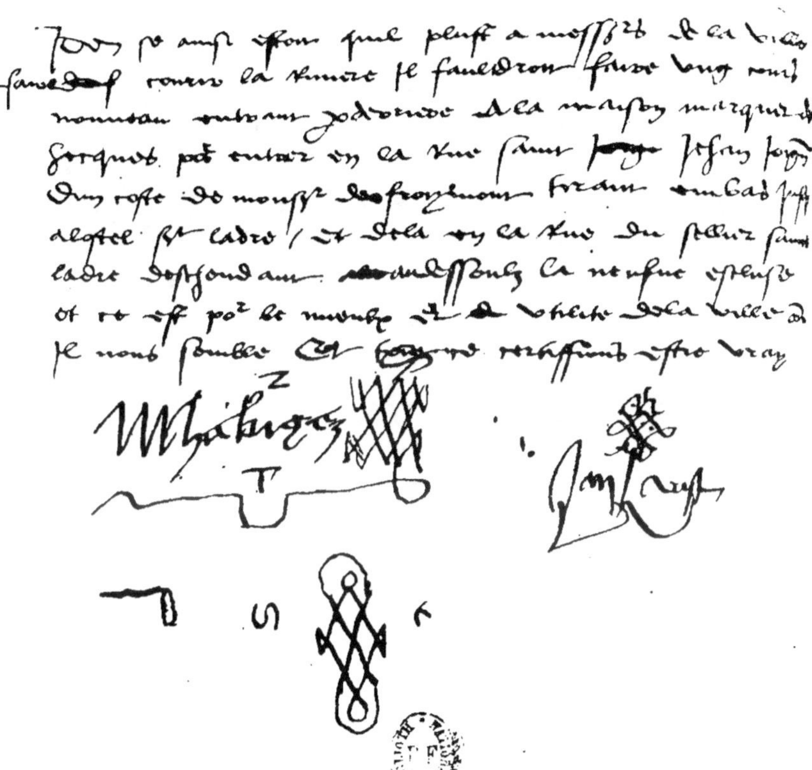

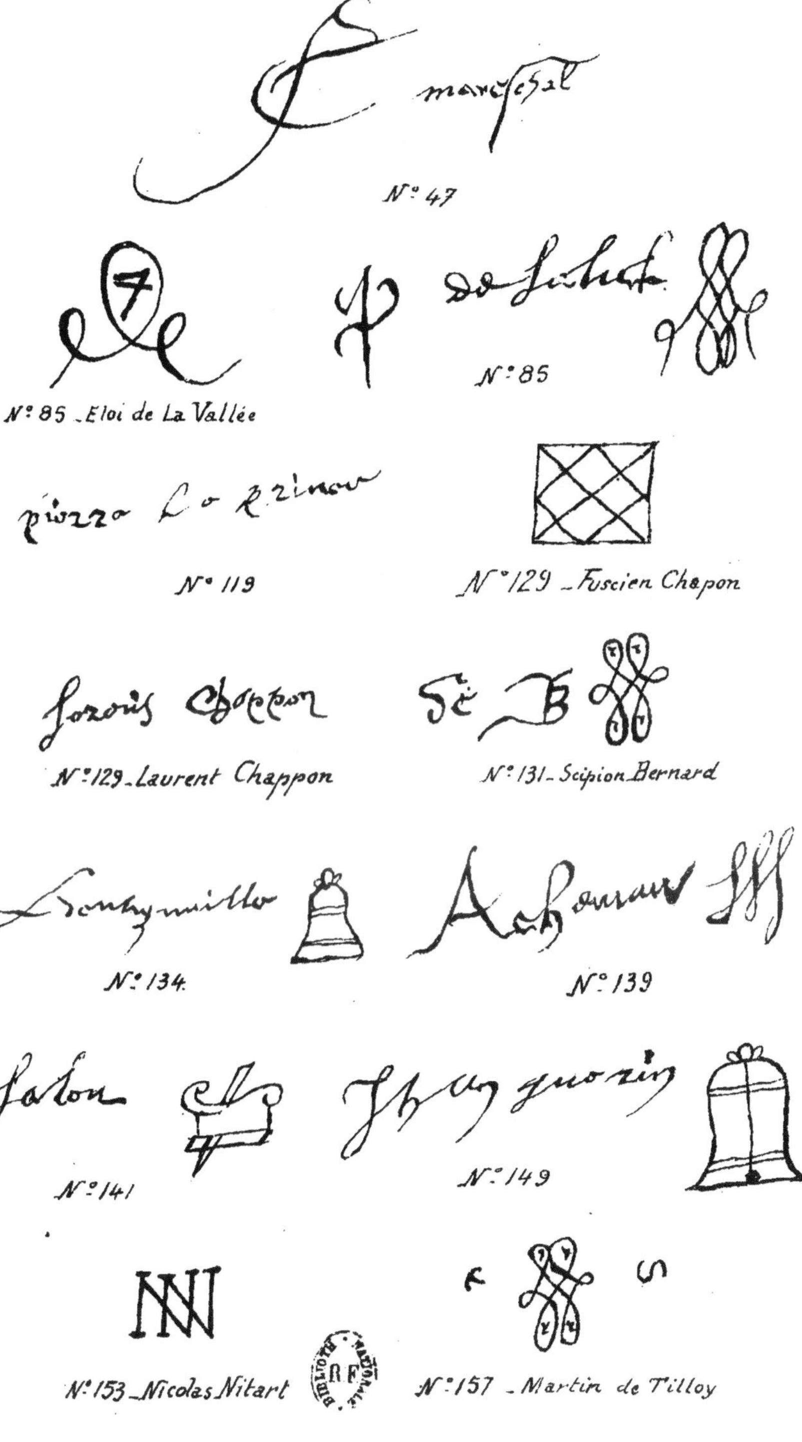

marechal
N.º 47
N.º 85 _ Eloi de La Vallée
de Sulet
N.º 85
piazza Lorzinou
N.º 119
N.º 129 _ Fuscien Chapon
Lorous Chappon
N.º 129 _ Laurent Chappon
Se B
N.º 131 _ Scipion Bernard
N.º 134
Achouraud
N.º 139
Laton
N.º 141
Jehan guorin
N.º 149
N.º 153 _ Nicolas Nitart
N.º 157 _ Martin de Tilloy

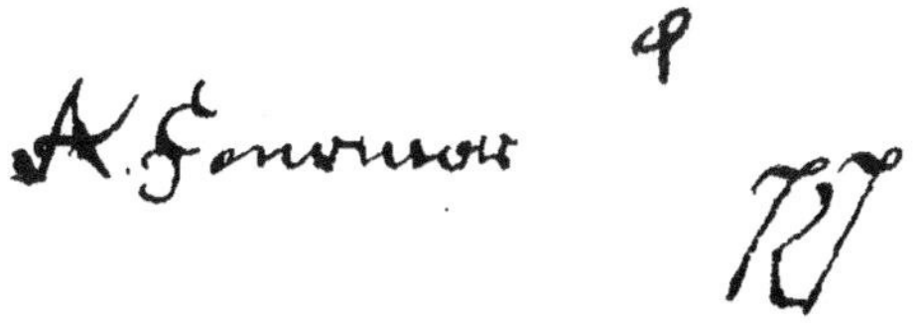

N.º 157

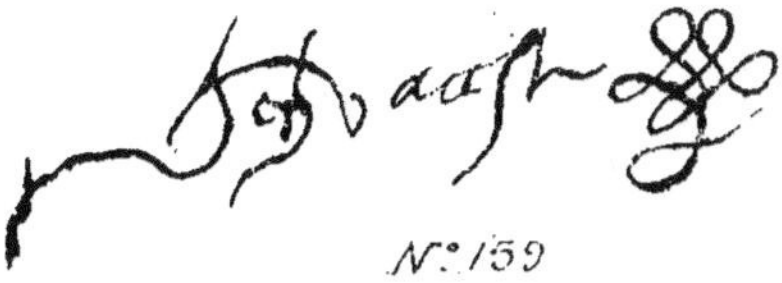

N.º 159

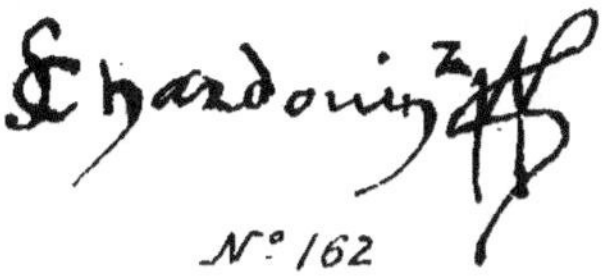

N.º 162

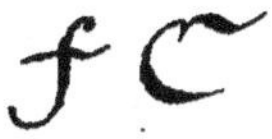

N.º 168 _ Fuscien Chappon

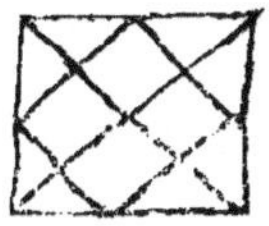

N.º 167 _ Laurent Chappon

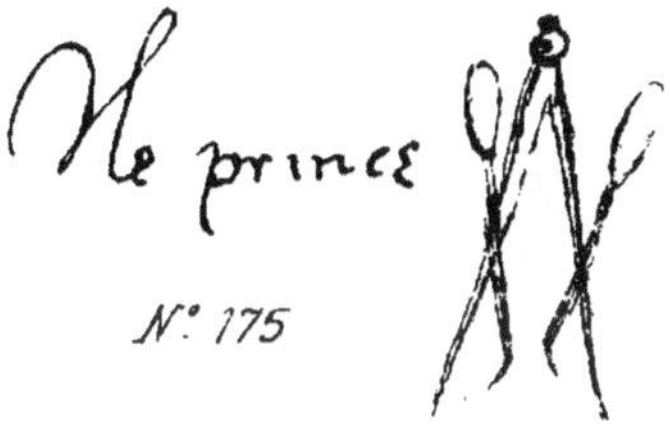

N.º 175

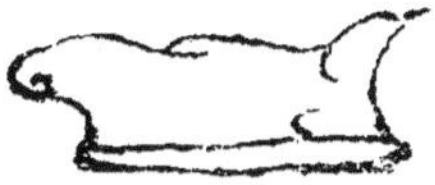

179 _ Marque d'Anselin

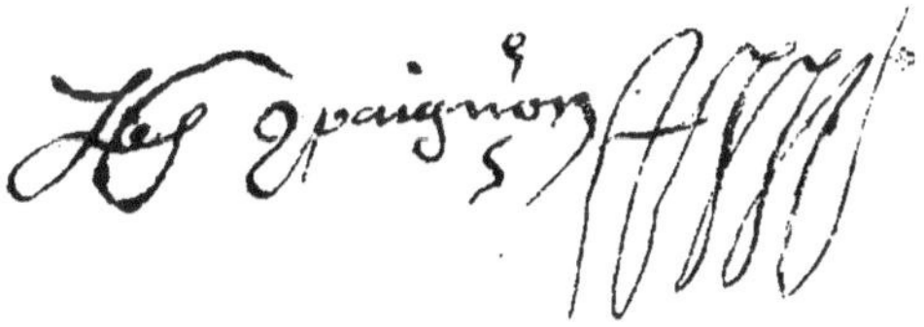

N.º 214 Jean Compaignon

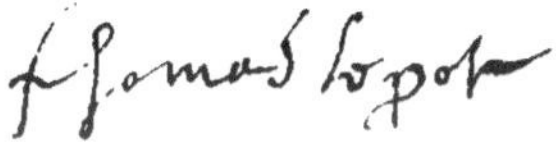

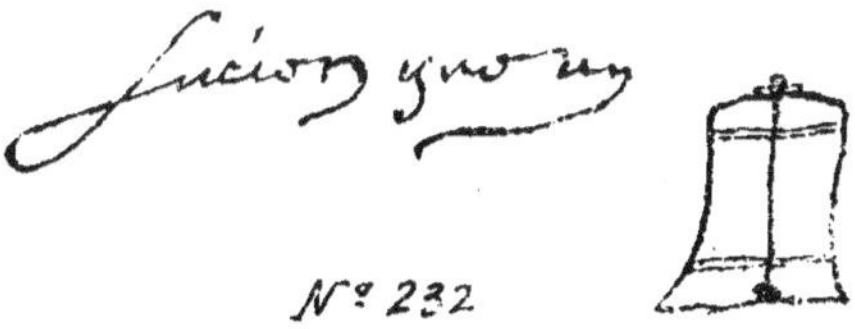

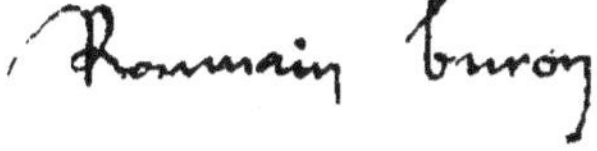

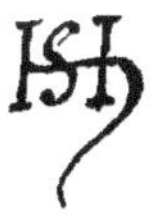

N.º 203

N.º 232

N.º 216

N.º 236 _ Scipion Hardouin

N.º 236

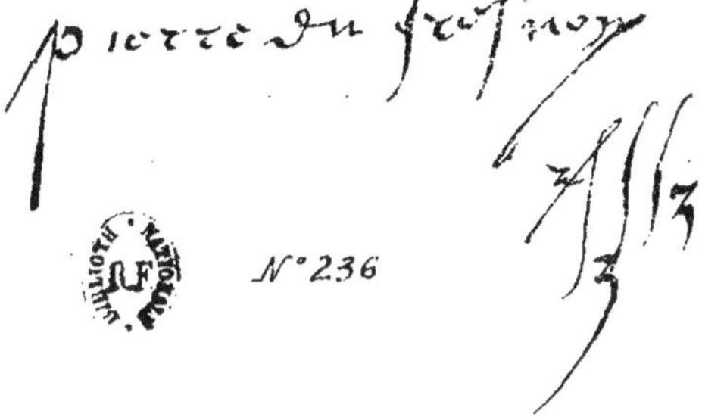

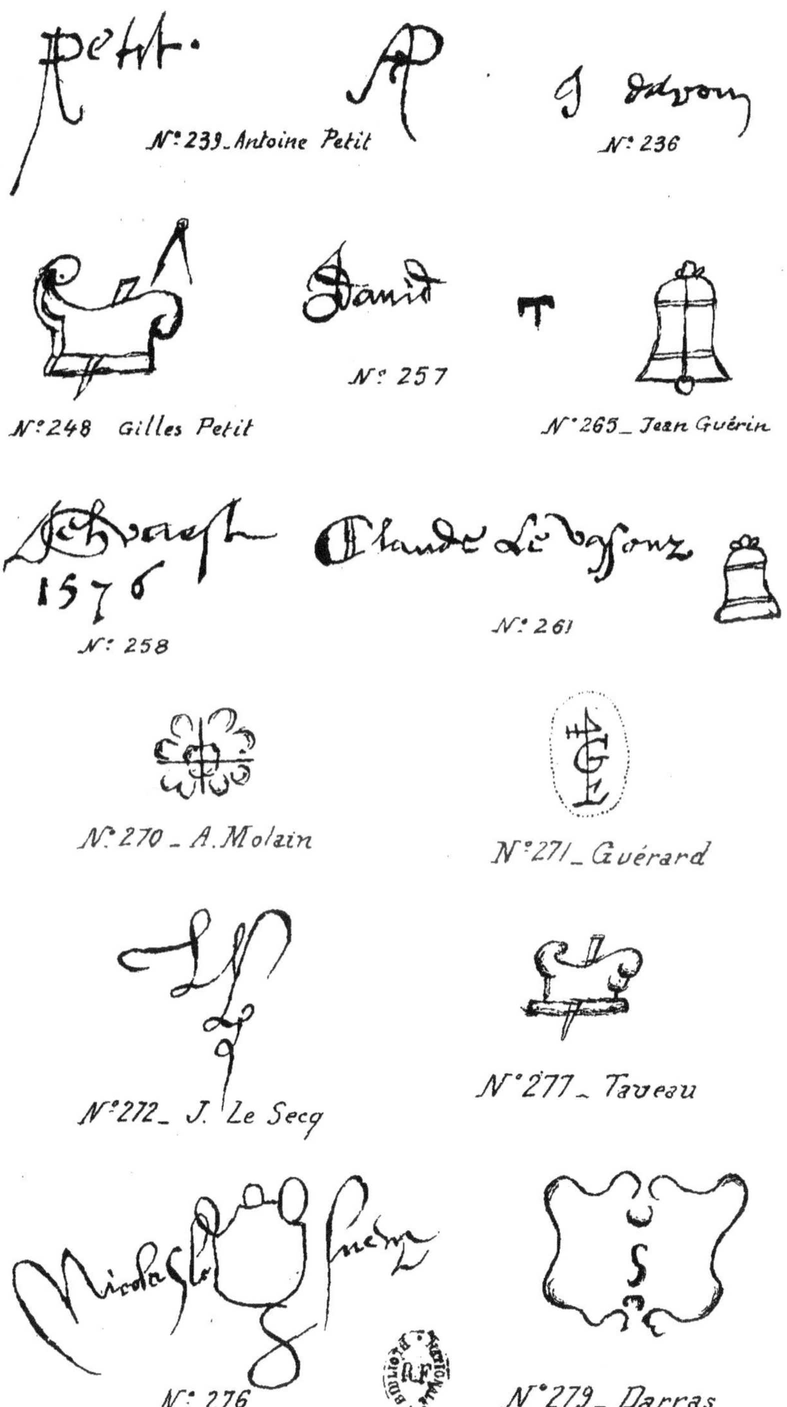

N.º 239 _ Antoine Petit

N.º 236

N.º 248   Gilles Petit

N.º 257

N.º 265 _ Jean Guérin

N.º 258

N.º 261

N.º 270 _ A. Molain

N.º 271 _ Guérard

N.º 272 _ J. Le Secq

N.º 277 _ Taveau

N.º 276

N.º 279 _ Darras

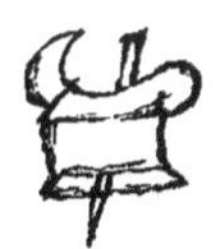

N° 283 _ Marque de Blanchet Hardouin

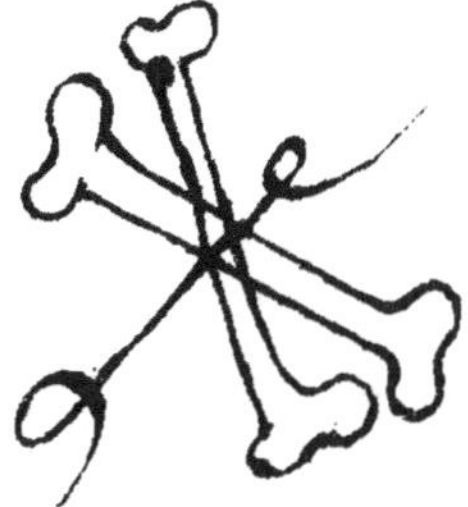

N° 285 _ Marque d'un chirurgien

N° 290 _ Quevillier

N° 292 _ Penel

N° 296

N° 299 _ Jean Vivien

N° 311 _ Pierre Pia

Vitrail de St-Eustache
Eglise St-Etienne de Beauvais

N° 311 _ Monogramme de Pierre Pia

N° 308 _ Thomasse Cacheleu

N° 309 _ J. Sioult

N° 312 _ Evroul de Thérines

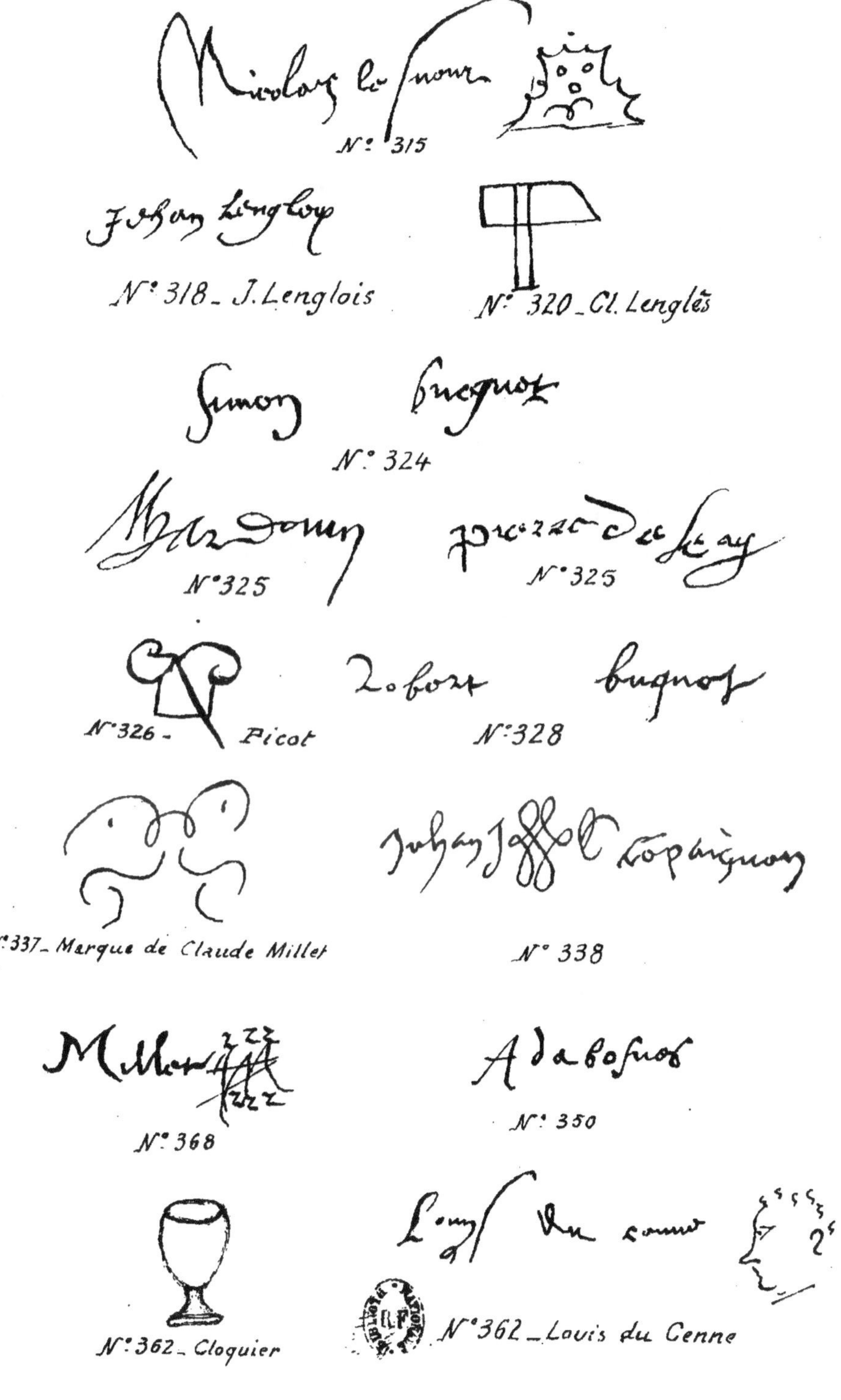

N.º 315
Jehan Lenglois
N.º 318 _ J. Lenglois
N.º 320 _ Cl. Lenglès
N.º 324
N.º 325
N.º 325
N.º 326 _ Picot
N.º 328
N.º 337 _ Marque de Claude Millet
N.º 338
N.º 368
N.º 350
N.º 362 _ Cloquier
N.º 362 _ Louis du Cenne

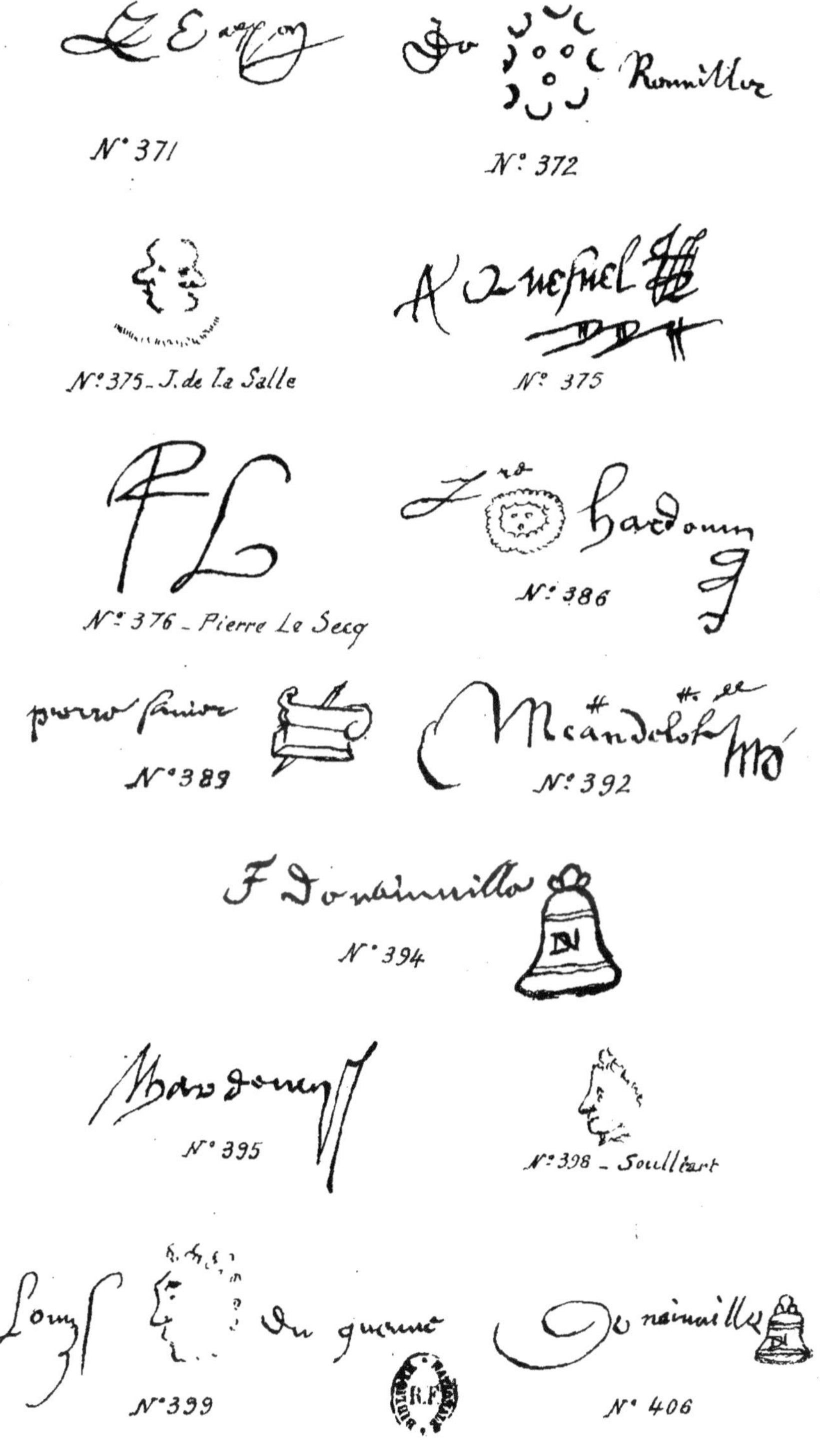

N° 371

N° 372

N° 375 — J. de La Salle

N° 375

N° 376 — Pierre Le Secq

N° 386

N° 389

N° 392

N° 394

N° 395

N° 398 — Soulfart

N° 399

N° 406

SOCIÉTÉ HISTORIQUE DU VEXIN

Principales publications non épuisées :

Mémoires de la Société. . XV à XXXVII (1922). — Les volumes antérieurs sont rares ou épuisés. — *Tables décennales* (E. Marense), 1879-1890, 1891-1902.

L'abbaye de Maubuisson (Dutilleux et Depoin). — Histoire 4 parties. — Cartulaire, 2 fasc. in-4°.

Cartulaire de l'Hôtel-Dieu de Pontoise (Depoin), in-4°.

Cartulaire de Saint-Martin de Pontoise (Depoin), texte et annexes, 2 fasc. — Appendices généalogiques, 3 fasc.— *Chartrier*, fasc. I, gr. in-4°. — Livre de Raison, gr. in-8°.

Cartulaire d'Abbecourt (Depoin), in-4°, *Chronologie des Abbés*, in-8°.

Château-Vieux de Saint-Germain (Georges Houdard), nomb. pl. gr. in-4°.

Saint-Leu-d'Esserent (Chan. Müller), *Cartulaire*, 2 fasc. *Monographie de l'église*, illustr. et pl. hors texte, gr. in-4°.

Monographie de l'Eglise de Cormeilles-en-Vexin (Jules Formigé), illust. et pl. h. t., gr. in-4°.

Cathédrale de Meaux (Jules Formigé), illust. et pl. h. t., gr. in-4°.

Vitraux de Montmorency et d'Ecouen (Lucien Magne), pl. nomb., in-4°.

Histoire de Méry-sur-Oise (Edgar de Ségur Lamoignon et J. Depoin), pl. h. t., gr. in-4°.

Monographie du château de Vigny, très nomb. pl. in-4°.

Promenade artistique en Seine-et-Oise (Martin-Sabon), 150 pl. in-8°.

Album des objets d'art classés de Seine-et-Oise (publ. collective), 196 pl., in-8°.

Sources de l'histoire de Seine-et-Oise (publ. collective), in-8°.

Géographie de la France (Henri Mataigne), in-4° de 1500 p.

Registres municipaux de Pontoise, XVIIᵉ siècle (E. Mallet), 5 fasc. in-4°.

Elections et cahiers du bailliage de Pontoise en 1789 (Ernest Mallet), in-8°.

Opuscules biographiques (vies de Jean Coqueret, André Duval et Robert Gueriteau (L. D. C. Gueriteau, édit. par J. Depoin), in-8°.

Etudes préparatoires à l'Histoire des familles palatines (Depoin), 2 f. in-8,

Millénaire normand (L. Passy, G. Lefèvre Pontalis, J. Depoin), in-8°.

Livre des métiers de Gisors (Louis Passy), in-4°.

Historiens de Gisors (Louis Régnier), in-8°.

Fondation de la Colonie du Raincy (Louis Aigoin), in-8°.

La vie de saint Germer (Depoin), in-8°.

La Société a publié 37 volumes de Mémoires, plus 2 volumes de tables, 61 vol. de documents et autres publications hors cadre, de 1879 à 1921.

Publications de la Société académique de l'Oise

Comptes **rendus des** séances (1882 à 1920).
Mémoires, tome I (1847) à tome XXIII (1921).

DOCUMENTS :

I. — Inventaire sommaire de la Collection Bucquet...., par V. Leblond,
  1 vol., 1906.

II. — Recueil mémorable d'aucuns cas advenus depuis 1573...., par
  V. Leblond, 1 vol., 1909.

III. — Lettres autographes de la Collection de Troussures, classées
  par Dom Paul Denis. 1 vol., 1912.

IV. — Cartulaire de l'Hôtel-Dieu de Beauvais, par V. Leblond, 1 vol.,
  1919.

V. — La vie d'un avocat jurisconsulte au XVIIᵉ s. : J.-M. Ricard, par
  Pierre Leborgne et René Largillière, 1 vol., 1920.